KB076538

서울학 모노그래프 _01

한강의 섬

서울학 모노그래프 _01

한강의 섬

윤진영 이종묵

심경호 이현군

배정한 한동욱

안창모 박철수

마티

서울학 모노그래프_01
한강의 섬

초판 1쇄 인쇄 2009년 4월 30일 | 초판 1쇄 발행 2009년 5월 5일

발행처 · 도서출판 마티 | 출판등록 · 2005년 4월 13일 | 등록번호 · 제2005-22호
주소 · 서울시 마포구 서교동 380-14번지 고성빌딩 5층 (121-839)
전화 · 02. 333. 3110 | 팩스 · 02. 333. 3169
이메일 · matibook@naver.com | 블로그 · http://blog.naver.com/matibook
값 13,000원 ISBN 978-89-92053-22-8 (93340)

국립중앙도서관 출판시도서목록(CIP)

한강의 섬
/ 윤진영, 이종묵, 심경호, 이현군, 배정한, 한동욱, 안창모,
박철수 공저. -- 서울 : 마티, 2009
280p. ; 210cm. -- (서울학 모노그래프 ; 01)

색인수록
ISBN 978-89-92053-22-8 93340 : ₩13000

한강 유역[漢江流域]
섬(지형)[島]
여의도[汝矣島]

981.16-KDC4
915.19-DDC21 CIP2009001319

* 이 책은 교육인적자원부의 수도권 대학특성화사업의 도움으로 출판되었습니다.

책을 펴내며

한강의 섬, 어제와 오늘

서울시립대학교 부설 서울학연구소에서는 대학특성화사업의 일환으로 '서울학 모노그래프'의 발간을 추진해왔는데, 이제 그 성과를 『한강의 섬』이라는 한 권의 책으로 가시화하게 되었다. 이 첫 모노그래프의 주제어를 '한강, 섬'으로 삼은 이유부터 조금 말해 보기로 한다.

먼저, 서울학에서 '한강'이 차지하는 지위는 그것을 언급하는 일이 새삼스러울 정도이다. 도시의 성장과 발전에 미치는 물의 영향은 아무리 강조해도 지나치지 않으며, 또 한강이 오늘날 수도 서울의 젖줄이라는 점은 누구도 부정할 수 없다. 그에 따라 이제껏 서울 연구에서도 서울과 한강의 관계에 대해서 여러 차례 관심을 표하여 왔다. 역사학·지리학·인류학·수질학 등의 분야에서 축적된 연구성과를 바탕으로 서울시사편찬위원회에서는 『한강사』, 『한강의 어제와 오늘』 등 한강에 대한 종합적인 개설서를 편찬할 정도에 이르렀으며 서울학연구소에서도 '조선시대 수도 서울과 한강'을 주제로 한 성과물을 학계에 보고한 바 있다.

그럼에도 한강과 관련한 세부주제로 들어가면 여전히 연구성과가 부족한 것이 사실이다. 특히 한강이 지닌 문화적 기능과 관련해서는 그 역사성과 인문학적 시각을 결여한 채 단순히 시민들의 여가활동 공간 내지는 여흥 공간, 심지어 지역개발사업의 대상으로만 바라보는 경우도 있었다. 그러나, 예컨대 현재 서울시에서 추진하고 있는 '한강르네상스 프로젝트'는 결국 먹고 사는 문제와 관련된 치수治水 및 이수利水를 넘어 수변경관이나 여가활동 등과 관련된 친수親水와 만날 수밖에 없다. 지속가능한 개발, 환경친화적 개발, 인간과 자연의 조화 등 21세기적인 가치들의 중요성은 시간이 흐를수록 더욱 높아질 것이다.

이러한 전망에서는 의당 한강에 대한 인문학적, 문화론적 조망을 한 축으로 하는 논의가 기대될 수밖에 없다. 그런데 이제껏 한강을 둘러싼 학계와 세간의 관심은 '강'보다는 '강변'에 주로 기울여져 왔다. 인간이 살다 간 흔적인 인문人紋이 '물'보다는 '뭍'에 집중되어 나타나는 것이 사실이니 어쩌면 당연한 일일 것이다. 그러나 강에는 강변만 있는 것이 아니라 '섬'도 있다. 뭍에 사는 사람들은 종종 섬을 타자로 여기지만, 어찌 우리 삶의 공간이 뭍 아니면 물로 이분될 수만 있겠는가. 바다로 떠난 뱃사람들이 항구로 돌아오고 싶어 하는 동안, 우리는 이제 '그 섬에 가고 싶다.'

조선시대 수도 서울의 외수外水로 기능하던 한강에는 여러 섬들이 존재하였다. 그 정확한 숫자와 명칭을 확인하기는 힘들지만 『신증동국여지승람』 한성부 산천 조를 보면 저자도, 잉화도, 율도 등 3개의 섬에 대한 설명이 나와 있고, 서울학연구소에서 발행한 『서울의 옛지도』에는 다자도, 중초, 율도, 여의도, 기도, 저자도, 상림, 무동, 선유봉, 양천 북쪽의 이름 없는 섬 '박말도', 당장도, 둔지, 당정도, 잠실 등의 섬들이 표시된 고지도들이 실려 있다. 이러한 10여 개 안팎의 섬들은 건너편 육지, 즉 강변과 유기적인 관계를 형성하며 서울 거주민을 위한 경제적, 문화적 공간의 역할을 수행해왔다.

숱한 사람의 무늬들을 담은 한강의 섬들이 20세기 후반의 근대적 논리에 따라 그 몸뚱이를 흔적도 없이 빼앗긴 결과, 한강의 섬 자체에 대한 연구는 매우 빈약한 것이 사실이다. 이에 서울학연구소에서는 수도 서울의 변화·발전과 긴밀한 관계를 형성하며 변화해온, 한강에 존재하거나 존재했던 섬들을 연구 대상으로 삼아 한강의 섬에 대한 종합적인 연구를 기획하였다. 한강의 섬에 대한 기초적인 이해를 구축하고 한강 및 연안과의 관계, 섬의 소멸과 생성, 섬 거주민의 생활 등을 규명하고자 8명으로 구성된 연구진을 구성하여 워크숍과 심포지엄을 개최한 후 이를 반영한 서울학 모노그래프를 출간하기로 한 것이다.

서울시립대학교 개교 90주년 행사가 한창이던 2008년 4월, 서울학연구소에서는 "한강의 섬"을 주제로 '서울학 모노그래프 심포지엄'을 개최하였다. 전체를 "인문학의 시각으로 본 서울 한강의 섬"과 "장소학의 시각으로 본 서울 한강의 섬" 2부로 나누어 미술사, 국문학, 지리학, 조경학, 생태학, 건축학 등을 망라하고 이론과 실제를 포괄하는 풍성한 언어와 사유의 잔치를 벌였다. 다양한 학문분야의 연구방법론을 동원하여 개개의 섬들을 연구함으로써 한강이라는 동일한 공간에 놓여 있으면서 서로 다른 역할을 수행해 온 섬들의 역사와 문화, 현재의 모습에 대한 이해를 높일 수 있었다. 그 성과들을 간략하게 소개해보고자 한다.

'한강 명승의 백미, 선유도와 저자도'(윤진영)에서는 1960년대 한강개발사업과 함께 사라진 저자도가 여전히 한강의 대표적인 명승으로 남은 근거를 경관의 역사에 얽힌 문화사적 의의에서 찾고 있다. 저자도는 결코 고립된 섬이 아니라 동호(東湖) 일대의 주변 풍경과의 관계 속에서 존재했던 섬임을 밝히고, 저자도와 그 주변 경관의 복원을 위한 그림 자료로 16세기 작 「독서당계회도」, 「계회도」, 18세기 정선 작 「압구정도」, 19세기 작 「진헌마정색도」 등을 제시한 점도 특별하다.

'조선시대의 밤섬과 여의도'(이종묵)에서는 제목 그대로 밤섬의 문화사를 복원하고자 하였다. 주요한 논의로 '여의도=汝矣島'의 표기를 넓은 섬이라는 뜻의 '너섬'을 나타낸 것으로 추정한 점, 한명회가 세운 정자 압구정이 처음에는 여의도에 있다가 나중에 동호의 두모포 건너편으로 옮겼음을 밝힌 점을 특기할 수 있다. 또, 거의 하나의 섬이었던 밤섬과 여의도였지만 밤섬은 10리에 뻗은 들판을 경작지로 활용한 반면 여의도는 지속적으로 목축의 공간이었으며, 서강과 마포 일대의 문인들이 밤섬을 아름답게 노래하였지만 여의도는 풀들만 무성한 목장으로 관심의 대상이 아니었음을 밝히고 있다.

'문학의 향기가 서린 섬, 문학의 향기로 남은 섬'(심경호)은 연암 박지원의 자형이 큰누이의 상여를 배에 싣고 선산으로 향하는 것을 두모포의 배 안에서 전송하고 통곡하며 돌아오는 연암의 이야기로 시작하여, 큰누이의 상여 실은 배를 바라보는 연암의 시야에는 저자도가 들어왔을 법하다는 상상을 통해 실체에 다가선다. 저자도는 서울에 가까우면서도 은거의 여유로운 생활을 할 수 있는 곳으로 사랑을 받았고, 경강京江의 어귀에 위치하여 전별의 장소이자 선유락船遊樂의 요지였으며 한강을 멀리 나드는 수로의 출발이자 종착지이기도 하였다. 국가적으로는 기우제, 벌빙과 연병의 장소로서 중시되었으며 국가의 채전을 가꾸는 농민과 벌빙꾼을 대신하여 품삯을 받고 얼음을 채취하는 민중들이 생활하던 곳이기도 하였다. 이들이 어우러져 저자도의 '역사미'를 구성하였던 것이다.

'섬이 아닌 섬 뚝섬, 한양의 동쪽 교외'(이현군)에서는 '뚝섬'이라는 장소(공간)는 하나의 공간이지만 시간에 따라 서로 다른 경관과 의미를 지니게 된다는 점에 주목한다. 과거 남한강과 북한강의 수운이 활용되던 시기의 뚝섬은 도성으로 유입되던 목재의 집산지였으나, 수운의 기능이 소멸되고 서울의 영역이 한강 이남까지 확장된 현재의 뚝섬은 서울의 대표적 공원인 '서울 숲'이 입지하고 있다. 조선시대, 일제강점기, 해방 이후, 현대의 뚝섬을 시공간적으로 포개놓는 과정을 거쳐 뚝섬 지역의 특성과 지역문화가 형성되어 온 모습을 살피고자 한 의도는 주목할 만하다. 고지도와 현대지도를 비교함으로써 과거의 뚝섬이 현대에 어떻게 달라졌는지 발견해내고 있다.

'선유도, 문화를 생산하는 공원'(배정한)에서는 폐허가 된 정수장에서 서울시민의 사랑을 듬뿍 받는 공원으로 변신한 선유도의 변화과정을 조감하고, 현재의 선유도공원에 내재된 공간적·설계적 특색을 해석한 다음 선유도공원의 도시적·문화적 지형을 탐색하고 그 의미를 해부하였다. 원래 '신선이 노닐던 봉우리'라는 뜻을 지닌 선유봉仙遊峰이 근대의 폭력 아래 이리저리 살점이 뜯겨진 채 섬이 되었다가, 산업시설의 잔해 속에서 콘크리트 문화와 녹색 자연의 동거라는 탈근대의 전망을 얻어나간 그 과정은 드라마틱하다. 선유도공원이 지닌 숭고와 폐허의 미학, 그리고 생산과 참여 중심의 공원 문화는 현재는 물론 미래를 향해 시사하는 바 크다.

'밤섬, 자연의 놀라운 복원력'(한동욱)은 21세기를 살아가는 서울에서 경관과 생태계를 겸비한 밤섬의 생태적 가치를 천착하고 있다. 서울시가 지정한 생태계보전지역 밤섬의 생태계를 정리하여 과거와 현재의 가교를 만들기 위해 그곳에 거주하는 생명들에 대한 기록들을 한데 모아 그 역사적 변천과 오늘을 정리하였다. 서울이라는 척박한 거대도시 안에서 밤섬의 생명들이 어우러져 살아가는 모습으로부터, 철새의 낙원을 만들어 낸 자연의 놀라운 복원력을 피부로 느끼며 실감하게 되었다. 불도저처럼 밀어붙였던 한강의 기적이 화석에너지의 힘으로 가능했다면 그 때문에 만신창이가 된 자연이 스스로를 치유해가는 자연에너지의 힘이 밤섬의 재생에서 느껴지는 것이다.

'세상에 나온 섬, 여의도'(안창모)에서는 여의도가 개항과 일제강점기를 거치면서 1936년 영등포와 함께 서울에 편입되고서 30여 년이 흐른 뒤에서야 서울의 일부로 인식되기 시작한 점에 주목한다. 여의도는 오랜 동안 서울에서 도시기능적 측면이나 인지적 측면에서 소외되어 있다가 개항 이후 새로운 도시적 기능이 부여되었고, 경제개발기를 거치면서 빠르게 서울의 경제중심으로 변모되었다. 특히 여의도가 강남개발의 전진기지가 되고 국회의사당이 여의도로 이전하면서 서울은 비로소 일제강점기에 수립된 '대경성 계획'의 틀에서 벗어나게 되었고, 서울은 세종로를 중심으로 한 단핵구조의 도시에서 다핵구조의 도시로 변모하였다. 그 중심에 여의도가 있는 것이다.

'뽕밭에서 아파트 도시로 변한 상전벽해의 섬, 잠실'(박철수)은 뽕밭에서 콘크리트의 초고층 아파트 숲으로 말 그대로 상전벽해桑田碧海의 변화를 겪은 잠실을 논의대상으로 삼았다. 서울의 주거지 확장과정과 경로를 탐색하고, 근현대사 속에서 서울의 강남 주거지 개발이 갖는 사회경제적 · 주거문화사적 의미를 살피며, 동시에 서구에 기반을 둔 공간작법 이론의 변용과 적응과정을 통해 우리나라 대단위 주거지의 탄생에 주목하였다. 잠실지구 재건축은 개발의 장애이던 한강이 호수와 단지 안 실개천을 거쳐 다시 중요한 일상의 자원이자 높은 교환가치를 가지는 부동산 요소로 등장하게 된 사회문화사적 함의를 지닌다. 이 과정을 통해 한강은 다시 전산업시대와 마찬가지로 일상공간으로 복귀하였다.

이상으로 일별해본 한강의 섬들은 많은 경우 이제 더 이상 존재하지 않거나, 혹은 많은 변모를 겪어 그 풍광과 역사를 찾을 길이 없다. 개발정책을 시행할 때 사람의 무늬들을 충분히 고려하였는지는 의심스러울 수밖에 없다. 근대란 원래 그렇게 폭력적이므로, 라고 말할 수 있을지도 모른다. 근대 너머를 바라보는 우리에게, 한강의 섬들은 때로 문학의 향기로 남아 있고 때로 스스로의 치유능력에 의해서나 인간의 예지에 힘입어 되돌아오기도 한다. 실개천이 그러한 것처럼 한강과 그의 섬들이 귀환하고 있는지 모른다는 희망을 가져볼 수 있지 않을까. 또, 그 가운데 탈근대를 향한 문명사적 전망을 해볼 수도 있지 않을까.

서울시립대학교 국어국문학과 교수
조세형

인문학의 시각으로 본 한강의 섬

제1부

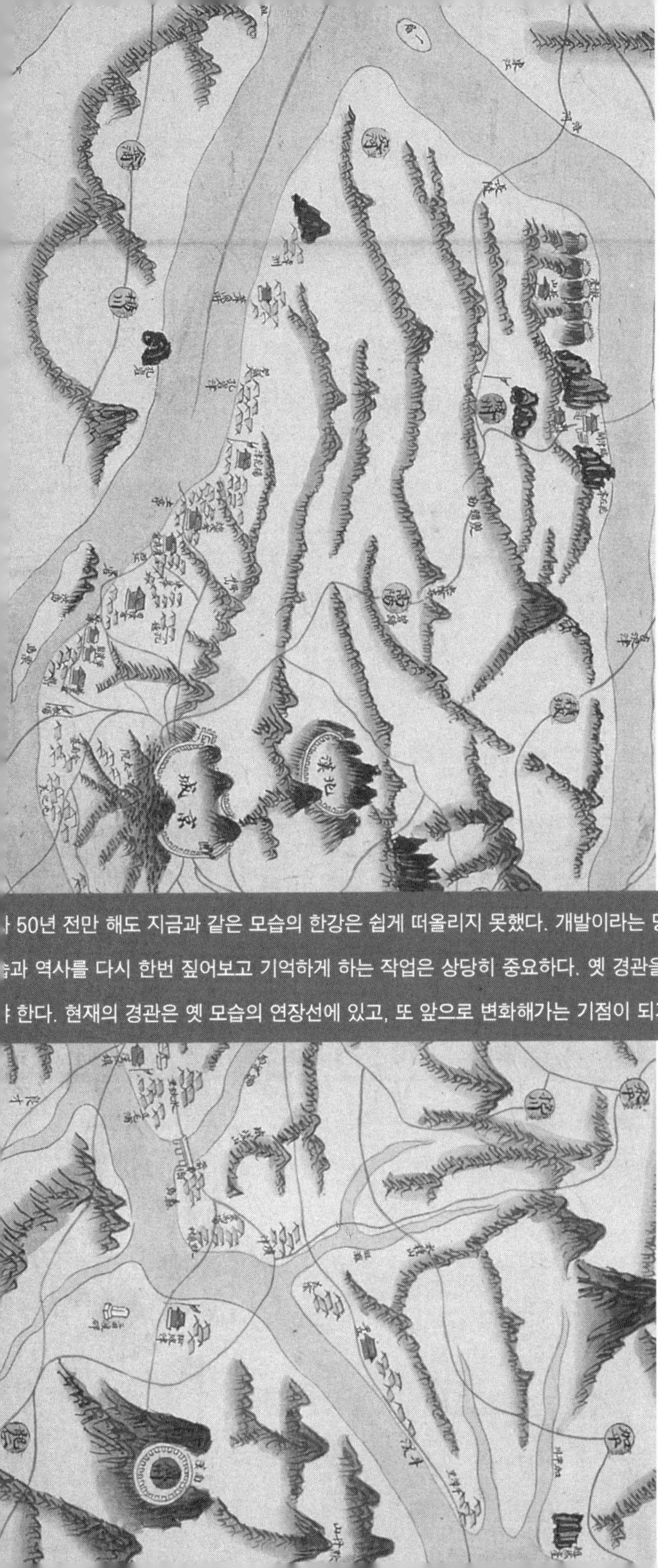

50년 전만 해도 지금과 같은 모습의 한강은 쉽게 떠올리지 못했다. 개발이라는 명분 아래 잃어버린 한강의 섬, 이 섬의 옛 습과 역사를 다시 한번 짚어보고 기억하게 하는 작업은 상당히 중요하다. 옛 경관을 살펴보는 기준은 어디까지나 현재가 되야 한다. 현재의 경관은 옛 모습의 연장선에 있고, 또 앞으로 변화해가는 기점이 되기 때문이다.

윤진영 | 한강 명승의 백미, 선유도와 저자도

잃어버린 경관을 찾아서

서울의 명승을 거론할 때 가장 먼저 언급되는 것은 한강의 풍광일 것이다. 정도 600년을 넘어 서울의 역사와 함께 해온 한강. 지금은 도시화의 산물인 도로와 고층의 건물들이 옛 풍광들을 가린 지 오래다. 불과 50년 전만 해도 지금과 같은 모습의 한강은 쉽게 떠올리지 못했다. 시간이 바꾸어놓은 아름다운 한강의 옛 풍경들은 이제 유물로 남은 그림과 사진 속에서나마 어렴풋이 엿볼 수 있을 뿐이다.

한강에는 예로부터 아름다운 경관에 걸맞는 명승과 명소가 많았다. 금빛 모래벌과 갈대 무성한 습지, 그리고 강변에 들어선 전망 좋은 언덕과 누정 등 한결 같이 운치 있고 미려하지 않은 곳이 없었다. 그중에서 특별히 관심 있게 조명해 보아야 할 곳이 한강의 섬이다. 강 안의 섬은 강변의 경관과 조화를 이루어 멋진 승경을 만들어내며, 내륙의 경관과 달리 넓게 확보된 시야를 통해 독특한 경관미를 제공해준다. 이렇듯 한강의 섬은 수려한 풍광을 지닌 유람처이자 문화공간으로서 오랜 역사를 한강과 함께 해왔다. 그럼에도 불구하고 한강의 섬은 경관의 중심이라는 위치에서 제대로 조명되지 못했다.

이 글에서는 조선시대의 옛 그림들을 자료로 하여 경관의 변화라는 관점에서 한강의 섬을 살펴보기로 한다. 옛 경관은 문인들의 감성과 만나 수많은 시로 남겨졌고, 또 화폭으로도 옮겨져 형상으로 재현되었다. 그 시대 화가들의 눈과 손을 빌어 옛 경관을 엿볼 수 있음은 다행스러운 일이다. 특히ㅈ 한강의 옛 경관을 그린 그림들은 우리나라 실경산수화 연구에 있어서도 매우 중요한 자료이다.[1]

이 글에서 한강의 여러 섬 가운데 선유도와 저자도를 택한 것은 두 섬이 수려한 승경이기도 하지만, 경관을 담은 그림과 사진, 지도 등의 시각 자료가 일부 남아 있기 때문이다. 한강의 섬을 그린 그림은 대부분 실경산수화이며 당시에 실존했던 경관을 그대로 묘사한 경우가 많다. 특히 실경을 그림 그림은 다른 어떤 기록매체로도 대신할 수 없는 사실성과 현장감을 제공한다. 따라서 그림 속의 경관을 현재의 실경과 비교함으로써 그 변화상을 알아보는 것은 매우 흥미로운 작업이 될 것이다.

선유도와 저자도는 한강에서도 특별히 아름다운 서호西湖와 동호東湖에 각각 위치해 있었다. 이곳이 '강'江이면서도 '호'湖로 불린 것은 한강의 본류가 선회하는 지점이어서 마치 잔잔한 호수처럼 보였기 때문이다. 넓게 펼쳐진 호수 같은 강과 금빛 모래섬, 그리고 계절마다 바뀌는 강변의 경색은 강호의 운치를 더해주는 풍경이었다. 그래서 선유봉과 저자도는 예로부터 많은 문인묵객文人墨客들의 발길이 끊이지 않은 매력적인 공간이었다. 신선이 노닐었던 곳으로 비유되던 선유도는 원래 강변의 작은 산에 불과했다. 그래서 이름도 '봉'峯자를 붙여 '선유봉'仙遊峯으로 불렀다. 그러나 지금으로부터 약 40여 년 전에 있었던 '한강개발사업'은 산봉우리였던 이 곳을 섬으로 바꾸어 놓았다. 오랜 세월과 대자연의 힘으로도 움직일 수 없었던 경관이 순식간에 탈바꿈된 것이다.

한편 동호의 저자도는 조선 초기부터 왕실 소유의 섬이었고, 기우제를 올리는 장소였으며, 문사들의 별서別墅가 들어선 꽤 큰 규모의 섬이었다. 그런데 근대 이후로는 개발과 더불어 골재채취를 위한 장소로 변모하면서 끝내 한강의 수면 아래로 종적을 감추었다. 처음부터 섬이던 저자도는 현재 사라진 상태이고, 원래 섬이 아닌 선유봉은 지금 섬이 되어 있는 셈이다. 한강의 섬 가운데 가장 심한 변동을 겪은 곳이 바로 선유도와 저자도일 것이다.

개발이라는 명분 아래 잃어버린 한강의 섬, 이 섬의 옛 모습과 역사를 다시 한번 짚어보고 기억하게 하는 작업은 상당히 중요하다. 이 글에서는 먼저 두 섬의 내력을 알아보고, 16세기의 계회도契會圖와 18세기의 진경산수화眞景山水畵 속에 그려진 두 섬의 경관에 대해 살펴볼 것이다. 16세기의 계회도는 계회의 현장과 실경을 가감 없이 화폭에 올린 그림인 반면, 정선鄭敾 1676~1759의 그림을 비롯한 18세기의 진경산수화는 다양한 시점에서 조망한 풍경이어서 현장감이 잘 나타나 있다. 그림이 남아 있지 않은 19세기 이후부터 1970년대까지는 각 시기의 실상을 보여주는 지도와 사진 등의 보조 자료를 활용하여 살펴볼 것이다.

옛 경관을 살펴보는 기준은 어디까지나 현재가 되어야 한다. 현재의 경관은 옛 모습의 연장선에 있고, 또 앞으로 변화해가는 기점이 되기 때문이다. 따라서 이 글은 약 400여 년 전부터 약 40년 전까지 진행된 선유도와 저자도의 경관과 그 변화의 모습들을 조망해보는 계기가 되었으면 한다. 나아가 서울의 역사적 명승을 재조명하고, 우리나라의 실경산수화와 경관의 의의를 제고하는 데에도 일면 기여할 수 있을 것이다.

그림 속의 경관과 탐승

조선시대의 한강은 위치에 따라 다른 이름으로 불렸다. 특히 '한강'漢江이라는 이름은 본래 남산의 남쪽 기슭의 강을 지칭한 것이지만,[2] 차츰 강 전체를 이르는 용어로 사용되었다. 또한 서울의 중심을 지나는 송파에서 양화진까지는 '경강'京江이라 했다. 경강은 한강의 가장 중심이 되는 곳으로 다시 동호 · 남호南湖 · 서호로 나누어진다. 동호에는 독서당讀書堂과 저자도楮子島 · 입석포立石浦 · 제천정濟川亭 · 압구정狎鷗亭 등이 포함되며, 용산강龍山江으로 불린 남호에는 동작진과 노량진 등의 나루와 많은 누정들이 즐비했다. 서호는 용산으로부터 지금의 절두산切頭山인 옛 잠두봉蠶頭峯 일대를 아우르는 지역이었다.

여기에서 살펴볼 한강의 섬은 웅장한 명산이나 바다의 섬과는 차원을 달리한다. 그만큼 강 안의 섬은 바다처럼 드넓은 전망을 볼 수는 없지만 멀지도 않고 가깝지도 않은 강변의 경관을 즐기기에는 매우 좋았다. 또한 한강의 섬은 한강의 풍광을 더욱 아름답게 꾸며주는 경관과 사람이 함께했던 인문적인 공간이었다. 따라서 이 장에서는 한강의 명승을 대표하는 선유봉과 저자도의 내력과 이곳을 탐승한 문사들의 행적에 대해 알아보기로 한다.

선유봉의 경관은 이곳을 찾았던 조선시대 문사들의 시에 자주 묘사되었다. 이는 선유봉이 시적 감흥을 불러일으키는 매혹적인 경관이었음을 말해준다. 특히 선유봉은 강북단의 잠두봉과 짝을 이루어 선유의 코스로도 각광을 받았다. 도성에서 잠두봉까지는 불과 10여 리였으므로 선유봉은 사람들이 찾기에 그리 먼 곳이 아니었다.

우선 16세기 당시 선유봉에서의 탐승과 주요 기록들을 살펴보자. 선유봉에 대한 가장 이른 시기의 글로는 율곡 이이李珥 1536~84가 전별연餞別宴과 뱃놀이를 기념해 남긴 시가 있다. 율곡의 나이 29세 때, 절친한 벗 이순인李純仁 1543~92, 최립崔岦 1539-1612, 최경창崔慶昌 1539~83 등과 함께 양화도에서 배를 타고 선유봉을 유람하며 시회를 즐겼다.[3] 그런데 여기에서 주목할 것은 시제詩題 가운데 "… 泛舟于楊花渡傍仙遊島…"라 하여 '선유봉'仙遊峯을 '선유도'仙遊島로 표기한 것이다. 율곡 당시의 16세기에는 선유봉이 산이 아닌 섬이었을까? 옛 한강은 퇴적된 사구와 홍수로 인해 수시로 모양이 바뀌었을 수 있다. 이러한 가변적인 현상을 고려한다면 선유봉이 한 때 섬이었을 가능성도 배제할 수 없을 것이다.

선조宣祖 연간1568~1607에 조선에 온 중국 사신들에게도 선유봉 아래에서의 뱃놀이는 필수 코스였다. 중국 사신들을 위한 선유는 대개 동호 쪽의 제천정에서부터 양화진으로 내려오는 것이 일반적인 경로였다. 그러나 양화도에서 배를 탈 때는 선유봉을 왕래하며 탐승을 만끽하기도 했다.[4] 또 하나의 예로 조선 후기의 인물인 홍세태洪世泰 1653~1725는 양화진에서 배에 올라 선유봉을 지나면서 중국 사신들이 남긴 고적을 살펴보고 기록을 남긴 바 있다.[5] 중국 사신들의 선유가 제천정에서 양화진에 이르는 유람의 코스나 잠두봉 일대에서의 뱃놀이에만 그친 것이 아니었다. 선유봉에 올라 경관을 즐겼고 다녀간 흔적을 글씨로 남기기도 했다.

선유봉을 유람한 문인들의 탐승방식을 살펴보는 것도 흥미롭다. 선유봉을 탐승한 문인들이 남긴 시와 산문을 보면, 그들이 취한 탐승의 방식은 대개 세 가지로 나뉜다. 하나는 배를 타고 선유船遊하면서 선유봉의 경관을 관망하는 것이고, 다른 하나는 직접 선유봉에 올라 주변의 경관을 조망하는 것이다. 그리고 또 하나는 강변에서 섬을 바라보며 전체 경관을 완상하는 것이었다. 이 중 가장 많이 취했던 것이 선유를 통한 관망과 유람이었다. 예컨대 연산조의 문인 박은朴誾 1479~1504이 막역한 친구 이행李荇 1478~1534, 남곤南袞 1471~1527 등과 함께 자주 양화도의 강상에서 배를 띄우고 잠두봉과 선유봉을 오가며 시주詩酒를 즐긴 기록이 좋은 예이다.[6] 선유봉에 대한 대부분의 탐승은 이와 같이 선유를 통해 이루어졌다. 또한 선유봉에 배를 대고 봉우리에 직접 올라 풍경을 감상하는 것도 가능했다.[7] 선유봉 자체의 경관도 빼어나지만, 이곳에서 주변 경치를 완상하는 것 또한 아는 사람만의 즐거움이라 했을만 하다. 특히 선유봉 아래에서 뱃놀이를 즐기며 남긴 문사들의 시는 선유의 흥취를 잘 전달해준다.[8] 선유는 이처럼 문사들의 시흥을 한층 고양시켜주는 탐승의 한 방편이었다.

저자도에 별서別墅를 두고서 강상의 풍정을 즐긴 인물과 그들이 남긴 문학작품은 상당수에 이른다.[9] 그중에서도 가장 앞선 시기의 인물은 단연 고려조 후기의 정승 한종유韓宗愈 1287~1354였다. 노년에 관직에서 물러나 저자도에 별서를 마련하였고, 한강의 한가로운 풍정을 여러 편의 시로 남겼다. 옛말에 경관은 스스로 빼어난 것이 아니라 사람으로 인하여 명승이 되고 세상에 알려진다고 했듯이 저자도의 승경은 한종유를 통해 고려말기부터 세상에 기억되기 시작했다.

조선 초기의 저자도는 태조의 이복형제인 의안대군義安大君 이화李和 1348~1408의 소유였다. 의안대군은 고려 공민왕 때 이성계를 도와 왜구를 진압하는 데 큰 공을 세운 인물이다. 또한 개국開國 · 정사定社 · 좌명佐命 공신에 책봉되어 모두 4차례에 걸쳐 도합 570결結의 토지를 받았다. 따라서 조선 초기에 가장 많은 토지를 소유한 공신으로 기록되기도 했다. 이때 하사받은 토지에 아마도 저자도가 포함되었을 것으로 추정된다. 『세종실록』은 세종이 "내가 대군으로 있을 때 의안대군이 저자도의 전장田莊을 내게 주었는데, 태종이 명하여 받지 않았더니, 그 후에 의안대군의 자녀들이 오래도록 사양했었다"고 전한다.[10] 따라서 저자도는 애초에 의안대군이 사패지賜牌地로 받아 소유하였을 가능성이 크다. 저자도는 세종대에 왕실소유로 바뀌는데, 앞에서 언급한 사정들이 이를 뒷받침한다.

이후 세종대왕은 둘째딸 정의공주貞懿公主에게 저자도를 하사하였다. 공주는 이를 다시 아들 안빈세安貧世에게 내려주었고, 안빈세는 이

섬을 얻은 것을 기념하여 화공을 시켜 「저자도도」楮子島圖를 그리게 하였다.[11] 여기에 강희맹姜希孟 1424~83이 남긴 발문이 전한다.[12]

조선 초기에는 태종이 저자도를 자주 찾아 주연을 즐겼다. 주로 동교東橋에서 매사냥을 하고 이곳에서 관어觀魚와 선유를 행하였고,[13] 상왕인 정종定宗과 함께 저자도 강변에서 술자리를 자주 마련하곤 했다. 나중에 태종은 왕위에서 물러난 뒤 휴식처로 동교 부근의 언덕에 낙천정을 지었다.[14] 태종에게 저자도와 동호는 이처럼 특별했고 매력적인 곳이었다. 그 뒤를 이은 세종 또한 저자도에 몇 차례 행차한 기록이 있다. 이때 상왕인 태종을 모시고 함께 유연을 즐겼는데,[15] 조선 초기의 저자도는 이처럼 왕이 즐겨 찾던 아름다운 경관의 유상지였다.

그 다음으로 주목되는 것은 이곳이 기우제를 지낸 장소였다는 점이다. 기우제에 관한 가장 마지막 기사는 고종 43년(1906) 8월 17일인데,[16] 지금으로부터 약 100여 년 전까지만 해도 이곳은 하늘에 비를 빌던 현장이었다. 넓은 모래벌의 평지가 있어 기우제를 올리기에 적합한 장소였다. 한편 저자도의 넓은 백사장은 출정하는 병사들의 전송행사를 위한 장소이기도 했다. 1419년 5월 세종은 저자도로 나와 대마도 정벌 차 떠나는 동정원수東征元帥 이종무李從茂 등 8명의 장수들을 격려하고 전송한 바 있다.[17] 이와 같이 저자도는 기우제나 대규모의 공적인 행사를 치르는 장소로도 활용되었다.

한편 공식적인 용도 외에도 저자도는 문인들의 별서지로도 인기를 끌었다. 한 예로 숙종대1672~1720의 노론계 문사로 산수 승경을 유난히 좋아했던 김창흡金昌翕 1653~1722은 저자도에 머물며 한적한 일상과 풍류를 즐겼다. 35세 되던 1687년(숙종 13)에는 저자도에 정자를 지어 그 일대를 현성玄城이라 이름했다.[18] 그리고 여기에서 "한가롭게 지내며 평생을 마칠 것"優遊而終平生을 마음에 새겼다는 기록을 남겼다. 별서를 둔 문사들이 지녔던 의경을 엿볼 수 있는 사례이다.

저자도의 규모는 1930년대 까지만 해도 동서 2킬로미터, 남북 885미터의 폭에 넓이가 118만 평방미터에 이를 정도였다.[19] 1941년에 발간된 『경성부사』京城府史에는 "현재 이 섬의 총면적은 36만 평이며 그중 민간소유지인 옥수정玉水井 86, 87, 88번지의 넓이 8만 6,000평은 약간 잡초가 나있을 정도이고 그 밖의 땅은 모두 평탄한 모래벌이다"[20] 고 기록되었다. 이후 1925년의 을축년 대홍수는 저자도의 언덕등성이를 깍아 내릴 만큼 섬의 모양을 바꾸어 놓았다. 또한 1936년부터는 뚝섬 제방공사를 하면서 저자도의 흙을 퍼내기 시작했다. 보다 결정적인 변화를 가져 온 것은 1969년 현대건설이 추진한 저자도와 압구정동 사이의 한강 매립공사였다. 이때 80만 입방킬로미터의 모래를 퍼냈으며, 1972년 매립이 끝날 즈음에는 저자도의 대부분이 강 아래로 가라앉기에 이르렀다고 한다. 현대건설은 이렇게 하여 조성된 4만 8,000평의 택지 가운데 4만 평을 불하받아 이곳에 23개동 1,500여 가구의 아파트를 건립했다. 이것이 바로 지금의 압구정동 현대아파트 단지이다. 결국 저자도는 종적을 감추면서 강남 쪽의 압구정동 단지에 터를 남긴 셈이다.

서호의 선유도, 섬으로 변한 산

현재의 선유도는 원래 한강의 서호에 있던 작은 산이었다. 선유도가 속한 서호는 마포의 하류로부터 양화도에 이르는 한강의 일대였다. 이곳은 조선시대에 황해 · 전라 · 충청 · 경기의 세곡선稅穀船들이 모이는 집결지였으며, 동호와 더불어 한강을 대표하는 명승이었다. 또한 그 어느 공간 보다 묵객들의 낭만과 시정詩情이 충만한 곳이었다. 조선 초기에는 '신도팔경'新都八景의 하나로 서호가 꼽혔고, 조선 후기에는 10곳의 경관을 묶어 '서호십경'西湖十景으로 아우르기도 했다.[21] 선유봉은 잠두봉과 함께 한강을 사이에 두고 마주보는 형세였다. 따라서 서호의 남단에서 강북을 조망하기에 더없이 좋은 위치였다. 이곳 선유봉을 묘사한 시와 풍광을 담은 그림이 전하고 있어 옛경관에 대한 탐색이 가능하다. 또한 인근에 양화나루터가 있어 사람의 왕래도 많았지만, 탐승을 즐기려던 문사들의 발걸음도 늘 분주했던 곳이다.

선유봉은 1970년대 한강의 개발로 인해 섬으로 변했다. '선유봉'에서 '선유도'로 이름이 바뀐 것이다. 불과 40년 전의 일이지만, '봉'峯에서 '도'島로의 변화는 경관에도 큰 변모를 가져왔다. 가까이는 40여 년, 멀리는 250여 년, 더 멀리는 400여 년 전 선유봉의 다양한 풍경들을 16, 17세기의 계회도와 18세기의 진경산수화를 통해 알아보기로 한다.

16세기 그림 속의 선유봉

16세기 후반기의 선유봉은 당시에 제작된 계회도를 통해 화폭 속에 형상화되었다. 문인들의 특별한 만남을 기념하여 만든 계회도는 실경을 충실히 담아낸 그림이었다.[22] 대표적인 예가 한강의 서호변 잠두봉에서의 계회 장면을 그린 잠두봉계회도류蠶頭峯契會圖類이다.[23] 잠두봉을 그린 16세기 후반기의 계회도는 현재 약 10여 점 정도가 전한다.[24] 이 그림들의 공통 점은 전·중·원경의 구분이 뚜렷하며, 앞쪽에 불쑥 솟아오른 언덕과 강 건너편의 봉우리가 그림마다 일정한 위치에 등장한 점이다. 이런 요소를 잘 보여주는 그림이 잠두봉계회도 가운데 제작 시기가 빠른 1583년경의 「괴원장방계회도」槐院長房契會圖와

「괴원장방계회도」, 1583년경, 견본수묵, 93.0×60.0㎝, 개인 소장.
「예조낭관계회도」, 1586년경, 견본수묵, 94.5×59.0㎝, 개인 소장.

1586년경의 「예조낭관계회도」禮曹郎官契會圖이다.[25] 앞의 그림은 승정원에 배속된 문과 합격자들이 모임을 갖고 만든 것이고, 뒤의 그림은 예조禮曹 소속의 5~6품 관원들이 계회를 기념하여 그린 것이다. 이 두 점의 계회도는 16세기 당시에 유행한 관청소속의 동료 관원들이 제작한 동관계회도同官契會圖의 한 예이다.

먼저 구체적인 설명에 앞서 이 그림 속의 경물에 대해 알아보기로 하자. 위에서 언급한 두 점의 계회도에서 그림 속의 섬이 어떻게 선유봉으로 판명되는 것일까? 이 장소를 선유봉으로 보는 근거는 무엇일까?[26] 앞의 두 그림에서 인물들이 앉아 있는 비스듬히 솟아오른 언덕과 강 건너편에 위치한 작은 봉우리의 표현이 주목된다. 이 언덕과 봉우리를 마주한 경관은 다른 여러 점의 계회도에도 자주 나타나는 것으로 특정한 실경이 표현되었음을 예시한다. 필자는 먼저 첫 단계로 이곳을 한강변에 인접한 특정 장소로 추정하였다. 이를 뒷받침하기 위해 한강변에서 그림과 같은 모양의 언덕과 산봉우리를 마주한 실경을 찾아보았다. 그림 속의 특정 경물이 실경이라고 말하기 위해서는 그림 속의 현장을 찾아 제시해야 하기 때문이다. 필자는 한강변의 답사를 통해 앞의 두 계회도 속에 그려진 장소가 마포구 합정동의 절두

옛 잠두봉인 지금의 절두산.

산순교기념관이 있는 '절두산'切頭山 언덕 임을 확인 할 수 있었다.

이러한 관계를 그림에서 다시 확인해보자. 「예조낭관계회도」에서 계회가 열리는 돌출한 언덕은 현재의 절두산의 형세와 무척 흡사하다. 더욱 분명히 해 주는 두 번째 단서는 「괴원장방계회도」에서 강 건너편에 보이는 작은 봉우리이다. 이 봉우리는 절두산의 맞은편의 모래벌에 있던 선유봉으로 확인된다. 이곳은 한강의 남단과 연결되어 있었고, 옛 기록에도 '선유봉'으로 표기되었다.

잠두봉은 16세기의 관료문인들에게 인기 있는 '만남의 장소'였다. 따라서 계회도 속에 자주 그려졌다. 그런데 여기에서 눈여겨 볼 것은 잠두봉 건너편의 선유봉이다. 선유봉은 계회의 장소인 잠두봉의 배경으로 등장하지만, 사실은 잠두봉에서 바라본 중심 경물로 위치해 있기 때문이다. 그림 상에서 선유봉을 중심으로 보면, 잠두봉은 언제나 선유봉의 맞은 편에 있게 된다. 따라서 잠두봉은 맞은 편에 있는 이 작은 봉우리가 선유봉임을 말해주는 거점이 되는 셈이다.

16세기 그림에 등장한 선유봉은 20세기 초까지도 건재했으나 일제강점기부터 파손되기 시작했다. 그 뒤 1962년 제2한강교 건설 당시에는 거의 평평한 지대를 이루었으며, 지금은 그 위로 양화대교가 걸쳐져 있다. 따라서 현재의 선유도는 그 위치와 대략적인 규모만을 확인해 줄 뿐 옛 경관의 원형은 거의 찾을 수 없다. 절두산 위에서 선유도가 있는 양화대교 쪽을 바라보면, 선유도는 절두산의 전방에서 오른쪽으로 약간 비켜난 지점에 위치한다. 그러나 그림에는 두 경물 간의 거리가 상당히 좁아져 있다. 이처럼 경물들 간의 먼 거리를 단축하여 그리는 것은 실경산수화에서 일반적으로 볼 수 있는 표현 방법이었다.

「괴원장방계회도」와 「예조낭관계회도」에 묘사된 선유봉은 실경에 근거한 표현임이 분명하다. 그러면 계회도 속의 선유봉에 주목하여 그 모습을 좀 더 자세히 살펴보자. 「괴원장방계회도」(1583)의 선유봉은 지금으로부터 정확히 425년 전의 모습이다. 여기에 묘사된 선유봉은 뫼산자 형태이며, 두 개의 봉우리를 중심으로 하여 좌우로는 짧은 능선을 이루고 있다.

선유봉의 규모는 구한말에 촬영한 흑백사진을 통해서도 짐작할 수 있다. 「괴원장방계회도」의 선유봉만을 확대해보면, 앞쪽으로는 모래벌에 연결된 몇 개의 작은 바위가 있다. 그리고 봉우리의 왼편으로는 가옥이 등장하고, 그 옆으로 몇 척의 배도 매여져 있다. 이러한 모습은 1586년 작 「예조낭관계회도」에서도 크게 다르지 않다. 봉우리를 두 개로 그렸고, 가옥과 어선漁船도 들어가 있다. 이상 세 점의 그림에 나타난 선유봉은 작은 산이라 할 만한 두 개의 봉우리와 가옥, 그리고 어선이 정박한 모습이었다. 선유봉의 뒤쪽은 화면상에 분명히 드러나지 않지만, 한강 남단의 땅과 연결되어 있었다. 그러나 홍수가 나거나 수위가 상승할 때는 선유봉 뒤쪽의 땅과 분리되어 섬이 되기도 했다.

제2한강교가 놓인 선유봉 터, 1960년대 중반.

선유봉이 땅과 연결된 상태임을 잘 설명해주는 그림으로는 1606년 작 「금오계회도」金吾契會圖가 참고된다. 이 그림 속의 선유봉은 강의 남단과 붙어 있는 상태이다. 이 점이 17세기 선유봉의 특징이다. 주변에 떨어져 나온 바위도 간략하나마 묘사해 놓았다.

잠두봉계회도는 17세기 전반기까지 지속적으로 그려졌다. 이 시기의 그림에는 경관을 바라보는 시점이 더 높아지고 공간감이 확대되는 변화를 나타낸다. 1630년경 작인 「선전관계회도」宣傳官契會圖와 1650년경에 그려진 「수문장계회도」守門將契會圖가 이런 특징을 잘 반영한 예이다.

선유봉이 묘사된 잠두봉계회도는 경물의 구성에 있어서 실경에 근거한 특징을 잘 보여준다. 즉 계회도에 표현된 경물 간의 거리 · 방향 및 상대적인 위치 관계가 실경과 부합되고 있다. 「괴원장방계회도」와 「예조낭관계회도」에 묘사된 선유봉과 잠두봉의 모습은 16세기 실경 산수화의 한 단면이라 해도 손색이 없다.

그런데 잠두봉계회도에서 발견되는 공통점은 앞서 언급한 바 있듯이 그림들이 거의 유사한 구도를 취한 점이다. 대체로 그림의 좌측 아

20세기초 선유봉의 전경(좌), 「예조낭관계회도」(1586)의 선유봉(우).

래에 잠두봉을 두었고, 그 건너편에 선유봉을 그린 단순한 형식이다. 그림 위에 '仙遊峯' 혹은 '蠶頭峯'이라 써놓지 않았어도 누구나 이 그림 속의 실경이 잠두봉임을 알게 되는데, 이는 아마도 구도 때문일 것이다. 계회도는 참석자의 수만큼 여러 점을 그려야했기에 약속된 구도의 전형典型을 필요로 했다. 이렇게 되면 16세기에는 잠두봉계회도처럼 장소에 따라 구도를 달리하는 여러 형식의 계회도가 존재했을 것으로 추정된다.

조선 초기(1392~약 1550)의 계회도는 상상의 산수화로 많이 그려졌다. 조선 초기의 거장 안견(15세기 활동)安堅의 산수화풍이 대표적인 예이다. 이런 유형의 그림들은 마치 그림 속에 들어가 살고 싶은 충동을 느끼게 하는 이상적 경관의 표현에 비중을 둔 것이다. 그런데 16세기 계회도에는 이러한 상상의 산수가 차츰 실경을 표현하는 쪽으로 옮겨가는 현상을 보이기 시작한다. 상상의 경관을 그린 산수화가 유행하던 때에 실경의 표현을 추구한 점이 잠두봉계회도가 갖는 가장 큰 의의이다.

화화사적인 측면에서 16세기의 잠두봉계회도가 갖는 의의는 화가

「금오계회도」 1606년경, 축, 지본수묵, 93.5×63.0㎝, 개인 소장.

가 상상의 경관을 그린 관습에서 벗어나 실경을 마주하고 주시한 점에 있다. 처음부터 실경을 그린 것은 아니지만, 차츰 상상속의 경관에서 벗어나고 있는 현상이 의미 있고 주목할 만하다. 즉 상상의 경관에서 실경의 경관으로 그림이 바뀌는 현상을 선유봉이 등장한 계회도에서 발견할 수 있는 것이다.

계회도에서 볼 수 있는 실경적 요소는 계회도가 현장의 특징을 담아내야 한다는 당위성이 점차 비중 있게 작용했음을 의미한다. 이는 16세기 후반기의 화가들에게 경관을 보는 방식과 이를 표현하는 방법에 변화가 있었음을 시사한다. 그것은 3차원의 실경을 2차원의 화면에 표현할 때 발생하는 원근 설정의 문제, 공간감의 표현, 합리적인 시점의 적용 등이 이때에 어느 정도 해결되고 있었음을 의미한다. 선유봉이 실경으로 그려질 수 있었던 것도 그 연장선에서 가능할 수 있었다.

18세기의 진경산수화와 선유봉

한강의 명소로 이름난 곳은 조선 후기의 진경산수화로도 많이 그려졌다. 가장 대표적인 예가 정선의 『경교명승첩』京郊名勝帖과 『양천팔경첩』陽川八景帖이다. 이 두 화첩은 남한강으로부터 행호幸湖에 이르는 주요 경관과 양천 일대의 명소를 그려 각각 첩으로 꾸민 것이다.[27] 이 가운데 선유봉이 등장하는 그림으로는 정선이 그린 네 점이 전한다. 정선의 눈에 비친 선유봉은 어떤 모습이었을까? 이 네 점은 선유봉을 가까이서 묘사한 「선유봉」[28], 한강의 서편에서 선유봉과 잠두봉을 조망한 「양화환도」楊花喚渡, 그리고 한강 서편의 파산巴山과 난지도蘭芝島 주변을 표현한 「소악후월」小岳候月과 「금성평사」錦城平沙 등이다. 이 그림들을 통해 약 260여 년전 선유봉의 모습과 그 주변의 여러 경관들을 살펴보는 것이 가능하다.

정선이 1740년에 그린 「양화환도」는 선유봉과 잠두봉의 위치 관계를 잘 설명해준다. 우선 「양화환도」는 한강을 서편에서 동편으로 조망하여 그린 것이다. 화면의 오른 쪽 아래에 선유봉을 두었고, 원경에 잠두봉을 배치한 구도이다.[29] 즉 「양화환도」는 여러 점의 16세기 잠두봉계회도에서 잠두봉과 선유봉의 관계를 측면의 시점에서 조망해주는 셈이다. 이 그림에서 보면 잠두봉과 선유봉은 거리가 상당히 떨어져 있다. 그러나 앞 절에서 살펴본 계회도에서는 두 산봉을 한 화면에

정선, 「양화환도」, 1740년, 비단담채, 23.0×29.4㎝, 간송미술관.

넣기 위해 경물 간의 거리를 단축시켜 표현했다.

이번에는 시선을 더 좁혀 선유봉 만을 그린 「선유봉」을 살펴보자. 「선유봉」에는 진경산수화에서 즐겨 사용하던 정선 특유의 필치가 잘 나타나 있다. 즉 선유봉을 묘사한 부분에는 붓을 많이 대거나 다듬지 않고 갈필渴筆의 선묘를 자유롭게 운필하여 질감을 주었다. 또한 마麻를 풀어헤쳐 놓은듯 언덕과 봉우리 묘사에 적용한 피마준법披麻皴法은 부드러운 흙산의 느낌을 효과적으로 살려냈다.

선유봉은 결코 작은 봉우리에 불과하지 않았다. 화면에 보이는 가옥만도 스무 채 정도이니 작은 마을을 이룰 정도였다. 20세기 초에 촬영한 사진을 보더라도 상당한 규모였음을 짐작할 수 있다. 「선유봉」 속의 가옥 중에는 기와집도 눈에 띈다. 누정도 포함되어 있어 재력 있는 선비들의 별서別墅가 이곳에 많았을 법하다. 흥미로운 것은 이러한 모양의 기와집에 거주했을 것으로 추정되는 두 사람이다. 이기설李基卨 1558~1622과 이민서李敏敍 1633~88가 그 인물이다. 이기설은 잘 알려진 인물은 아니지만 천문, 지리 등에 깊은 조예를 지녔다. 그는 1608년 광해군이 즉위하자 도성을 떠나 이곳 선유봉으로 이주한 뒤 관직을 단념했다고 한다.[30] 도성을 나와 배로 건너야만 닿는 한강의 섬은 먼 거리는 아니지만 이와 같이 은둔지의 개념으로 이해되기도 했다.

또 다른 인물인 이민서는 선유봉 봉우리에 집을 지어 선유정사仙遊精舍라는 이름을 붙였다.[31] 이때 지은 「귀선유봉」歸仙遊峯, 「우거선유봉」寓居仙遊峯 등의 시가 있고,[32] 절친한 친구인 김만기金萬基 1633~87의 시에도 이민서가 선유봉에 새로 지은 정자에 대한 구절이 보인다.[33] 그런데 「선유봉」에 그려진 기와집을 자세히 보면, 누정 하나가 눈에 띄고 있어 흥미롭다. 3칸짜리 이며 사방에 벽이 없는 그야말로 누정이다. 이민서의 시 제목에 '우거'寓居라고 한 것으로 보아 거처도 함께 마련한 것으로 짐작된다. 이기설과 이민서 두 사람 모두 거의 비슷한 시기에 선유봉에 거주하였는데, 혹시 그림 속 기와집의 주인은 이 두 사람 중의 하나가 아니었을까? 당시 선유봉 일대는 문사들의 별장이 들어설 만큼 별서지로서의 매력을 갖춘 곳이었다.

이번에는 정선이 그린 두 점의 다른 그림을 통해 선유봉과 서호 일대의 경관을 조망해 보자. 1740년경에 그린 「소악후월」과 「금성평사」가 그 대상이다. 두 점 모두 서호 서편에 있던 양천현아楊川縣衙 인근의 소악루와 지금의 난지도 방면을 대상으로 그린 것이다. 당시 정선은 양천현감으로 있던 중이어서 이곳의 경관에 특별히 관심을 가졌던 듯하다.

정선, 「선유봉」, 견본담채, 33.3×24.7㎝, 개인 소장.

「소악후월」은 "소악루에서 달이 뜨기를 기다리다"는 뜻이다. 정선이 직접 그림에 화제畫題를 썼다. 소악루는 현감 이유李渘 1675~1757가 중국의 악양루岳陽樓를 모방하여 지은 누정이다. 이곳에서 이유는 일찍이 정선과 이병연李秉淵 1671-1751을 초대해 만남을 가진 바 있었다. 그 뒤 양천현령으로 부임하게 된 정선이 이들의 만남을 추억하여 붓을 들었던 것이다. 이때가 1740년 정선의 나이 65세 때였다.

「소악후월」 속의 경관은 한강의 서쪽에서 동쪽방향을 조망한 것이다. 소악루가 있던 파산의 일부를 화면의 왼편에 배치했다. 그래서 한강은 마치 물을 가둔 호수처럼 화면의 중앙에 잔잔한 물결만 일렁이고 있다. 원경에 실루엣으로만 처리한 와우산臥牛山 위로는 둥근 달이 떠올랐다. 달 아래의 산록에는 달빛을 받는 청록색의 색조가 완연하다. 왕래하는 배가 한 척도 보이지 않는 강상에는 적막감마저 감돈다. 야경의 고요함을 깨뜨릴 수 있는 것은 아무 것도 없다. 여기에 비하면 오늘날 이곳의 야경은 격세지감도 무색케 할 정도로 요란스럽기 그지없다.

「소악후월」의 전체 분위기는 마치 소상팔경瀟湘八景의 '동정추월'洞庭秋月을 연상하게 한다. 달이 떠 오른 야경 속의 한강을 호수처럼 연출함으로써 풍부한 시정을 느낄 수 있게끔 하였다. 조선 초기에 유행한 소상팔경도의 '동정추월'을 보면, 대부분 현실에서는 볼 수 없는 이상적인 경관으로 그려졌다. 그러던 것이 18세기에는 한강의 실경 그림 속에서 이와 같은 소상팔경의 이미지를 구현하는 것이 가능하게 되었다.

「소악후월」과 비교하여 살펴볼 나머지 한 점은 "금성의 모래벌"이라는 제목의 「금성평사」이다. 「금성평사」의 '금성'은 난지도로 모래를 실어오는 모래내와 홍제천 사이에 있는 마을 이름이다. 그림의 왼

정선, 「소악후월」(『경교명승첩』 중), 1741년, 견본채색, 29.2×23.0㎝, 간송미술관.

편 위쪽에 보이는 마을이 금성마을일 것이다.[34] 그 너머로 완만하게 솟아오른 산이 와우산이고, 왼편이 안산, 그리고 오른편은 멀리 있는 남산으로 추정된다. 「금성평사」는 「소악후월」보다 조금 더 서쪽으로 물러난 지점인 지금의 가양대교 남단 즈음에서 바라본 경관이다. 오른쪽 아래로는 양천현아가 있는 망호정望湖亭 일대를 근경으로 삼았다. 「소악후월」보다 훨씬 더 넓은 경관을 담았고, 대각선을 축으로 하여 서호 전체를 한 눈에 들일 수 있는 구도를 취했다.

화면 가운데의 모래 벌과 그 왼편으로 이어지는 방면에 난지도가 있다. 위쪽으로 잠두봉의 절벽에 이르기까지 경물이 사선 방향으로 이어진다. 그렇지만 이 그림의 핵심은 화면의 가운데에 있는 평평한 모래벌인 '평사'平沙이다. 언제든 기러기들이 내려앉을 듯한 분위기

정선, 「금성평사」(『경교명승첩』 중), 1740년, 견본채색, 29.2×23.0㎝, 간송미술관.

다. 이 그림을 본 정선의 벗 이병연李秉淵 1675~1735은 소상팔경의 하나인 '평사낙안'平沙落雁의 의경을 시로 함축하여 표현했다. 정선의 의도도 아마 이와 같았을 것이다.

정선의 그림을 「금성평사」 「소악후월」 그리고 「양화환도」의 순으로 보면, 선유봉의 주변을 원근의 시점에서 바라본 경관임을 알 수 있다. 여기에서 주목되는 점은 이 3점의 그림이 넓은 시야로부터 점차로 시야를 좁혀 나가거나, 그 반대의 순으로 위치와 공간을 고려하여 그렸다는 점이다. 이는 한 지역의 실경을 여러 시점에서 조망하여 특징적인 장면을 포착하려한 결과일 것이다. 진경산수화풍으로 그려진 약 260여 년 전의 이 그림들은 선유봉과 그 주변 경물의 정감어린 풍경을 사실적이면서도 현장감 있는 필치로 전해주고 있다.

동호의 저자도, 강 속에 잠긴 섬

저자도는 현재 이름만 전하고 실체는 존재하지 않는 섬이다. 지금으로부터 약 40여 년 전만해도 백 평방미터가 넘는 큰 규모의 섬으로 동호 일대를 점유하고 있었다. 그러나 1970년대의 한강종합개발사업은 저자도에 되돌릴 수 없는 운명을 부여했다. 이 과정에서 저자도는 골재채취장으로 변하였고, 끝내 흔적조차 남기지 않고 한강의 수면 아래로 사라져갔다. 하지만 한강의 대표적인 명승을 꼽을 때면 으레 저자도를 빼놓지 않는다. 이처럼 흔적 없이 사라진 섬이 수 십 년이 지난 지금까지 기억되는 이유는 무엇일까? 이 장에서 살펴보고 답해야 할 물음이다.

닥나무가 많아서 이름 붙여진 저자도는 지금의 중랑천과 한강 본류가 만나는 지점에 있었다. 압구정을 감아 도는 물줄기가 중랑천과 만나면서 모래와 흙을 퇴적시켜 생겨난 섬이 저자도이다. 일시적인 퇴적으로 만들어진 섬과는 다르다. 이 섬의 존재가 확인되는 시점은 여말선초의 기록으로까지 올라간다. 저자도는 한양천도 이후 1970년대까지도 한강과 함께 600년을 변함없이 지내온 역사적인 경관의 현장이었다.

이 장에서는 우선 저자도의 위치와 규모 등 평면상의 정보를 지도에서 간략히 살펴보고, 저자도의 옛 경관을 묘사한 기록을 찾아 그 모습을 재구성하고자 한다. 저자도의 실상을 전해 주는 자료가 남아 있지 않기 때문이다. 따라서 이를 형상화하는 데 도움을 주는 기록들은 단편적이어도 매우 중요한 단서이다. 그 다음으로는 저자도의 경관을 보다 입체적으로 이해하기 위해 저자도의 주변 풍경을 담은 그림들을 살펴볼 것이다. 이 그림들은 저자도의 주변을 에워싼 위치에 있는 명소들로서 16세기와 18세기 그림이 대부분이다. 비록 저자도를 직접 묘사하지 않았더라도 저자도의 경관을 가상적으로 그려보는 데 가장 도움이 되는 자료들이다.

저자도 경관의 재구성

조선시대의 문인들이 저자도를 대상으로 한 시를 그렇게 많이 남긴 이유는 무엇일까? 시적인 감흥이 넘쳐나던 옛 저자도의 모습은 과연 어떤 풍광이었을까? 저자도를 떠올리면 가장 먼저 갖게 되는 생각이다. 본 적도 없는 섬의 이름을해 듣는 이들에겐 경관에 대한 궁금증이 더욱 클 것이다. 무엇보다 아쉬운 것은 현재 저자도를 그린 그림이나 전모를 보여주는 사진이 좀처럼 전하지 않는다는 점이다. 따라서 우선 옛 사람들이 기록한 저자도의 경관에 대해 먼저 알아보는 것이 필요하다.

저자도가 있었던 동호는 현 성동구, 옥수동 일대의 한강이다. 호수 같은 강과 거스를 것 없이 탁 트인 전망, 그리고 은빛 백사장이 널리 펼쳐진 경관이었을 것이다. 이러한 경치를 앞뒤에 두고서 동호의 강변에는 개인의 누정과 저택들이 즐비하게 들어섰다. 그리고 남산의 끝자락인 응봉鷹峯을 비롯하여 독서당 · 압구정 · 입석포 등과도 천연의 조화를 이루었다. 이러한 경관은 이곳을 찾는 문사들의 문학적 감성을 자극하기에 충분했다. 그래서 저자도의 승경을 묘사한 한시 등 문학작품을 통해서도 그 경관의 아름다움을 짐작하기란 어렵지 않다. 하지만 경관을 형상화하기 위해서는 옛 그림과 같은 시각적인 자료가 더욱 중요하고, 저자도의 과거와 문화사적 위상을 살피는 데는 경관에 대한 이해가 우선적으로 필요하다. 저자도의 이미지는 경관의 역사를 말해주는 표상이기 때문이다.

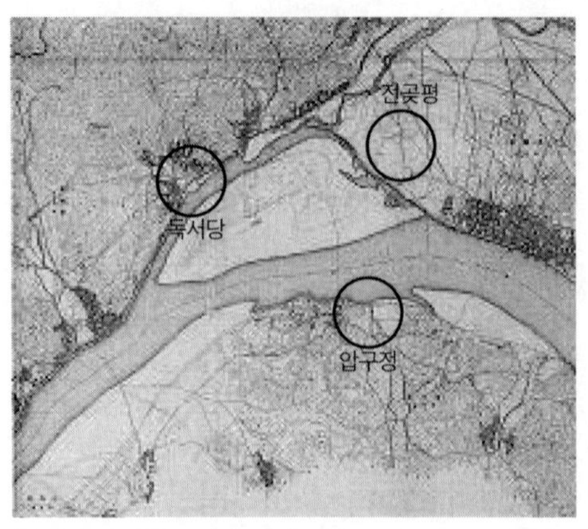

「경성도」의 저자도 부분, 개인 소장.

구한말이나 근대이후 저자도를 촬영한 사진은 매우 드물다. 1960년대 한강개발공사가 진행 중이던 당시의 사진자료도 희소하기는 마찬가지다. 흑백사진으로 전하는 한 점이 그나마 가장 최근의 것으로 알려져 있다. 그러나 저자도의 규모나 특징을 자세히 파악하기에는 충분치 않다. 이러한 측면을 보완하기 위해 참고할 만한 자료가 실측지도이다. 가장 시기가 올라가는 실측지도로는 1922년에 제작한 「경성도」가 있다.

「경성도」는 일제강점기에 발행된 서울 지도 가운데 가장 자세하고 큰 지도이다. 1915년에 처음 측도한 뒤, 수정을 거쳐 1922년에 인쇄한 것이다.[35] 저자도의 크기를 한눈에 짐작할 수 있을 정도로 정확한 면적이 드러나 있다. 여기에서 주목되는 것은 저자도 안에 지형의 고저를 나타낸 간략한 등고선과 초지 및 모래벌이 표시된 점이다. 따라서 저자도는 원래 모래 벌로 된 완전한 평지가 아니었음을 알려준다. 15세기의 인물인 강희맹姜希孟이 「저자도도」楮子島圖의 발문에서 "봄꽃이 만발하여 온 언덕과 산을 뒤덮었네"라고 한 묘사에서도 '언덕'

저자도 인근의 독서당 · 압구정 · 전곶평.

과 '산'이라는 말을 확인 할 수 있다.

이러한 지형상의 특징은 16세기 후반기의 인물인 윤현尹鉉, 1514~78의 「호당기」湖堂記에서도 발견된다. "갈라진 물결이 암석의 아래를 두르는데 물은 검푸르며 소용돌이를 이룬다."고 하여,[36] 저자도는 평지의 섬이 아니라 한쪽에 암반의 언덕이 있는 형태였음을 알려준다. 그러나 「경성도」 상의 저자도에는 약간의 등고선은 있어도 언덕은 나타나 있지 않다. 400년 이전의 기록과 100년도 채 안된 지도상의 차이를 어떻게 이해해야 할까?

저자도의 규모를 확인 할 수 있는 사진으로는 1920년대에 촬영된 사진 한 점이 전한다. 이 사진은 지금의 성동구 옥수동 언덕 위에서 강남의 압구정동 쪽을 바라보고 촬영한 것이다. 사진에는 송파 방면에서 굽이져 흐르는 한강과 그 왼편으로 중랑천 입구와 뚝섬의 일부가 보인다. 여기에서 강이 있는 부분을 자세히 보면 앞쪽으로 희게 보이는 것이 모래사장으로 된 저자도이다. 그리고 그 끝 경계로 약간 짙은 색을 보이는 부분이 한강의 본류이다. 강폭보다도 저자도의 모래벌이 훨씬 넓은 면적을 차지한다.

「경성도」에 나타난 지형상의 특징이 이렇다면, 약 400여 년전의 저자도는 어떠한 모습이었을까? 물론 「경성도」에서 볼 수 있는 것과는 달랐을 것이다. 그러나 당시의 모습은 저자도의 옛 경관을 묘사한 문헌기록을 통해 알아볼 수 밖에 없다. 이와 관련하여 몇 가지 발췌된 내용을 옮겨보면 다음과 같다.

① 저자도 작은 섬이 완연히 물 가운데 물굽이 언덕을 두르고 (있으니), 흰모래 갈대 숲 그 경치가 매우 좋다.[37]

② (독서당으로부터) 물가를 거슬러 올라가니 물에 드리워진 숲이 조금씩 모여 있다. 평평한 모래가 펼쳐져 있어 멀고 가까운 것이 모두 비슷하다. 그 위쪽에 저자도楮子島가 있다. 갈라진 물결이 암석의 아래를 두르는데 물은 검푸르며 소용돌이를 이룬다. 세상 사람들이 신용神龍이 사는 곳이라고 부른다. 가뭄을 만나면 향폐香幣를 뿌리고 용을 그려서 기도를 올린다. 양가 쪽의 언덕바위는 깍아 세운 것이 골짜기와 같으며, 가을에는 단풍잎이 그림과 같다.[38]

③ 봉은사奉恩寺는 저자도에서 서쪽으로 1리쯤에 있다. 몇 해 전에 내가 동호 독서당에서 사가독서할 때에 타고 간 배를 저자도 머리에 정박하고 봉은사를 구경하고 돌아오니, 강가 어촌에 살구꽃이 만발하여 봄 경치가 더욱 아름다웠다.[39]

④ 초가 8~9채 넘는 곳에 버드나무 몇 그루 서 있다.[40]

위의 기록들은 저자도의 모습을 재구성할 수 있는 단서라는 점에서 매우 중요하다. ①은 15세기의 문신 정인지鄭麟趾, 1396~1478가 살곶이 다리가 있던 인근의 낙천정樂天亭에서 내려다 본 저자도의 풍경을 기록한 것이다. 가장 원경에서 본 저자도의 경관을 '작은 섬', '물굽이 언덕', '흰 모래', '갈대 숲' 등의 이미지로 압축하여 묘사했다. 저자도는 한강의 본류가 굽이를 이루는 곳에 있었기에 한쪽에 언덕을 이룬 형세였음을 알 수 있다. 아울러 평지에는 흰 모래벌과 갈대숲이 무성한 경관이었음을 기록해 두었다.

②는 저자도 주변에 모양이 수시로 변하는 모래사장이 많았고, 저자도에는 큰 규모는 아니지만, 암반이 있었음을 기록한 것이다. "양쪽의 바위 언덕은 깍아 세운 것이 골짜기와 같다"兩傍崖石 劈立似峽고 한 것은 저자도의 바위 언덕과 중랑천 입구에 있던 입석포의 바위벼랑을 두고 말한 것으로 보인다. 저자도의 언덕은 앞의 ①에서 '물굽이 언덕'이라 한 것과도 상통한다. 저자도가 바위 벼랑을 이룬 섬이었다는 사실은 쉽게 상상되지 않는다. 지금으로부터 약 400여 년 전의 기록인 점을 고려한다면 실로 상전벽해桑田碧海의 현장이 아닐 수 없다.

③은 16세기 인물인 심수경沈守慶, 1516~99이 독서당에 머물던 중 봉은사를 다녀오면서 남긴 글이다. 봉은사는 16세기 중반 이후 동호의 새로운 시회詩會의 공간으로 많은 묵객들의 탐승이 이어진 곳이다. 특히 동호독서당과 가까워 독서당의 관원들이 이곳에 들러 시회를 자주 가진 바 있다.[41]

④는 저자도에 초가가 8-9채 넘게 있다고 한 민가의 현황을 알려주는 기록이다. 1757년(영조 33)에 편찬된 『여지도서』輿地圖書의 「경기도, 광주」 조('坊里')에는 "楮子島里 自官門距四十里 編戶七 男十口 女十一口"로 적혀 있다. 저자도에는 약 20여 명이 거주하는 작은 마을이 있었음을 알려준다. 1550년(명종 5) 윤6월에는 큰 비로 인해 광주의 삼전도三田渡와 저자도 등지의 민가 10여 가구가 허물어지고 100여 가구가 물에 잠긴 기록이 있다.[42] 저자도 보다 규모가 더 큰 삼

전도를 포함한 것을 보면, 이 무렵부터 십 여 가구 이상의 민가가 저자도에 마을을 이루었음을 알 수 있다.

종합해 보면 ①, ②, ③은 모두 15~6세기의 기록이다. 약 400여 년 전의 저자도는 모래벌로 된 평지와 바위를 포함한 둔덕으로 이루어져 있었다. 때로 한시적이나마 강남의 모래벌과 연결되기도 했다. 이는 홍수가 나거나 갈수기渴水期에 따른 일시적인 지형의 변화가 가져온 결과이다. 그렇다 하더라도 저자도의 기본 경관에는 변함이 없었다. 또한 저자도 안에는 작은 규모의 민가와 별서 등이 일찍부터 군락을 형성했었다. 특히 대다수의 시인들이 읊은 바와 같이 저자도 주변 사계절의 변화는 당연 명승의 백미라 할 만큼 미려한 풍경이었다.

그림으로 본 저자도의 주변 풍경

한강의 동호에 자리 잡은 압구정 · 독서당 · 전곶평 등은 저자도에서 한눈에 조망되는 위치에 있었다. 저자도의 경관을 이해하는 데 매우 중요한 거점들이다. 저자도가 고립된 섬이 아니라 이 경관들과 유기적인 관계를 맺는 위치에 있었기 때문이다. 따라서 저자도의 경관을 논하기 위해서는 저자도만을 살필 것이 아니라, 동호 일대의 명소를 함께 다룰 필요가 있다. 그림을 통해 살펴볼 저자도 인근의 명소는 저자도의 경관미를 강조하는데 한 몫을 한다. 또한 이 명소들은 저자도의 모습을 형상화하는 데에도 더없이 중요하다. 저자도가 현재 남아 있지 않고, 옛 그림으로도 전하지 않기 때문이다. 다만 저자도의 주변 경물을 그린 그림들이 남아 있음은 매우 다행스러운 일이다.

현존하는 한강 주변의 풍경을 담은 그림은 앞장에서 살펴본 바와

「독서당계회도」, 1531년경, 견본수묵, 91.5×62.3㎝, 일본 개인 소장.

같이 대략 계회도와 진경산수화의 두 경향으로 나뉜다. 이 두 종류의 그림은 모두 화가의 눈에 비친 실경을 그렸다는 데 의의가 있다. 또한 약 450년 전과 약 250여 년 전의 경관을 지금과 비교해 볼 때, 약 200년 단위로 변화하는 풍경의 실상을 살피는 것이 가능해진다. 그림을 통해 경관의 역사를 알아보는데 시사하는 바가 매우 크다.

동호 인근의 독서당과 압구정은 당시 문사들이 즐겨 찾던 계회의 장소였다. 그러한 연유로 이곳은 화폭에 그려질 기회가 많았다. 저자도도 여기에 예외일 수 없다. 하지만 화가들 사이에 그리지 않기로 합의라도 한 듯 저자도를 그린 사례는 좀처럼 찾을 수 없다. 계회도에도 등장하지 않고, 18세기의 진경산수화에도 이곳은 포함되어 있지 않다.

다만 저자도의 주변 경치를 그린 그림 속에 저자도의 극히 일부분이 묘사된 경우가 있다. 여기에서 살펴볼 그림은 저자도 주변의 세 장소를 그린 것이다. 저자도 서북단의 동호독서당을 그린 「독서당계회도」讀書堂契會圖, 저자도 남단의 압구정을 그린 제목미상의 「계회도」와

「독서당계회도」, 1531년경, 견본수묵, 91.5×62.3㎝, 일본 개인소장(좌), 「계회도」, 16세기, 견본담채, 70.8×73.4㎝, 일본 대화문화관.

「압구정도」, 그리고 압구정과 저자도 북단의 전곶평을 그린 또 한 점의 「압구정도」와 「진헌마정색도」進獻馬正色圖를 들 수 있다. 이 세 부류로 구분되는 그림 속의 경관들은 저자도의 주변을 삼각형으로 둘러싼 지점에 있었다. 따라서 당시 저자도의 외경外景에 있는 명승이라는 점이 무엇보다 관심을 끈다.

이곳의 경관을 좀 더 자세히 살펴보자. 독서당은 지금의 한남동 독서당길 인근의 옥정玉井 초등학교의 서편에 있었던 것으로 추정된다. 저자도에서는 서북방향이다. 이미 잘 알려진 바와 같이 독서당은 문신文臣들에게 휴가를 주어 독서에 전념토록 하기 위해 지은 건물로 1517년 봄에 준공되었다.[43] 또한 압구정은 권신權臣 한명회韓明澮, 1415~87가 노년에 휴식 장소로 삼기 위해 동호의 남단 언덕 위에 지은 누정이다. 지금은 압구정의 옛 터로 추정되는 곳이 압구정동 현대아파트 단지 내에 있다. 원래 위치는 독서당을 바라보는 강변이었으나 저자도의 흙과 모래로 한강의 남단을 메웠기 때문에 압구정 터는 아파트 단지 내에 놓이게 된 것이다. 한강의 좌우를 한눈에 조망하고

압구정동에서 바라본 옥수동.

강 북단의 삼각산까지도 관망할 수 있었던 곳이 바로 압구정이었다. 마지막으로 전곶평은 저자도 바로 북단의 넓은 평지로서 사복시司僕寺의 방목장이 여기에 있었다. 지금은 이곳에 '서울 숲'이 자리 잡고 있다. 이 세 곳은 저자도의 어느 지점에서 둘러보아도 조망권에서 벗어나지 않는 경관 속에 있었다.

이번에는 이 그림들에 나타난 경관 상의 특색을 살펴보기로 한다. 먼저 살펴볼 「독서당계회도」는 독서당과 주변의 경관을 그리는 데 중점을 두었다. 일본 개인소장의 「독서당계회도」(1531)와 서울대박물관 소장의 「독서당계회도」(1572) 두 점이 전하고 있다.[44] 그런데 두 점의 계회도는 같은 대상을 그렸지만 서로 다른 특징을 보인다. 먼저 1531년 작은 넓은 공간을 높은 부감俯瞰의 시점으로 포착한 것이 특징이다. 반면, 1572년 작은 응봉鷹峯과 독서당을 비교적 근접 묘사하여 독서당의 구조를 자세히 그리는 데 역점을 두었다.[45] 1572년 작에서 응봉은 실제로 독서당보다 더 좌측으로 떨어져 있지만, 독서당의 배산背山이므로 거리를 단축시켜 화면 안으로 끌어들였다. 여기에서

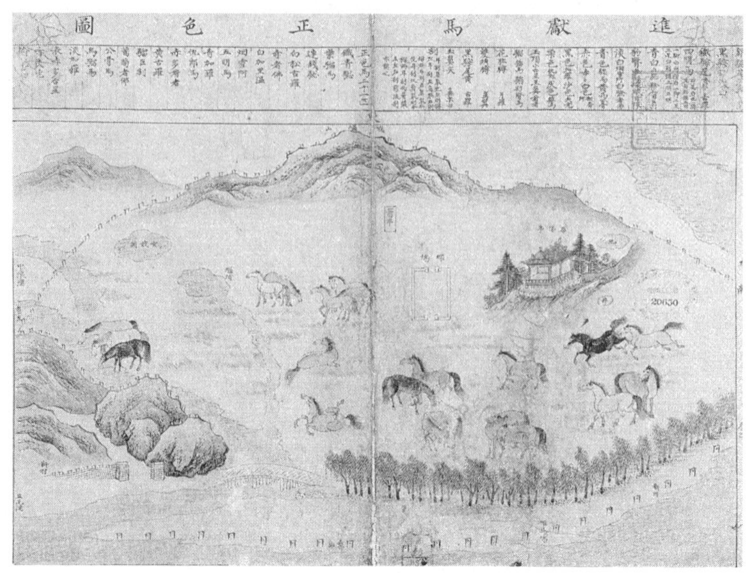

「진헌마정색도」(『목장지도』 중), 1663년, 30.0×44.6㎝, 국립중앙도서관.

특히 주목을 요하는 것은 이 그림의 오른편 아래에 있는 모퉁이이다. 모래섬의 한 부분인데 바로 저자도의 일부로 추정되는 곳이다.

독서당의 맞은편인 동호의 남단에는 압구정이 위치해 있었다. 윤현의 「호당기」湖堂記에는 "(독서당에서) 호수 건너의 남쪽은 옛 상공인 한명회의 압구정이다"라고 기록되었다. 이러한 압구정과 독서당의 모습을 가장 잘 설명해주는 것이 일본 대화문화관大和文華館 소장의 「계회도」(16세기 작)이다.[46] 시점과 묘사된 경물들의 관계를 보면, 이 그림의 아래에 있는 누정이 압구정에 해당한다. 그리고 강 건너편에 보이는 작은 점경의 건물은 독서당으로 추정된다.

이 그림 속의 경관은 지금의 압구정동 현대아파트에서 바라본 옥수동 일대의 지형과도 매우 비슷하다. 사진에서 볼 수 있듯이 왼편에 솟아오른 응봉과 아파트가 빼곡히 들어선 일대의 지형을 비교적 충실히 표현한 점이 돋보인다. 저자도는 독서당의 동남쪽, 압구정의 북쪽에 자리 잡고 있었다. 저자도에서 강남을 바라볼 때 가장 풍광이 좋은 지역이 바로 압구정이 있던 강변이었을 것이다.

18세기의 진경산수화에는 압구정이 옛 모습 그대로 등장한다. 그 중에서도 정선이 그린 「압구정도」는 잠실 쪽에서 압구정을 바라본 장면이다. 정선 특유의 채색화법이 경쾌하면서도 다채롭게 잘 나타나 있다. 멀리 남산이 짙은 색의 실루엣을 이루었고, 그 왼편 너머로 관악산이 비껴 보인다. 「압구정도」에서 사선 방향으로 이어진 언덕의 끝에 위치한 누정이 압구정으로 추정된다. 그림의 오른편 아래의 화면 바로 밖에 저자도가 위치했을 것이다. 하지만 아쉽게도 이 부분을 화면 안으로는 끌어들이지 못했다. 압구정과 이어진 언덕 사이로는 초가지붕을 내민 민가들이 작은 마을을 이루었다. 이중에서 강변 쪽으로 나온 기와집들은 아마도 사대부들의 별서였을 것이다.

정선의 작으로 전해지는 또 한 점의 「압구정도」는 한강의 남단에서 압구정을 근경으로 하여 그린 것이다. 강 건너편의 전곶평 일대를 가상의 높은 시점으로 조망하였다. 압구정 바로 건너편에는 넓은 모래벌이 펼쳐져 있고, 멀리 중랑천 안쪽의 살곶이 다리가 시야에 들어온다. 그 뒤편으로는 병풍처럼 둘러싼 산들이 몇 겹씩 중첩되어 있다. 가장 먼 원경인 삼각산이 실루엣을 이루었고, 그림 왼편으로 저자도의 일부가 걸려 있다.

저자도에서 바라본 북쪽은 뚝섬과 전곶평이다. 이곳은 19세기 그림인 「진헌마정색도」를 통해 지형적 특징을 한 눈에 살필 수 있다. 「진헌마정색도」는 실경산수화라 할 수 없지만, 저자도의 주변 경관을 이해하는데 참고가 된다. 전곶평에는 넓은 방목장이 있어 속칭 '살곶이 목장'으로도 불렸다.

傳 정선, 「압구정」, 미상.

「진헌마정색도」는 지리적 정보와 지형상의 특징을 알아보기 위해 제작한 회화식 지형도이다. 그림의 외곽에 선을 쳐서 방위를 기입하였지고, 그림의 상단이 동쪽인데 멀리 아차산이 그 경계임을 적어두었다. 또한 아래쪽은 뚝섬을 경계로 하였고, 좌단은 중랑천, 남쪽은 광나루와 인접한 것으로 정했다. 저자도 북단의 전곶평은 오늘날의 실경과는 비교조차 어려울 만큼 많은 변화가 있었다. 독서당 · 압구정 · 전곶평은 그림을 통해 옛 경관의 특색과 아름다움을 엿볼 수 있는 곳이다. 또한 그 경관의 가운데에 있던 저자도는 그림으로 전하지 않지만, 그림 속의 경물들과 공간을 함께 했던 장소이다. 앞 절에서도 확인했듯이 저자도는 모래벌과 갈대밭 그리고 암벽의 언덕으로 이루어진 아름다운 경관이었음이 분명하다. 저자도를 찾은 옛 선비와 시인 묵객들이 한결같이 시흥을 노래할 수 있었던 것은 바로 변함없는 저자도의 매력과 주변 명소들의 다채로운 경관미 때문이었을 것이다.

선유도와 저자도의 경관사

한강은 옛 도성에서 가장 가까운 명승지이자 탐승처였다. 곳곳에 지어진 누정과 유연遊宴의 명소들, 그리고 경관의 아름다움을 묘사한 시를 보면 한강의 어느 곳이든 빼어난 승경이 아닌 곳이 없다고 할 정도였다. 그 중에서도 한강의 섬은 문사들에게 색다른 유람을 제공하는 곳이었다. 선유와 관망을 통해 풍부한 시적 감흥을 읊어낼 수 있게 한 문예의 현장이기도 했다. 따라서 이 글에서는 한강의 섬이 갖는 경관상의 특징에 주목하여 선유봉과 저자도의 오래전 모습들을 옛 그림 속에서 찾아 살펴보았다.

선유도와 저자도의 주변을 그린 그림 중에는 16~17세기 작들이 전한다. 이 시기에 실경으로 그려진 경관들은 18세기의 진경산수화로도 표현되었다. 그래서 지금으로부터 약 200년에서 400년의 시간을 아우르는 풍경과 화풍의 변화를 살피는 것이 가능해진다. 옛 사람들이 바라본 그림 속의 경관은 오늘날의 현장과 비교가 가능하다. 옛 그림과 현재의 실경을 비교하는 것은 과거의 시간과 공간을 확인할 수 있는 한 방법이다. 이는 옛 경관의 모습과 역사, 그리고 변화의 여정을 그려보는데 많은 도움을 준다.

그러면 18세기의 그림 속에 담긴 두 섬의 경관은 또 어떤 모습으로 변모하였을까? 그 과정을 함께 알아볼 필요가 있다. 그런데 19세기 이후에는 두 섬을 그린 그림이 전하지 않는다. 그래서 남아 있는 18세기의 그림까지만 다루고 글을 맺는다면 19세기부터 지금까지의 과정이 설명되지 않는다. 경관의 변화를 탐구하는 기점은 언제나 현재가 되어야 한다. 따라서 그림이 메우지 못한 자료상의 공백은 사진과 지도 등을 통해 살펴보았다. 이 자료들은 18세기를 지나 지금의 경관에 이르는 변화의 과정을 잘 설명해준다. 여기에 대해 간단히 정리하면 다음과 같다.

지금의 양화대교의 중간에 자리 잡은 선유도는 원래 약 40미터 높이의 봉우리였다. 또한 그 주변은 약 10만 평이나 되는 넓은 모래벌이었다. 양화리 · 양평리 쪽으로는 걸어서 왕래하는 것이 가능할 정도였다. 선유봉의 서편으로는 작은 양화나루가 있어서 나룻배들의 출입이 잦았다. 이처럼 선유봉의 경관은 나루터 가까이에 산봉우리를 옮겨 놓은 듯 매우 인상적이었다. 그러던 선유봉은 일제강점기부터 큰 변화를 맞게 된다. 그 과정을 순서대로 살펴보면, 을축년(1925년) 대홍수를 먼저 꼽을 수 있다.[47] 당시의 홍수는 선유봉에 직접적인 피해를 주지는 않았지만, 주변의 상황에 많은 변화를 가져왔다. 을축년 이후 홍수를 막기 위한 '한강개수계획'에 따라 강가에 둑을 쌓았고, 여기에 필요한 골재를 선유봉에서 채취하여 조달했던 것이다. 이때 선유봉의 일부가 크게 훼손되었다.

다음으로 여의도 비행장 건설을 위해 선유봉은 또 한 번 모래와 자갈을 내어주는 골재 공급처가 되었다. 이렇게 해서 1945년까지 선유봉의 절반 이상이 사라져갔다. 해방 이후에는 미군정청에서 도로를 건설한다는 명분으로 선유봉의 암반을 깍아 내렸다. 이때 겨우 남아 있던 선유봉의 봉우리는 평지나 다름없이 변했다. 봉우리가 사라졌기에 그 이름도 더 이상 '선유봉'일 이유가 없었다. 선유봉이라 할 실체가 없어졌기 때문이다. 그후 선유봉이 있던 자리에는 1965년에 제2한강교가 놓이게 된 것이다.

1968년부터 시작된 '한강개발사업'은 선유봉이 있던 터를 섬으로 바꾸어 놓았다. 이로 인해 '선유봉'은 '선유도'라는 새 이름을 얻게 된다. 선유봉 주변에 높이 7미터의 시멘트 옹벽을 쳤고, 한강제방도로(현 강변북로)를 만들기 위해 선유봉과 한강 남단 사이에 있던 모래를 모두 퍼내게 된 것이다. 이로 인해 선유도는 지금처럼 양화대교를 받쳐주는 섬으로 탄생하게 된 것이다.

1970년대에 들어서도 선유도의 주변 경관은 다시 한 번 변화를 겪었다. 영등포구에 공단이 들어서면서 급격히 많아진 주민들의 식수를 공급하기 위해 1978년 서울시가 선유도에 정수장을 건설했다. 이 정수장은 20여 년간 기능을 하다가 폐쇄되었고, 월드컵을 앞둔 2002년 4월 정수장을 재활용한 공원이 조성되었다. 이른바 '선유도 공원'이 문을 연 것이다. 선유도 공원은 새로운 문화를 만들어 내는 테마 공원으로 꾸며졌다.[48] 한때 신선이 노닐던 곳으로 불렀던 선유도는 지금 굴곡진 변화의 시름을 모두 잊은 채 시민들의 편안한 쉼터가 되어주고 있다.

저자도의 경우는 어떠한가? 저자도는 사라진 섬, 혹은 잃어버린 섬으로 그 이름만 남아 있다. 선유도와 마찬가지로 옛 경관으로의 복원은 불가능할 것이다. 그렇다면 어떤 과정을 거쳐 허무하게 사라져갔을까? 1970년대에 저자도가 사라지기 직전까지의 현황을 살펴볼 필요가 있다. 이를 위해서는 지도를 참고할 필요가 있는데 1922년에 제작된 「경성도」는 저자도의 위치와 크기를 자세히 파악하게 해준다. 지도에는 고저를 표시한 등고선이 나타나 있어 당시의 저자도가 평지의 모래 벌만은 아니었음을 알 수 있다.

「경성도」 다음으로는 1949년에 제작된 「서울특별시가도」가 참고된다.[49] 이 지도를 앞서본 「경성도」와 비교해보면, 일제강점기 동안 진행된 저자도의 변화를 고스란히 읽을 수 있다. 이전과 달라진 것은 저

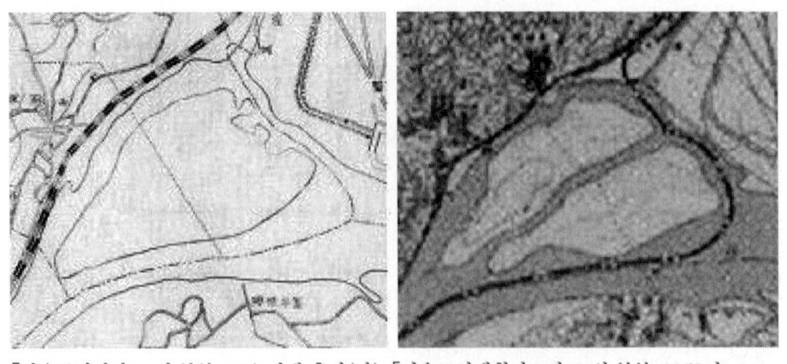
「서울특별시가도」의 부분, 1940년대 후반(좌), 「서울도시계획가로망도」의 부분, 1953년.

자도의 북쪽 강변으로 경원선 철도가 놓였고, 1925년 을축년 대홍수 이후 저자도의 봉우리 부분이 거의 평지에 가깝게 바뀐 점이다.

다시 30년이 지나 6. 25동란 이후에 만든 「서울도시계획가로망도」(1953년)에는 저자도의 가운데에 물줄기가 나 있는 형세이다. 즉 모래 벌이 두 편으로 길게 갈라져 있다.[50] 이러한 특징은 1960년대 후반기에 제작된 「새서울도로 · 지번개량지구약도」地番改良地區略圖(1968년 작)에까지 지속되었다.[51] 하나의 섬이 물길로 인해 양분된 것은 자세한 이유를 알 수 없지만, 인위적으로 물길을 낸 것이 아닐까 추측된다. 이후 둘로 분리된 저자도의 모습은 1960년대 후반기까지 크게 달라지지 않았다.

1960년대 후반기 이후부터 저자도는 또 한번의 큰 변화를 맞게 된다. 이른바 한강종합개발사업이 계기가 되었다. 이 사업을 격고난 지도가 1975년에 제작된 「신편서울특별시개발제한구역도」이다. 지도를 자세히 보면 강남과 저자도의 모래벌이 연결되어 있다. 강남 매립공사가 끝난 뒤 마무리 공사 중인 당시의 지도로 추정된다. 압구정동 쪽에도 아파트단지의 건립이 끝난 상태이다. 그런데 저자도는 오

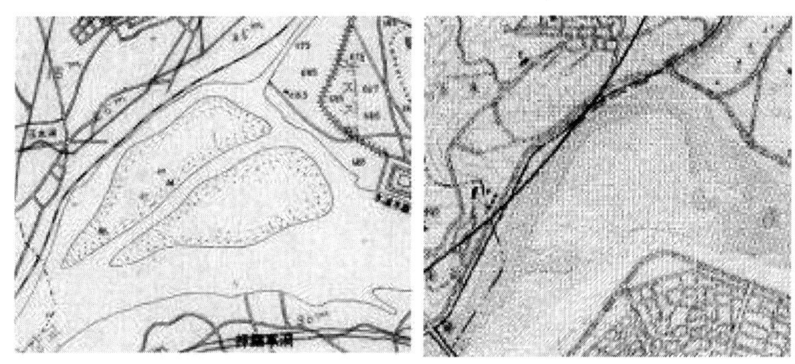

「새서울도로 · 지번개량지구약도」의 부분, 1968년, 「신편서울특별시개발제한구역도」의 부분, 1975년.

른쪽 모퉁이 부분이 많이 사라졌다. 아마도 저자도가 수면 아래로 사라지기 직전의 모습으로 추정된다. 이 무렵에 촬영한 것으로 추정되는 한 점의 사진을 통해 얼마 남지 않은 저자도의 모래벌을 확인 할 수 있다.

선유도와 저자도는 근대 이후에 너무나 큰 변화를 겪었다. 원래 섬이 아니었던 선유봉은 섬으로 변했고, 엄청난 규모의 섬이었던 저자도는 끝내 사라지는 운명을 면치 못했다. 굴곡진 역사와 개발이라는 명분이 자연의 힘으로도 변화시키지 못한 경관을 하루 아침에 바꾸어 놓은 것이다.

이를 본고에서는 선유도와 저자도의 경관적 특성을 살피기 위해 두 섬에 대한 옛 문사들의 탐승과 관련된 행적들을 간략히 살펴보았다. 이곳을 방문한 이들은 경관의 아름다움과 감흥을 노래한 많은 시를 남겼다. 명승은 그곳을 찾은 사람을 통해 소개되고 알려진다는 말이 이 두 섬에서도 예외가 아니었다. 선유도와 저자도에 대한 탐승의 내력은 곧 경관의 역사를 말해주는 의미를 지닌 것이다.

한강의 섬이 갖는 경관상의 가장 큰 특징은 사방에서 조망이 가능

1970년대 저자도의 사라져가는 모습(사진의 왼편).

하다는 점이다. 조망 방법도 강변이나 강가의 언덕에서 섬을 바라보는 시각, 섬에서 바깥쪽의 외경을 조망하는 방법, 그리고 선유를 통해 섬을 관망하는 시점 등이 있을 수 있다. 선유도나 저자도의 주변을 그린 그림에는 이 같은 시점이 골고루 반영되었다. 그 중에서도 선유를 통한 탐승과 관망이 가장 즐겨 선택한 방법이었다.

서호의 선유봉은 잠두봉의 맞은편에 있었다. 잠두봉은 조선시대 최고의 유상처로 잘 알려진 곳이다. 이곳에서 바라본 경관 가운데 가장 먼저 시야에 들어오는 곳이 선유봉이다. 따라서 선유봉은 잠두봉을 그린 계회도의 배경으로 빠짐없이 등장했다. 그리고 강변에 인접한 곳에 높은 봉우리를 이룬 모양은 매우 인상적인 경관으로 기억되기에 충분했다. 16세기의 계회도에 묘사된 선유봉은 잠두봉 등 주변 경물과의 관계를 통해 그것이 왜 선유봉이고 또 명소인지를 입증해 주고 있다. 그림 속의 풍경을 통해 본 선유봉은 꽤 큰 규모의 봉우리였다. 두 개의 봉우리가 산 모양을 이루었다. 민가와 별서가 있었으며, 작은 어선들도 정박해 있는 모습이었다. 18세기의 진경산수화는 선유봉을 원근의 다양한 시점으로 조망하였다. 경물을 재구성한 부분도 있지만, 현장감과 시정이 넘치는 산수화로 묘사하였다. 반면에 동호에 위치한 저자도는 퇴적작용으로 생긴 모래섬이지만 암반의 언덕과 모래벌로 된 지형이었다. 원래 왕실 소유의 섬이었던 관계로 조선 초기에는 태종과 세종이 자주 이곳을 찾아 연회를 즐겼다. 태종은 만년에 이 인근에 낙천정을 지어 끝까지 이곳의 경관을 등지지 않았다. 또한 저자도는 기우제를 지낸 주요 장소였고, 문사들이 별서를 둘 만큼 아름답고 매력적인 섬이었다.

약 400여년 전의 선유봉은 문인들이 계회를 기념하여 그린 계회도안에 묘사되었다. 계회도는 모임의 현장을 그대로 재현한 그림이었기에 기본적으로 경치에 충실한 그림이었다. 여기에 비해 18세기의 진경산수화는 선유봉과 그 주변 경관을 다양한 시점으로 담아내었다. 선유봉을 예로 들었지만, 16, 17세기와 18세기의 그림을 비교해보면, 모두 당시의 화법이 각각 잘 반영되었음을 알 수 있다. 필자는 계회도와 진경산수화에서 보았듯이 실경의 표현은 어느 시대에든 가능했다고 생각한다. 다만 실경을 그리는 계기와 실경에 대한 이해가 시대에 따라 달랐을 뿐이다.

저자도의 경관은 문헌기록 속에 묘사된 내용을 정리하여 간략히 알아보았고, 이를 토대로 경관의 특징을 재구성해 보았다. 이를 통해 저자도는 평지의 모래벌과 암반으로 된 상당히 큰 규모의 섬이었음을 재차 확인하였다. 그런데 이러한 저자도의 경관을 그린 그림은 아쉽게도 남아 있지 않다. 다만 그림으로 전하는 것은 그 외경이라 할 독서당 · 압구정 · 전곶평 등을 그린 것이다. 필자는 이 그림들을 통해 저자도의 주변 경관을 살펴보고, 저자도의 경관을 종합적으로 이해하는 단서로 삼고자 하였다. 저자도는 단지 저자도 자체만이 아닌 주변 경관들과의 유기적인 관계 속에서 한강의 명승으로 주목받을 수 있었다.

선유봉과 저자도는 한강의 오랜 역사와 함께해왔고, 그림으로 그려져 조선시대의 문사들에게 변함없는 한강 명승의 백미로 기억되었다. 근대에 이르러 파행적인 변화를 겪은 결과 옛 풍광은 찾을 수 없지만, 그림 속에 담긴 두 섬의 모습은 경관으로서의 명성이 아직도 퇴색되지 않았음을 말해주고 있다.

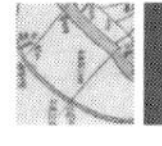

이종묵 | 조선시대의 밤섬과 여의도

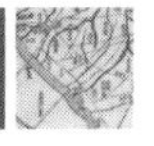

밤섬과 여의도의 인문 지리

밤섬의 옛 모습에 대한 기록은 『동국여지비고』에 자세하다. 여기에는 율주栗洲와 나의주羅衣洲라는 항목 아래 다음과 같이 기록되어 있다. 율주는 밤섬이고, 나의주는 여의도다.

> 율주: 율도栗島라고도 하고 가산駕山라고도 한다. 길이가 7리인데, 경성의 서남쪽 10리 지점에 있으니, 곧 마포 남쪽이다. 뽕밭이 있는데 공상公桑으로 지금 내의원內醫院에 속한다. 섬 안에 늙은 은행나무 두 그루가 있는데 세상에서는 고려의 김주金澍가 손수 심은 것이라 전한다.
>
> 나의주: 잉화도仍火島라고도 한다. 도성 서쪽 15리에 있는데, 서강 남쪽이다. 밤섬과 서로 잇닿아 있는데, 장마가 되면 끊어져 둘이 된다. 옛날에는 축목장畜牧場이 있어, 사축서司畜署·전생서典牲署의 관원 감목관監牧官을 보내었는데 후에 폐지되었다.

이 기록에서 다음과 같은 몇 가지 중요한 사실을 확인할 수 있다. 첫째, 지금은 밤섬과 여의도가 완전히 분리되어 있고 그 사이로 넓은 한강이 흐르고 있지만, 예전에는 밤섬과 여의도가 거의 하나의 섬이었다. 서강의 현석촌玄石村에 살았기에 밤섬과 여의도를 늘 보아온 17세기의 문인 박세채朴世采는 밤섬 앞에 모래톱이 있어 물이 빠지면 드러난다고 한 바 있다.[1] 조선 후기 지도에는 하나의 섬으로 그려져 있고 윗쪽을 율도, 아래쪽을 잉화도라 적었으며, 아예 율도라고만 적힌 지도도 많다. 여의도라는 명칭은 거의 19세기 중반 무렵에 가서야 지도에서 보인다. 이러한 점 때문에 밤섬과 여의도는 떨어질 수 없는 관계다. 밤섬과 여의도를 나란히 보아야 할 이유가 여기에 있다. 예를 들어 이행李荇이 16세기 초 밤섬 일대에서 노닐면서 지은 시에서 "뱃사람은 밤섬이 좋다고 하는데, 10리의 백사장이 맑고도 호젓하네"舟人報道栗島好, 白沙十里淸而幽라 하였을 때[2] 밤섬의 길이를 생각하면 10리에 뻗은 백사장은 밤섬과 여의도를 합쳐 이른 것임을 알 수 있다.

둘째, 평시에 두 섬이 붙어 있지만, 그럼에도 그 성격이 상당히 다르다. 밤섬은 뽕밭으로 주로 활용된 데 비하여 여의도는 목축장으로 사용되었다는 점이다. 『문종실록』에서도 이 점이 확인된다. 문종 1년 4월 21일 호조에서 밤섬 안에서 백성이 개간하여 경작하는 것을 금하고, 뽕나무만 심어서 그것이 자라거든 섬 안의 심을 만한 곳을 가려서 옮겨 심게 하자고 건의하여 시행된 바 있다. 이로부터 밤섬에 뽕나무라 무성하게 된 것이라 하겠다. 비슷한 시기의 문인 성현成俔이 「읍취당기」挹翠堂記에서 읍취정에서 바라다 보이는 아름다운 광경을 열두 가지로 들고 있는데 일곱 번째 풍광으로 밤섬의 뽕나무를 들 정도로, 조선 초기에는 뽕나무가 무성하였다.

> 그 일곱 번째는 율도역자栗島櫟柘다. 큰 섬 동북쪽에 또 섬이 있는데 뽕나무가 몇 리에 걸쳐 뻗어 있다. 푸른 잎이 어지럽게 무성한데, 맑은 안개 속에 그림자를 담그고 있다. 손을 뻗어 뽕잎을 따려는 사람들이 무리를 이루고 있으니, 누에를 쳐서 길쌈을 하는 것이 성공하고 있음을 알 수 있다.[3]

여기서 이른 큰 섬은 여의도이고 그 동북쪽의 섬이 밤섬인데 많은 사람들이 뽕나무를 재배하고 있었음을 알 수 있다. 같은 시대를 살았던 김종직金宗直 역시 마포 곁에 있던 용산의 별영別營이 자리하고 다시 남호南湖 독서당이 들어서게 되는 용산사龍山寺에서 지은 시에서 "굽은 섬에 연기가 피어나는데, 뽕나무는 어찌 그리 무성한가"曲嶼有人煙桑柘何扶疎라 하였다.[4] 이로 보아 조선 전기에는 밤섬의 뽕나무가 서호西湖 일대의 아름다운 풍광의 하나로 널리 일컬어졌음을 알 수 있다. 그런데 『문종실록』(1년 11월 3일)에는 밤섬에 심었던 감초가 무성하여 이듬 해 봄에 각 도에 나누어 심도록 하였다는 기록이 있는데, 근대까지 밤섬에서 감초가 재배된 바 있으니 그 유래가 오래되었음을 알 수 있다. 그후 조선 중기에 이정귀李廷龜가 지은 시에 따르면 밤섬에는 내의원의 약포藥圃가 있었는데, 매 봄과 여름 약초를 심을 무렵 내의원의 관원이 내의원 제조를 맞아 함께 주악酒樂을 갖추어 밤섬으로 가는 행사가 관례화되어 있었다.[5]

조선 중기 밤섬에는 뽕나무밭 대신 경작지가 들어섰다. 『인조실록』(7년 5월 6일)의 기사에 "우리나라 뽕밭 중에 밤섬보다 잘 되는 데가 없는데 지금은 전혀 뽕나무를 심지 않고 있습니다. 이는 사대부들이 값을 주었다고 하면서 그 토지를 점유하여 사전私田으로 만들고 있기 때문입니다. 바라건대 명년 봄부터는 뽕나무를 많이 심고 경작을 못하게 하소서"라 한 바 있다. 17세기의 문인으로 서호에 우거한 바 있는 이민구李敏求는 황록당黃綠堂의 팔영八詠 중 하나로 '율도운가'栗島耘歌, 곧 밤섬의 김매는 노래를 든 바 있고, 18세기 문인 이간李柬은 징심정십경澄心亭十景의 하나로 '율도관가'栗島觀稼, 곧 밤섬의 농사를 구경하는 일을 들었으며, 비슷한 시기 서호에 별서를 지니고 있던 서명응徐命膺도 서호십경西湖十景의 하나로 비 내리는 밤섬의 경작, '율서우경'栗嶼雨耕을 등 바 있으니 밤섬의 대표적인 풍경이 농사 짓는 모습으로 나타나고 있음을 알 수 있다.

두 물이 두 섬을 열었는데 二水開雙島
맑은 꽃 푸른 버들 그늘졌네. 晴花碧柳陰
시골 노래 곡을 이루지 못하여도 村謳不成曲
태평시대의 음인 줄은 알겠네. 知是太平音

이민구, 「황록당팔영-밤섬의 김매는 노래」, 『동주집』 94~259.

어디 맑은 물 졸졸 흐르는가? 何處淸淺流
묵정밭이 책상처럼 평평하네. 菑田平若案
무궁화 울타리 너머 코만 뜬 소는 槿籬浮鼻犍
물에서 밭을 가니 배가 부르겠네. 耕海飽成筭

이간, 「징심정십경-밤섬에서 농사짓는 모습을 구경하다」, 『외암집』 190~243.

성긴 비가 강을 울리며 지나는데 疎雨渡江鳴
외로운 마을 느지막이 밭갈이 하네. 孤邨事晩耕
구름 끝 수천 평이 곧게 뻗어 있고 雲端千畝直
들판 너머 하늘이 온통 맑구나. 野外一天淸
콸콸 진흙을 뚫고 지나가다 滑滑衝泥去
쾅쾅 돌에 부딪쳐 기울어지네. 登登撥䃢傾
종일 힘든 일 감히 사양하랴? 敢辭終日力
가을 수확 집집마다 바라는 마음인데. 秋熟萬家情

서명응, 「서호십경고금체-비내리는 밤섬의 밭갈이」, 『보만재집』 233~75.

18세기 문인 채제공蔡濟恭의 시를 보면 밤섬에는 참외밭이 있어 이를 판매한 것도 확인할 수 있다. "유항 소금 시장 곁에서 술을 마시고, 밤섬 모래 언덕 곁에서 참외를 사서 먹노라"柳港叫酒鮭市傍, 栗島買瓜沙岸側 하였다.[6] 10리에 뻗은 들판이 경작지로 활용되면서 조선 후기에는 이곳 백성들이 상당히 부유하였다고 한다.[7]

이와 함께 밤섬은 모래사장이 좋아 조선 후기에는 활터로 이용되었다. 19세기 초에 활동한 윤기尹愭는 서호에 탁영정濯纓亭을 짓고 살았는데 탁영정이십경濯纓亭二十景의 하나로 '밤섬의 활쏘기'栗島射侯를 들었다.[8]

조촐한 섬 아득한 모래에 버들 그림자 옅은데　　島晴沙遠柳陰輕
고운 고니가 높이 날아가니 물 너머가 훤하다.　　粉鵠高懸隔水明
난간에 기대 버들잎 뚫는 활솜씨 그저 좋아라,　　憑欄坐愛穿楊技
별이 떨어졌나 보았더니 벌써 북소리가 울리네.　　纔看星流已鼓聲

윤기, 「탁영정이십경-밤섬의 활쏘기」, 『무명자집』 256~12.

깔끔한 모래섬에 버들가지가 늘어졌는데 흰 고니가 높게 날아간다. 한량들이 활터에서 활을 쏘는데 모두가 버들잎을 관통할 정도로 빼어난 솜씨를 발휘하고 있다. 화살이 워낙 빨리 날아갔기에 유성이 떨어졌나 싶었더니, 벌써 과녁 뒤에서는 명중하였다고 북소리를 울린다고 하였다.

농사에 적합하였던 밤섬과 달리 여의도는 지속적으로 목축의 공간이었다. 여의도는 잉화도仍火島, 혹은 잉외도芿外島라고도 하였는데, '너븐섬', 혹은 '넙섬, 너른섬, 너섬' 등의 뜻으로 해석된다. 넓다고 하여 이른 이름이 붙여진 듯하다.[9] 『세종실록』과 『성종실록』 등 15세기 자료에는 여의도에 양과 돼지 등을 길렀다고 되어 있다. 16세기의 문인 김안국金安國의 「사축서의 관료 모임의 계축」(『모재집』 20~145)에서 알 수 있듯이 사축서의 관원들이 모여 이곳에서 계회를 열 만큼 국가적으로 중요하게 취급되었던 것이다. 그런데 목축을 위한 사람들이 모여 살면서 풍기가 문란해진 일도 있었다. 『명종실록』(1556 4월 4일)에 따르면 사간원에서 여의도의 풍속을 개량하자는 글을 올렸다.

> 잉화도는 양화나루와 밤섬 사이에 있는 별도의 구역으로 조종조 때부터 돼지와 양을 방목하여 가축을 기르는 곳으로 만들어 전생서와 사축서의 관원으로 하여금 관장하게 하여왔습니다. 그런데 그 관서의 하인들이 관원에게 바칠 돼지와 양을 기르는 일 때문에 그 섬에 집을 짓고 살고 있는데 그들의 풍속이 족친끼리 서로 혼인을 하여 사촌이나 오촌도 피하지 않는가 하면 홀아비나 과부가 있으면 아무리 가까운 친척이라도 다른 곳으로 보내어 결혼시키지 않고 마음 내키는 대로 같이 살면서 조금도 괴이하게 여기지 않고 있습니다. 이는 대개 섬의 사면이 모두 물이고 인접한 마을이 없어 사람들의 이목이 미치지 않기 때문입니다. 출입하기 위해 물을 건널 때 물이 깊으면 예사로 옷을 벗고 얕으면 옷을 걷고 건너는가 하면 남자는 끌고 여자는 붙들고 갑니다. 그들의 추잡한 행실은 오로지 여기에서 말미암은 것입니다. 섬의 인가를 모두 철거하여 본서本署 근처로 이주시키고, 만약 남녀가 전처럼 섬에 출입하는 자가 있으면 무거운 죄에 해당시켜 처벌하소서. 그리고 관원에게 바치는 일과 가축을 기르는 일은 일체 남자가 하게 하여 추잡한 폐단을 근절시키소서.[10]

여의도에 짐승을 기른 일은 조선 후기까지 이어졌는데 특이한 것은 조선에는 드문 양을 길렀다는 점이다. 정약용丁若鏞이 용산에서 지은 시의 중간에 이런 대목이 보인다.

목동 젓대 한 가락이 서쪽에서 들리는데	西來牧笛一聲長
밤섬이라 물안개가 버들가지에 이어졌네.	栗島煙波接柳浪
보드라운 털 짐승 무리지어 풀 뜯는데	隊隊柔毛行齕草
어인 일로 조선 땅에 양이 없다 일렀던고.	朝鮮何事道無羊

정약용, 「여름날 용산에서 지은 잡시」, 『여유당전서』 281~16.

여기서 밤섬이라 하였지만 실제로는 여의도를 가리킨다. 정약용은 목동의 피리소리가 울려 퍼지고 물안개에 버들가지가 늘어선 밤섬에 풀을 뜯는 양이 있었음을 분명하게 밝히고 있다.

밤섬과 여의도를 빛낸 인물

앞서 본 글에서 김주金澍가 직접 심은 은행 두 그루가 조선 후기까지 있었다고 하였는데, 민백인閔仁伯 역시 그의 행적과 함께 그 유허가 밤섬에 있다는 사실을 밝힌 바 있다.[11] 김주는 본관이 선산, 호가 농암籠巖으로, 명나라에 사신으로 갔다가 조선이 개국하였다는 소식을 듣고 중국에서 돌아오지 않고 형주荊州에서 살았다는 기이한 고사가 인구에 크게 회자되었다. 안정복安鼎福의 『동사강목』東史綱目에는 정몽주鄭夢周, 길재吉再, 서견徐甄, 이양중李養中, 원천석元天錫 등과 절의를 지킨 사람으로 김주를 들고 있다. 또 하위지河緯地, 이맹전李孟專과 함께 선산의 절의를 대표하는 인물로 기림을 받아 『선산삼인록』善山三仁錄이라는 책이 편찬된 바도 있다. 윤근수尹根壽가 「농암선생전」籠岩先生傳(『월정집』 47~233)에 입전立傳한 바 있고 권상하權尙夏도 「농암선생신도

비명」籠巖金先生神道碑銘(『한수재집』 150~432)에 신도비를 지어 그 뜻을 기렸으며 심광세沈光世는 「해동악부」海東樂府에서 「환입조」還入朝라는 제목으로 시를 읊은 바도 있다. 송환기宋煥箕 「농암선생둔형록서」籠巖先生遯荊錄序 (『성담집』 244~280)에 따르면 형주로 간 지 400년이 되는 것을 기려 『둔형록』遯荊錄이라는 책까지 편찬하였다고 한다. 17세기의 문인 임방任埅과 18세기의 문인 윤봉조尹鳳朝, 그보다 조금 뒷사람인 이덕무李德懋는 이 은행나무를 두고 다음과 같이 시를 지었다.

두 노인 흥을 타고 조각 배 저어가서	兩翁乘興棹扁舟
지팡이 짚고 함께 밤섬에 올랐노라.	扶杖同登栗島頭
강마을 볼거리라야 사방에 막혔는데	江國縱觀窮四境
상서의 유적은 천추에 환하게 밝네.	尙書遺跡照千秋
가는 봄 둔대 아래 꽃은 다 졌는데	殘春臺下花皆落
기운 해 바위 앞에 물은 급히 흐른다.	斜日巖前水急流
여덟 그루 은행나무 가장 좋아라,	最愛八株銀杏樹
세월이 300년을 넘어 지금까지 있으니.	歲踰三百至今留

임방, 「밤섬에 올라서」登栗島, 『수촌집』 149~125

맑은 하늘 모래톱에 새로 지은 시가 그득한데	天晴洲渚滿新詩
텅 비어 적막한 여울에는 해오라기 내려앉네.	寂歷虛灘下鷺絲
작은 누각에 주렴 걷고 혼자 빙그레 짓는 웃음	小閣搴簾獨莞爾
푸른 물결에 노를 두드리면서 어디로 가는가?	滄波鼓枻欲何之
사람을 부르는 섬의 은행나무는 또렷한 색깔,	招人島杏離離色
세상을 벗어난 바위틈의 집은 담담한 자태라.	出世巖軒澹澹姿
아침저녁 동서남북 멀고 가까운 곳 없이	朝暮東西無近遠

고인이 천연스러운 땅을 먼저 얻으셨구나. 古人先獲有天隨

윤봉조, 「배로 용호를 거슬러가다가 밤섬에 들어가 살구나무 그늘에서 쉬다」舟泝龍湖夕入栗島憩杏陰, 『포암집』 193~168.

별은 반짝반짝 가을 하늘에 빛나는데 晨星的皪耿秋天
바닷가 나그네 물가에 미곡선이 서 있네. 海客汀洲泊米船
마을의 나무는 모두 고려의 비를 겪었는데 村木盡經高麗雨
섬사람은 아직도 대부의 어진 일을 말하네. 島人猶說大夫賢
아이들은 소쿠리에 게를 담아 저녁에 노래하고 筐收紫蟹童歌晩
아낙네는 머리에 단풍을 꽂아 곱게도 꾸몄네. 鬢插丹楓女飾姸
백성의 풍속이 예로부터 질박하다 들었으니 聞道民風終古厚
내 집을 옮겨 논밭을 사서 살고 싶구나. 移家吾欲買畬田

이덕무, 「밤섬에서」栗島, 『청장관전서』 257~28.

임방의 시에서 은행나무가 여덟 그루 있었다고 하였으니, 조선 말기에 여섯 그루가 죽고 두 그루만 남게 된 모양이다. 임방은 이 은행나무를 누가 심은 지는 말하지 않았다. 윤봉조의 시에서는 바위틈에 김주의 정자가 복원되어 있었음을 알 수 있다.[12] 이덕무의 시에서는 그 주석에서 밤섬에는 몇 그루의 고목이 있는데 김주가 직접 심은 것이라 하였다. 밤섬의 주민들이 김주의 덕에 감화되어 질박한 풍속을 유지하고 있어 이주하고 싶다고 하였다.

그런데 밤섬에 은행나무를 심은 사람이 길재吉再라고도 한다. 유언호兪彦鎬는 밤섬과 길재에 대해 다음과 같이 적고 있다.

한강의 물은 서쪽으로 흘러 용산에 이르면 두 갈래로 나뉜다. 하나

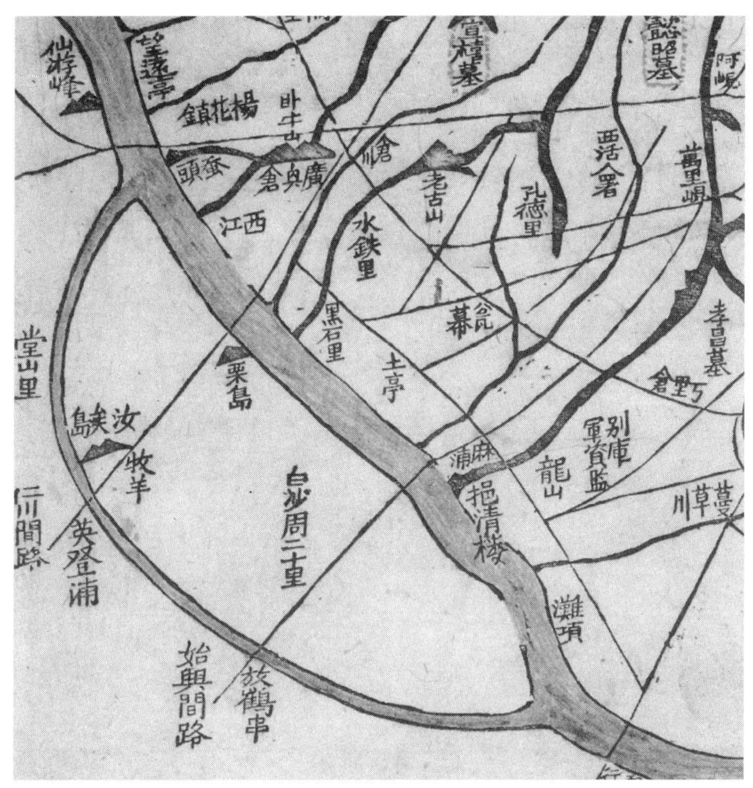

밤섬과 여의도가 또렷하게 표기되어 있다. 「경조오부도」 부분.

는 삼주三洲가 되고 하나는 저호杵湖가 되는데, 두 물 사이에 끼여 있는 것이 밤섬이다. 섬의 둘레가 매우 넓다. 흰 모래와 푸른 언덕이 좌우로 얼기설기 뻗어 있다. 들판에는 뽕나무가 구획을 지은 듯 어른거린다. 세상에서 이르는 바로는 길야은吉冶隱 선생의 옛집이 이곳에 있었다고 한다. 그 위에 은행나무 세 그루가 있는데 푸르러 마치 구름이 머물고 있는 듯하다. 선생이 심은 것이라 한다. 고려의 역사를 살피건대, 선생은 문하주서門下注書로 나라가 장차 망할 것을 알고 벼슬을 버리고 선산善山으로 돌아가 늙어 죽었다고 한다. 이곳에 거처를 정한 것이 혹 고향으로 돌아가기 전인지 알 수 없다.

아, 예로부터 지금까지 그 몇 명의 사람이 이곳에 살다 떠났겠는가만, 모든 것이 안개나 구름이 눈앞에 지나가버린 것과 같다. 오직 선생의 자취는 오래 되어도 인멸되지 않아서, 시골의 농부와 아이들이 아직도 손가락으로 가리키면서 일컫고 있으니, 어찌 선생의 큰 절개가 인륜과 명교名教에 관련되어서 백세가 지나도록 더욱 빛이 나는 것이 아니겠는가?[13]

유언호는 밤섬이 삼주와 저호 사이에 있다고 하였는데, 삼주三洲는 마포 앞의 모래톱을 가리키는 말인데, 삼은 마麻의 훈을 표기한 것이다. 저호杵湖는 저고진杵庫津이 노량진 서쪽에 있었으므로[14] 그 인근의 한강을 가리키는 말이다. 윤순尹淳 역시 밤섬에 은행나무를 심은 사람이 길재라 여겼다.

서쪽 바위 고목 성긴 곳에 배를 대니	舟泊西巖古木踈
강 가운데 외로운 섬 마을 하나 있구나.	波心孤島一村居
시골 사람 중에 누가 나를 알아보랴?	野人誰識尹司果
늙은이들 아직 길선생을 말하는데	江老猶傳吉注書
채마밭에는 저녁 바람에 약초 향이 풍기고	園圃晩風薰藥艸
울타리의 저녁 햇살에 자반이 말라가네.	簷籬斜日晒鹽魚
창졸간에 주인이 소반에 회를 담아오니	主人倉卒盈盤膾
떠나려다 머뭇머뭇 정이 듬뿍 남는다네.	將去遲回意有餘

윤순, 「밤섬에 배를 내려」下栗島, 『백하집』 192~196.

김주와 비슷한 시기의 인물인 조반趙胖도 밤섬의 주인이었다. 조반은 본관이 배천白川으로, 한문과 몽고어에 능하여 원나라 승상 탈탈脫脫의 인정을 받았으며 조선의 개국공신이 된 인물이다. 『선조실록』(36년 3월 11일)에 따르면 봉상시에서 관할하고 있는 밤섬의 채전은 태종이 조반에게 특별히 하사한 것이라 하였다.

밤섬에는 논밭이 있었으니 그 주인이 대대로 있었겠지만 그 후 밤섬에 산 이름난 문인은 확인되지 않는다. 다만 18세기의 뛰어난 시인 이광려李匡呂의 집이 밤섬에 있었던 듯하다.

무릉도원을 찾아가려 하지 않았기에	未卜桃源去
오직 밤섬의 집이 좋기만 하네.	偏憐栗島家
시장의 떠드는 소리 들리지 않고	市聲喧蹔隔
강물은 굽이굽이 휘감아 흐른다네.	江面繞頻斜
나무꾼과 목동이 섬을 나누어 차지하고	樵牧通分嶼
밭가는 소들이 바로 물가에까지 이른다네.	耕犂限漲沙
신선의 섬은 내 들어갈 살고 싶은 곳이라	中洲吾願入
드넓은 땅에 연꽃을 심어두리라.	千頃種荷花

이광려, 「밤섬에서 노닐면서」遊栗島, 『이참봉집』 237~242.

굳이 도화원을 찾지 않고 밤섬의 집을 좋아한다 하였으니 밤섬에 대한 정을 짐작할 수 있다. 이광려는 그곳에 은자의 상징인 연꽃을 심고 살고자 하였다. 그러나 이광려가 밤섬에 산 것 같지는 않다. 그저 꿈이었을 뿐이다. 그 때문에 이광려는 밤섬을 지날 때 매우 애틋한 마음이 있었다.

강 아래 서강이 가까운데　　水下西江近
배는 오히려 밤섬에서 느릿느릿.　　船猶栗島遲
배 돌리는 곳에 달빛이 내려오는데　　月來回櫂處
물 빠지는 곳에 물결이 찰랑찰랑.　　波動退潮時
회를 뜨는 솜씨가 뛰어나 막 눈이 날릴 듯　　鱠手初行雪
뱃노래는 버들가지마냥 간드러지네.　　舷歌靜裊絲
나지막이 읊조리니 술에 취할 듯　　微吟吾欲醉
여러 나그네는 때맞추어 시를 짓는구나.　　諸客正題詩

이광려, 「5월 13일 밤 작은 배로 달빛을 구경하다」五月十三夜小舟賞月, 『이참봉집』 237~243.

이광려의 밤섬 집은 훗날까지 문인들의 기억에 남아 있었다. 이광려 이후 최고의 시인으로 평가되는 신위申緯는 이광려와 밤섬의 인연에 대해 시를 지어 노래하였다.

자욱한 안개에 포구는 아득한데　　羃羃輕煙浦望賖
회 파는 배와 초가는 강남땅의 풍경인 듯.　　鱠船茅屋浙人家
적선이 영락하고 노래만 남았기에　　謫仙零落歌辭在
밤섬의 꽃을 찾아올 수 있다네.　　解道來尋栗島花

신위, 「밤섬에서」栗島, 『자하집』 291~146.

신위의 이 시는 밤섬 주변에서 이광려가 지은 시구를 따와서 지은 것이다.[15] 그만큼 밤섬과 이광려는 깊게 연결되어 있었던 것이다. 밤섬을 아름다운 묘사한 이광려의 시가 밤섬의 죽지사竹枝詞라 하겠다. 신위는 밤섬을 유람한 이광려를 속세에 귀양온 천상의 신선이라 하였다.

밤섬과 붙어 있던 여의도에 목축을 담당하기 위한 백성들이 사람이 살고 있었음을 『동국여지비고』에서 확인할 수 있거니와, 일반 사대부 중에도 여의도에 전장을 가진 사람들이 있었다. 조선 초기 여의도를 빛낸 대표적인 존재가 한명회韓明澮의 이름난 정자 압구정狎鷗亭이다. 압구정은 나중에 동호東湖로 옮겨졌지만 처음에는 여의도에 있었다. 예나 지금이나 생활에 여유가 생기면 강호江湖까지 소유하고 싶은 것이 인지상정이다. 한명회 역시 강호를 소유하고자 여의도에 전장과 정자를 마련하였는데, 그 시기는 계유정난 이후로 보인다. 한명회는 세조 3년(1457) 겨울 명나라에 사신으로 가서 예겸倪謙을 찾아 자신의 정자 이름을 압구정이라 하고 싶다면서 글을 청하였다. 이에 예겸은 「압구정기」狎鷗亭記를 지어주었다. 이 글에서 예겸은 자신이 압구정이라는 이름을 지어주었다고 하였지만, 사실은 한명회가 스스로 정한 것이다.

예겸은 한명회를 송나라의 한기韓琦에 비하였다. 한명회와 한기는 비슷한 면이 많다. 정자의 이름을 똑같이 압구정이라 한 것도 그렇거니와, 세 임금을 섬기면서 최고의 권력을 누린 점도 같다. 한기는 송대에 세 임금을 섬기면서 전권을 휘둘렀던 인물이다. 당시 황제의 나이가 어려 태후가 섭정을 하였는데 한기가 수렴청정을 거두도록 한 고사가 널리 알려져 있다. 한명회도 세조와 예종, 성종을 섬기면서 전권을 휘둘렀다. 그러나 한명회는 한기와는 달리 훗날 성종 때 수렴청정을 통해 자신의 권력을 유지해 나갔으며, 이 때문에 여러 차례 탄핵을 받았다. 한명회는 한기보다 기심機心이 많았던 것이다.

한명회가 자신의 정자를 압구정이라 공표한 것은 훗날의 일이다. 한명회는 자신의 정자에서 서거정徐居正, 신숙주申叔舟, 권람權覽 등 젊은 시절의 벗들과 자주 시주詩酒를 즐겼음에도 압구정이라는 말은 쓰지 않았다. 세조 7년(1461) 2월 하순에도 매우 성대한 시회가 열렸는데 권람은 갑자기 내린 봄비에 흥이 일어 두 수의 시를 짓고 좌의정으로 있던 신숙주를 불러 그와 함께 한강의 누각으로 나아갔다. 서거정도 함께 가게 되었으며, 마침 이흥상李興商, 황수신黃守身, 이윤손李允孫, 한계손韓繼孫 등 당시 고관대작들도 연회에 참석하였다. 이들은 음악을 물리고 다정하게 앉아 시를 주고받았다. 그러나 이때까지도 자신의 정자 이름이 압구정이라는 사실을 공표하지 않았다.

한명회가 자신의 정자에 압구정이라는 현액을 단 것은 성종 때 상당부원군에 봉해진 이후의 일이다. 이즈음 김수온金守溫으로부터 기문을 받았다. 이 기문에서 여의도에 대해 다음과 같이 적고 있다.

> 왕도에서 남쪽으로 5리 떨어진 곳, 양화나루 북쪽 마포 서쪽에 언덕 하나가 있는데 높다랗고 시원스럽다. 푸른 물결에 둘러싸여 있는데 민간에서 화도火島라 부른다. 이전에는 소와 양을 방목하던 곳인데 위쪽은 풀이 없고 아래쪽만 풀이 자라 좋아하는 이가 없었다. 상당부원군 한공이 그 위에 정자를 짓고 노닐 장소로 삼았다. 공이 이 정자에 올랐을 때 흰 갈매기가 울면서 날아갔다. 공은 "기이하구나, 갈매기라는 새는 천지의 강해江海를 집으로 삼고 고금의 풍월風月을 삶으로 하여 잠기락뜨락하면서 가까이 왔다가 멀어진다. 올 때에는 물결을 타고 이르며 갈 때에는 물결을 타고 물러나니 천지 사이 한가한 하나의 동물이다. 사람 중에 누가 갈매기처럼 기심機心을 잊어버릴 수 있는 존재가 있겠는가?" 하였다. 공이 중국으로 들어가 한림 예겸에게 정자의 이름을 물으니, 예공은 '압구'라는 말로 답하였다. 공이 더욱 기뻐하여 응낙하고 "내 정자에 이름하는 것이 정말 마

땅하오." 하였다. 마침내 '압구'라는 말로 편액하고 얼마 후 나를 불러 기문을 짓게 하였다.

내가 보니 이 정자의 빼어난 모습은 오직 한강 하나에 달려 있다. 정자를 경유해서 아래로 내려가면 강이 더욱 넓어져 넘실거리며 큰 바다와 이어진다. 바다에 늘어서 있는 섬들이 아스라한 사이에 숨었다 나타났다 한다. 상선이나 화물선이 뱃머리를 부딪치며 노를 두드리고 왕래하는데 그 수를 알 수가 없다. 북으로 바라보면 삼각산의 층층겹겹 봉우리가 삐죽삐죽 솟아 파란빛을 당겼다 내밀곤 한다. 마치 일을 맡아 처리하려는 듯이 울창하게 궁궐을 받들어 에워싸고 있다. 짙은 빛이 뚝뚝 떨어질 듯하여 푸른빛이 윤기가 번지르르하다. 마치 말처럼 치달리는 것은 남으로 관악산이 떠받들고 있는 것이요, 놀란 파도가 우레를 울리고 성난 파도가 해를 적시려는 듯이 굼실굼실 바다로 나아가는 것은 동쪽으로 한강물이 흘러가는 것이다. 산빛과 물빛이 가까운 것은 만질 수 있고 먼 것은 움켜쥘 수 있을 듯하다. 하늘과 땅이 높고 깊으며, 해와 달과 별이 교대로 밝아지고, 귀신이 나타났다 사라지며, 날이 개었다 흐리고 비가 오고 바람이 불며 어두워졌다 밝아지는 변화들이 궤안과 신발 아래 어느 하나 드러나지 않는 것이 없다.[16]

김수온, 「압구정기」狎鷗亭記, 『식우집』 9~93.

이 글에서 알 수 있듯이 한명회가 지은 압구정은 원래 여의도에 있었다. 마포 서쪽에 있다고 한 화도는 곧 잉화도, 곧 여의도다. 여의도의 압구정이 동호의 두모포豆毛浦 건너 강 남쪽으로 옮긴 것은 성종 7년(1476)의 일이다. 그리고 명나라로 가서 여러 문인들에게 시를 받아와 시축詩軸을 꾸려 장인인 성종에게 바쳤다. 이듬해 11월 성종은 한명회를 위하여 칠언율시와 칠언절구를 두 수씩 짓고 직접 편지를 써서 한명회에게 내렸다. 한명회는 이를 기리기 위하여 화려하게 현판에 새기고 푸른빛과 금빛으로 장식을 한 다음 정자의 벽에 걸었다. 이때 여의도에 있던 압구정의 현판을 떼어 새로 지은 정자에 옮겨단 것으로 보인다. 서거정이 한명회를 위하여 지은 「압구정부」狎鷗亭賦(『사가집』 10~234)에서 "초목이 무성한 성단이 가깝고, 아득한 노들섬을 당기고 있네. 율도엔 안개가 활짝 걷히고, 마포엔 물결이 차갑구나. 용산의 조운선들이 빽빽이 이어지고, 양화도의 바람 돛이 펄펄 나부끼네. 가을의 맑은 기운을 흥겨이 들이마시노라니, 단비가 맑게 흩뿌리네"近星壇之蓊鬱 控露梁於瀰漫, 栗島兮煙開. 麻浦兮波寒, 龍山之漕舶纖纖, 楊渡之風帆飛飛. 吸秋興之灝氣, 來喜雨之淸霏라 노래하였으니, 이때까지의 압구정이 여의도에 있었음을 확인할 수 있다.[17]

김종직의 사위이자 제자로 무오사화에 해를 입어 귀양을 갔다가 다시 갑자사화에 사형을 당한 강백진康伯珍의 집도 여의도에 있었다. 강백진은 본관이 평강, 호가 진애眞厓, 자가 자온子韞이다. 흥해興海의 수령으로 나가 있을 적에 『이준록』彝尊錄을 간행한 바 있다. 그의 본가는 선산이었지만 여의도에도 전장이 있었다. 같은 김종직의 문인이었기에 서강에 살아 호를 추강秋江이라 한 남효온南孝溫과 절친한 데다 사는 곳이 가까워 자주 어울렸다. 남효온은 그의 여의도 집을 방문하고 다음과 같은 시를 지었다.

창으로 들어오는 눈발에 하얀 나무가 산뜻한데	晴雪入窓瓊樹新
목면 옷 위에 술을 흘려 얼룩이 졌구나.	木綿衣上酒痕春
산음으로 돌아간 것 흥이 겨워서라네,	山陰歸去緣乘興
당시의 주인을 싣고자 함은 아니라네.	不爲當年戴主人

남효온, 「여화도로 강자온을 찾아가다」汝火島訪康子韞, 『추강집』 16~56.

기묘사화에 사림과 뜻을 같이 하다 희생된 시산정詩山正 이정숙李正叔의 별서도 여의도에 있었다.[18] 시산정은 세종의 손자 길안정吉安正 이의李義의 아들이다. 1517년 집에서 『정주봉사』程朱封事를 인쇄하여 중종에게 올려 성리학적 치국의 방안을 제시한 인물로,[19] 기묘명현으로 기림을 받았지만, 역모에 연루되어 극형을 당하였기에 후세의 왕실족보에도 그의 이름을 확인할 수 없다.[20]

시에 전하는 밤섬과 여의도

우리 문화사에서 밤섬이 문인들의 붓 끝에 오르게 된 것은, 인근 한강변에 이름난 문인이 살았기 때문이다. 조선 초기부터 한강에는 이름난 누정이 다투어 들어섰다. 이들 정자에서 바라다 보이는 한강의 여러 아름다운 풍광을 팔경, 십경, 혹은 십이경 등 여럿으로 묶어 자랑하였는데 밤섬은 늘 그중 하나로 꼽혔다. 먼저 이러한 집경시로 제작된 밤섬과 여의도의 노래부터 보기로 한다.

15세기 중반에는 안평대군安平大君의 정자 담담정淡淡亭이 마포에 있어 밤섬과 여의도가 빛날 수 있었다. 신용개申用漑의 「오석강만조」烏石岡晩眺(『이요정집』 17~59)의 주석에 따르면, 담담정은 용산 독서당讀書堂 서쪽 100보쯤 되는 곳에 있었다 한다. 용산 독서당은 당시 폐치되어 있던 용산사龍山寺 터로, 『용재총화』에는 귀후서歸厚署 뒤쪽의 언덕이라 하였다. 이로 보아 담담정은 현재의 청암동과 마포동 사이 강가의 산등성이에 있었던 것으로 추정된다.

담당정의 아름다운 풍광은 「담담정십이영」淡淡亭十二詠으로 제작되었다. 담담정의 12가지 경물은 마포의 밤비麻浦夜雨, 밤섬의 저녁안개栗島晴嵐, 관악산의 봄구름冠嶽春雲, 양화나루의 가을달楊花秋月, 서호의 배그림자西湖帆影, 남교의 기러기 울음소리南郊雁聲, 여의도의 고운풀仍火芳草, 희우정의 저녁햇살喜雨斜陽, 용산의 고기잡이 불龍山漁火, 잠두봉의 어사용蠶嶺樵歌, 눈 내린 반석에서의 낚시盤磯釣雪, 옹기골의 새벽연기甕村新煙 등이다. 안평대군과 친분이 깊었던 많은 문인들이 다투어 「담담정십이영」을 노래하였으니, 이로서 '밤섬의 저녁안개'와 '여의도의 고운풀'은 더욱 명성을 날리게 되었다. 아래에 이승소와 강희맹의 시를 나란히 보인다.

강가의 모래는 눈과 같고 물은 이끼 같은데	江沙如雪水如苔
섬 너머 응긴 안개는 쳐보아도 걷히지 않네.	島外凝嵐撥不開
따로 그림으로 그림직한 곳 있으리니	別有一般堪畫處
가벼운 바람 비스듬히 산을 지나가는 곳이라네.	輕風斜曳過山來

이승소, 「담담정십이영-밤섬의 안개」, 『삼탄집』 11~385.

텅 빈 물이 하늘에 이어진 한 가닥 수평선	虛白連空一抹痕
가벼운 바람 흰 빛 당겨 사립문에 이어놓았네.	輕風引素接柴門
숲 너머 닭과 개 짖는 소리 아련히 들리니	隔林彷彿聞鷄犬
강 남쪽에 뽕나무 무성한 마을이 있나보다.	知有江南桑柘村

강희맹, 「담당정십이영-밤섬의 안개」, 『사숙재집』 12~8.

조선 후기에도 밤섬 주위의 한강에는 많은 문인들의 정자가 들어서 있었기에 밤섬이 이름난 문인들의 붓 끝에 한강의 아름다운 풍광으로 밤섬이 노래되었다. 김상헌金尙憲과 임상원任相元은 17세기를 전반부와 후반부에 각기 '율도방초'栗島芳草라 하여 밤섬의 아름다운 풀을 노래한 바 있다. 그리고 18세기 조태억趙泰億은 '율도명사'栗島明沙 라 하여 밤섬의 깨끗한 모래사장을 들었고, 이익李瀷은 '율도청무'栗島靑蕪라 하여 파란 풀로 덮인 밤섬을 노래하였다. 이들 모두 서강의 여덟 가지 아름다운 풍광을 읊조린 집경시集景詩의 하나로 지어졌다는 공통점을 가지고 있다.

눈 내린 듯 평평한 모래밭에 물은 굼실굼실　　平沙雪漫水洄洄
파릇한 푸른 풀빛 깨끗하여 이끼가 뒤덮은 듯.　　草色茸茸淨似苔
석양에 흥에 겨워 외로운 배를 타고서　　孤棹夕陽乘興去
해마다 한식날에는 풀 밟으러 온다네.　　每年寒食踏靑來

김상헌, 「봉헌팔영-밤섬의 고운 풀」蓬軒八詠 · 栗島芳草, 『청음집』 77~33.

넓은 강물에 조막만한 섬　　江闊島如拳
비속에 휘늘어진 푸른 풀.　　離離雨中草
고와라 십리 파란 빛에　　可愛十里碧
때때로 흰 새가 점 찍혀 있네.　　時點白鷺鳥

임상원, 「이여봉태의 팔승정에 쓴 시-밤섬의 고운 풀」題李汝封台八勝亭 · 栗島芳草, 『염헌집』 148~372.

한 줄기 맑은 모래가 강을 덮었는데　　明沙一帶覆江湄
눈인가 서리인가 모두가 의심쩍네.　　若雪非霜摠可疑
두 눈을 비비고 자세히 살펴보지만　　試拭雙眸看仔細
갈매기와 해오라기 분간하지 못하겠네.　　立鷗飛鷺竟難知

조태억, 「여락정팔영 삼호를 위해 짓다-밤섬의 맑은 모래」余樂亭八詠爲三

湖作 · 栗島明沙,『겸재집』189~370.

맑고 긴 호수가 한 가닥 펼쳐져 있는데　　　　　　澹澹長湖一杖橫
물빛은 풀빛처럼 모두 가지런하다네.　　　　　　水光渾似草光平
외로운 섬 봄기운 왔나 알고자 하면　　　　　　欲知孤嶼春風意
갈매기 곁의 훤한 석양을 보면 되겠네.　　　　　看取鷗邊夕照明

이익,「아곡팔경시에 차운하다-밤섬의 푸른 잡초」次鵝谷八景韻 · 栗島青蕪,『성호집』198~105.

밤섬이 있는 서강과 마포 일대에는 문인들이 시대를 달리하면서 살았기에, 풍류를 사랑하는 이름난 시인이 밤섬을 찾았고, 이들 시인들은 다투어 시를 지어 밤섬을 빛냈다. 여러 곳을 함께 노래한 집경시는 어쩌다 찾아가 노닐면서 제작된 것이지만, 밤섬 인근에 살면서 생활공간으로서 밤섬을 노래한 작품은 더욱 운치가 있다.

조선 초기 붓으로 밤섬을 가장 빛낸 사람은 남효온이다. 자신의 집이 서호에 있었던 데다, 벗 강백진의 집이 여의도에 있어 밤섬 일대에서 노닐 수 있었다. 남효온을 중심으로 한 서호의 풍류에는 강백진 외에 안응세安應世(자는 자정子挺)가 있었다. 안응세는 남효온의 절친한 벗으로 산수와 시를 좋아하여 『호산노반』湖山老伴 이라는 책자를 엮은 바 있다. 남효온은 안응세와 더불어 밤중에 만나 논 일이 있었다. 마침 살구꽃이 막 피어나기 시작하였는데 대보름달이 둥글게 하늘에 떴다. 흥을 이기지 못하여 도성 거리를 돌아다니면서 노닐다가, 살구꽃을 보면 남의 집 담장 아래라도 술자리를 열고 시에 대해 논하였다. 10월에는 아직 시들지 않은 국화꽃을 들고 안응세에게 가서 보여주었다. 안응세를 이를 보고 매우 기뻐하여 눈 속에 국화를 꽂고 술을 피워 술을 데워 마셨다. 또 여래사如來寺에서 모여 폭죽놀이를 하면서 술을 마셨다. 이러한 풍류의 한 공간이 밤섬이었으니, 이들은 밤섬으로 놀러 가서 시골 농가를 빌려 밥을 짓고 무청을 반찬으로 하여 먹었다. 이러한 사연을 시에 담았다.[21]

남효온의 집이 바로 인근에 있었기에, 흥이 일면 배를 타고 밤섬을 찾는 일이 매우 잦았다. 한번은 삼월삼짓날 서강의 집에 있다가 배를 타고 밤섬으로 갔다. 밤섬 북쪽에 정자가 하나 있었는데 그곳에서 저녁밥을 먹었다. 농부들과도 안면이 있었기에 그들이 시를 지어 달라 하였다. 이렇게 하여 지은 그의 시는 밤섬의 죽지사竹枝詞라 할 만큼 15세기 밤섬의 인정과 물태를 잘 그려내고 있다. 그 중 몇 수를 아래에 보인다.

서울에서 봄을 다 찾아보고	帝里探春盡
서강에서 계모임을 하였지.	西江禊事修
버들 강안에 배를 옮기고	移船楊柳岸
살구꽃을 찾아 나선다네.	步履杏花頭
홀로 시절을 아파하는 마음에	獨有傷時眼
봄이 온 밤섬을 찾아왔다네.	來尋栗島春
뽕나무 제방 너머 강물은	桑林堤外水
작년 자국까지 차지 않았네.	不滿去年痕
만 채의 집에 연기가 걷혔는데	萬戶炊煙捲
푸른 깃발이 저녁 바람에 기우뚱.	靑帘斜晩風
맑은 강은 저녁에 물이 빠지니	滄江夕潮退

햇살이 꽃과 붉은 빛을 다투네. 日照鬧花紅[22]

이를 잡으려 풀밭에 앉았다가 采蝨坐芳艸
도포를 걷고 바위에서 발을 씻는다. 褰裳濯釣磯
저녁 한기에 병든 몸이 깨어나니 夕寒醒病骨
강 안개에 봄옷이 촉촉이 젖었네. 江霧濕春衣

강가의 풀은 하나하나 향긋한데 汀草總芳菲
물가의 버들은 만 가닥 드리웠네. 渚楊垂萬絲
늙은이 와서 너 나 하며 말을 트고 老翁來爾汝
나에게 시 지어 보라 권하는구나. 携我勸題詩

외로운 객점에서 저녁을 먹은 후 孤店夕飯罷
기둥에 기대어 시를 마구 읊조린다. 倚柱浪吟詩
해 지니 온 숲은 깜깜해졌는데 日落千林黑
강물이 빠졌으니 갈 때가 되었네. 潮平是去時

남효온, 「삼월삼짓날 서울을 두루 다니다가 둔산의 이곤보를 찾아갔고, 오후에는 서강의 우거에 투숙하여 배를 타고 나가 밤섬에 매어두고 섬 북쪽의 작은 정자에서 저녁밥을 먹었다. 늙은이가 나에게 시를 지어라 하기에 8수를 짓는다」三月三日歷遍長安訪李悃甫于屯山午後投西江僑居乘舟泊栗島夕飯于島北小亭有老父勸我題詩八首, 『추강집』 16~51.

조선 중기에도 마포에 더욱 많은 문인들이 살았다. 16세기 후반 권벽權擘은 마포의 현석촌玄石村에 관란당觀瀾堂을 짓고 살다 그곳에서 세상을 떠났다. 정희성鄭希聖이라는 벗을 위하여 현석강의 정자에서 시를 지었는데 그곳에서 바라다 보이는 10경 가운데 첫 번째가 '율도 만춘'栗島晩春 곧 밤섬의 늦봄이다.

> 밤섬의 풍광은 사람을 시름겹게 하니　　栗島風光惱殺人
> 꽃잎은 무수히 가는 봄날에 흩어지네.　　飛花無數散餘春
> 시흥은 고운 풀과 함께 스러지지 않아　　詩情不共芳菲盡
> 여린 뽕나무 읊조리니 잎이 더욱 새뜻하다.　　付與柔桑葉更新
>
> 권벽, 「정희성을 위한 현석강정십영 중 밤섬의 늦봄」玄石江亭十詠爲鄭希聖題 · 栗島晩春, 『습재집』 38~49.

권벽은 밤섬의 가장 아름다운 모습으로 저물어가는 봄날, 꽃잎은 떨어져도 싱싱한 뽕잎이 있어 시를 쓸 만하다고 하였다. 권벽은 이 외에도 밤섬을 사랑하여 아름다운 시를 즐겨 지었다.[23]

조선 후기에도 사정은 비슷하여, 이름난 문인들이 마포 일대의 한강 가에 정자나 별서를 짓고 살았다. 특히 채제공蔡濟恭은 노년에 마포의 현경정懸鏡亭에 우거하였는데 그 때 그곳에서 바라다 보이는 밤섬을 붓 끝에 올렸다.

> 일 없어 저물녘까지 지팡이를 짚고 나서　　無事支笻至日斜
> 난간에서 먼 곳을 조망하니 서녘이 아득하다.　　欄頭眺望向西賒
> 마을은 밤섬에 매달려 제비가 둥지 튼 듯　　村懸栗島巢如燕
> 강은 잠두봉을 피하여 뱀처럼 구불구불하네.　　江避蠶崖折似蛇
> 인가는 배를 만들어 먹고 사는데　　下戶買舟方產業
> 어린아이 말을 달려 건장함을 뻐기네.　　小童馳馬自矜誇
> 이 몸이 한가하다 할 만하지 않은가?　　此身合號閒閒未

은자의 땅에 서린 안개 집 빌기 좋구나. 苕霅烟雲好借家

채제공, 「우거에서 조망하다」寓舍眺望, 『번암집』 235~302.

별서와 누정이 늘어선 것은 풍광이 아름다웠기 때문에 밤섬은 그 아름다움이 집경시로 노래되었고, 또 이름난 문인이 인근에 살았기에 밤섬에서의 운치 있는 삶이 한시로 제작될 수 있었다. 여기에 더하여 밤섬이 있는 서강 일대는 잠두봉을 위시하여 선유도仙遊島, 양화나루 등 한강에서 가장 아름다운 곳이 이어져 있었기에 조선시대 가장 이름난 유흥의 공간이었다. 풍류를 사랑하는 문인들이 좋은 계절이 되면 이곳에서 배를 띄우고 놀았다. 서강에서의 풍류는 최고의 시인으로 추앙된 이행李荇과 박은朴誾에 의하여 크게 꽃을 피웠다. 이들은 1502년 7월 16일 당시 한강 최고의 아름다움을 자랑하던 잠두봉蠶頭峯에서 뱃놀이를 즐겼다. 이때의 일을 추억하여 이행은 다음과 같이 시를 지었다.

뱃사공이 밤섬 좋다 일러 주면서 舟人報道栗島好
백사장 십리가 맑고 호젓하다지. 白沙十里淸而幽
구름은 어둑어둑 물빛은 곧은데 雲陰黯黮水光立
희미한 어둠 속에 나무숲이 빼곡하네. 暝色熹微煙木稠

이행, 「잠두록 뒤에 쓰다」題蠶頭錄後, 『용재집』 20~423.

18세기 밤섬을 자주 유람하고 시를 지어 빛낸 인물은 심육沈錥이다. 심육은 밤섬과 직접적인 인연을 맺지 않았지만, 밤섬을 좋아하여 자주 그곳에서 놀았으며 그곳에 눌러 살 마음까지 가진 적이 있다.

강이 맑아 조각배를 띄우고 江淸刺小艇
섬이 조촐하여 빈 모래밭을 거닌다. 島淨步虛沙
물결에 동서의 강기슭이 잠겼는데 潮沒東西岸
안개가 여기저기 인가에서 피어나네. 烟生上下家
뜰 텅 비어 느티나무가 보이고 庭空得槐樹
울타리 낮아 복사꽃이 드러나네. 籬短出桃花
시골 늙은이 객을 잡을 줄 알아 野老能留客
농사 이야기에 해가 벌써 저무네. 農談日已斜

심육, 「밤섬에서 노닐면서」遊栗島, 『저촌유고』 207~102.

원기 속에 힘차게 외로운 봉우리 솟았기에 湧出孤峰元氣中
올라보니 갑작스레 가을 하늘 위에 앉은 듯. 登臨忽若坐秋空
섬이 가운데 솟아 땅은 도리어 특별한데 島從間起境還別
물이 나누어 흐르지만 근원은 절로 한가지라. 水作分流源自同
저녁 무렵 모래밭 거닐면서 달빛을 즐기고 日暮步沙可喜月
깊은 밤에 배를 옮기니 다시 바람이 자네. 夜深移棹更無風
요즘 들어 유독 가을신의 뜻을 알지니 邇來偏識霜師意
나무숲을 울긋불긋 점을 찍어 놓았기에. 巧點丹靑樹木叢

심육, 「밤섬」栗島, 『저촌유고』 207~103.

좋은 날 흥이 일어나서 보니 良辰乘興往
좋은 객이 계획 없어도 모이네. 好客不謀同
갑작스레 맑은 강을 만나서 忽遇淸江上
서로 손 잡고 작은 섬을 향하네. 相携小島中
돌아가는 배에서 지는 해를 보는데 歸帆看落日

고목에서 가을바람 이는 줄 알겠네. 老木識秋風
내 뜻은 초가를 지어놓고 我意營茅舍
농삿일은 농부에게 묻는 것. 閑田問野翁

심육, 「서호의 배에서 중량 등을 만나 함께 밤섬을 구경하다」西湖舟中遇仲良諸人共賞栗島, 『저촌유고』 207~103.

19세기에도 밤섬은 한양 선비들의 유상처로 각광을 받아 김재찬金載瓚 등 이름난 문인들이 다투어 시를 지은 바 있다.

평평한 모래판은 제비꼬리처럼 갈라지고 平沙分燕尾
외롭게 떠 있는 섬은 물에 뜬 까마귀 머리인양. 孤嶼汎烏頭
고기 잡고 나무하는 사람들의 두런대는 말소리 人語漁樵夕
가을 맞은 누런 갈대밭에 으슥한 시골 마을들. 村深蘆荻秋
밭 가운데 조개를 주을 수 있는 곳 田中時採蛤
울타리 아래에 바로 배를 메어둔다네. 籬下各停舟
저녁 햇살이 높은 나무에 훤하니 落照明高木
성긴 안개가 저녁 모래톱에 모여든다. 踈烟集晩洲

김재찬, 「밤섬」栗島, 『해석유고』 259~350.

조선 초기부터 조선 말기까지 마포 강가에 집을 짓고 살거나 서강을 유람하는 사람들이 밤섬을 찾아 이를 아름답게 노래하였지만, 여의도는 그러하지 못하였다. 앞에서 말한 대로 여의도는 풀들만 무성한 목장이었기 때문에 풍광이 아름답지 못하였기 때문이다. 이로 말미암아 조선 초기 일부의 집경시에서만 여의도가 등장할 뿐 이름난 문인의 시재가 되지는 못하였다.

십리 평원은 잘라 놓은 듯 가지런한데	十里平蕪似翦齊
바람이 비를 뿌려 파랗게 무성하네.	風吹雨浥綠萋萋
한 해 봄빛을 품평하려 들지 말게,	一年春色休題品
여린 버들 요염한 꽃은 값이 다 낮은 법.	弱柳妖花價盡低

이승소, 「담담정십이영-밤섬의 안개」, 『삼탄집』 11~385.

따스한 기운 스민 모래섬은 파랗게 살졌는데	暖入長洲綠漸肥
개울가 다리에 안개와 비로 어둑어둑 뿌옇다.	溪橋煙雨暗霏微
해마다 왕손의 한을 참을 수 없으니	年年不耐王孫恨
저녁 햇살에 다시 봄꽃 향기를 일으키네.	更惹春香半落暉

강희맹, 「담담정십이영-밤섬의 안개」, 『사숙재집』 12~8.

비록 여의도를 읊조린 시가 많지는 않지만 이승소와 강희맹의 시만으로도 500년 전 여의도의 아름다운 풍광과 그곳에서의 흥취를 엿보기에는 부족함이 없다. 푸른 버들가지나 요염한 꽃조차 여의도의 푸른 풀밭에 비하면 손색이 있다 한 표현이나, 봄을 맞아 안개와 비로 뿌연 가운데 푸른빛이 더해간다고 한 표현이 지금은 상상하기조차 어려운 여의도의 옛모습을 잘 전해준다.

밤섬에 대한 문학의 기억

지금 밤섬은 마포 앞쪽 조그마한 두 개의 모래톱으로 존재하며 하나는 서강대교 교각을 떠받들고 있는 고단한 신세다. 아름다운 물새가 날아드는 생태의 섬으로 기억되고 있어 그나마 다행이다. 그러나 원래 밤섬은 이러한 작은 섬은 아니었다. 여의도를 개발하면서 한강의 흐름을 원활하게 하고 여의도 제방을 쌓을 석재를 채취하기 위하여 1968년 폭파되면서 이런 모습이 된 것이다. 물론 그 이전까지는 62세대가 살면서 물고기를 잡거나 뽕나무와 감초를 재배하며 염소를 방목하였다 하니, 그때까지는 옛모습을 그대로 유지하고 있었던 것이다.

이 글은 밤섬의 문화사를 복원하고자 한 것이다. 복원은 옛모습 그대로 돌려놓은 것을 이르는 말이지만, 현실적으로 밤섬을 예전 모습 그대로 돌릴 수는 없다. 콘크리트에 묻혔던 청계천에 다시 물이 흐르도록 한 것과는 차원이 다르다. 문학은 훼손되지 않은 원시적인 상태를 기억으로 전승시킨다. 밤섬의 모습이 아무리 달라졌다 하더라도 밤섬의 아름다운 자연을 노래한 글이 있어, 그 글을 통하여 밤섬의 자연은 인간의 기억으로 전승될 수 있다. 문학의 기억력으로 밤섬을 바라보는 것이 밤섬을 복원하는 방법이다. 다행이 상류에서 떠밀려온 토양의 퇴적양이 많아져 밤섬이 점차 넓어지고 있다 하니, 언젠가는 반토막 난 밤섬도 옛모습으로 돌아갈 수 있을 것이다. 그날을 기다리면서 문학으로 밤섬의 옛모습을 기억할 수 있기를 바란다.

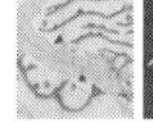

심경호 | 문학의 향기가 어린 섬, 문학의 향기로 남은 섬

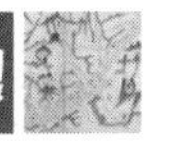

연암 박지원에게 큰 누님의 죽음을 애도하여 쓴 유명한 글이 있다. 「큰 누님 증 정부인 박씨 묘지명」伯姊贈貞夫人朴氏墓誌銘이란 제목의 글이다. 연암은 이 글에서 28년 전 여덟 살 때 큰 누님이 시집가던 날 어리광을 부리던 날을 추억하였다. 큰 누님은 덕수이씨 이백규李伯揆(자는 宅模)에게 시집가서 1녀 2남을 두고 1771년 9월, 43세에 돌아갔다. 연암은 자형이 큰 누이의 상여를 배에 싣고 선산이 있는 까마귀골亞鳥谷로 향하는 것을 두모포의 배 안에서 전송하고, 통곡하며 돌아왔다.

> 강가에 말을 세우고 아득히 보니, 붉은 깃발이 펄럭이고, 돛대의 그림자가 구불구불 흘러가더니, 언덕에 이르러선 방향을 틀어 나무들에 가려져 다시 볼 수 없었다. 강가의 먼 산은 검푸른 것이 쪽찐 머리와 같았고, 강 빛은 거울과 같았으며, 새벽달은 눈썹과 같았다.

이렇게 연암이 큰 누이의 상여 실은 배를 바라보았을 때, 그의 시야에 저자도가 들어왔을 법도 하다.

저자도는 서울 압구정동과 옥수동 사이에 위치했던 섬이다. 청계천이 사근동 동남쪽에서 중랑천과 합류되어 서남으로 꺾이면서 한강으로 접어드는 곳에 이루어진 삼각주였다. 닥나무가 많았기 때문에 그렇게 불렀다고 한다. 「동국여지비고」에는 이 섬이 도성 동쪽 25리, 삼전도 서쪽에 있다고 하였다.[1] 흔히 무동도라고도 부르지만, 무동도는 저자도의 동쪽에 있는 작은 섬이었다. 아이가 춤추는 모습을 닮았다고 해서 그런 이름을 붙였다고 전하지만 조선 후기 문인들의 시문에는 '몽동도'㲯㲪島로 나온다.

또한 북쪽에는 살곶이와 두모포豆毛浦(두뭇개)가 있다. 살곶이는 전평箭坪이라 적으며, 살곶이다리(전곶교箭串橋)가 있었다. 두모포(두뭇개)는 두포荳浦라고도 적는다. '독도'纛島, 즉 뚝섬과 아주 가까운 곳이고, '독서당' 부근이 바로 '두무개'가 있던 곳이다. '살곶이다리' 주변은 지역이 평탄하고 수초가 풍부하여 조선시대 국마國馬를 키우던 목장이었다.

조선 후기의 척재 이서구李書九, 1754~1825는 저자도 일대의 풍광을 회화적으로 묘사하였다.[2] 그 셋째 수는 다음과 같다.

구름 끝은 광릉 마을	雲際廣陵城
안개 속에는 저자도 나무숲.	烟中楮島樹
높은 누각은 갠 저녁 하늘에 아스라한데	高樓倚晩晴
강에 잠긴 하늘이 저물어가매 서글프구나.	惆悵江天暮

두뭇개(현재의 옥수동) 뒷산 매봉이 동쪽으로 내려간 작은 매봉이 한강을 바라보고 벼랑을 이룬 것을 선돌개立石浦라고 한다, 무수막 즉 수철리水鐵里 일대에 있었으며, 현재의 금호동 지역을 말한다. 조선 초부터 '입석조어'立石釣魚는 경도 10영京都十詠의 하나였다. 저자도는 두뭇개와 무수막 사이의 한강에 위치하였으니, 그 일대가 모두 승경이었던 것이다.

고려 때는 한종유韓宗愈가 여기에 별장을 두었다. 조선에 들어와 세종은 이 섬을 정의공주貞懿公主에게 하사하였으며, 공주는 연창위延昌尉 안맹담安孟聃에게 하가下嫁하였으므로, 공주의 아들 안빈세安貧世 이후 안씨 집안에서 소유하였다.

호당(독서당)에서 바라보이는 저자도의 풍광은 승경으로 꼽혔다. 윤현尹鉉 1514~78의 『호당기』湖堂記는 저자도의 풍광과 독서당에서 바라보이는 정경을 잘 묘사하였다. 저자도에 관한 묘사만 보면 다음과 같다.

> 폐사의 위에 저자도가 있다. 가지로 나뉜 물결이 암석의 아래를 둘러나가고, 물은 흑요색으로 푸르면서 물길을 거꾸로 흐른다. 세상에서 신룡이 거주한다고 하면서, 가뭄이 들면 향과 폐백을 내리고, 용을 그림으로 그려서 기도한다. 양 곁의 벼랑은 칼로 쪼갠 듯 서서 마치 협곡과도 같다. 가을이 되면 단풍잎이 그림과 같이 아름답다.[3]

저자도 일대의 한강을 동호라고 한다. 둘레가 60리에 달하여 광호廣湖라고도 불렀다. 동호 일대에는 왕실 소유의 정자인 제천정濟川亭, 낙천정樂天亭, 화양정華陽亭, 황화정皇華亭이 있었다. 또한 일반 문신들의 정자로는 1476년 11월에 지은 한명회의 압구정狎鷗亭을 비롯하여 김안로金安老의 보안당保安堂, 김안국金安國의 범사정泛槎亭, 정유길鄭惟吉의 몽뢰정夢賚亭, 이사준의 침류당枕流堂, 김국광이 지어 이항복의 소유가 된 천일정天一亭, 송인宋寅의 수월정水月亭이 강가에 늘어서 있었다. 지금은 낙천정이 유일하게 남았다.

1925년(을축년) 대홍수 때 저자도는 본래의 승경을 잃었다고 한다. 1930년경에는 그나마 상당한 면적이 남아 있었으나, 1970년대 이르러 강남 압구정의 개발 때 골재를 채취하면서 섬은 자취를 감추고 말았다. 하지만 문학은 저자도 일대의 역사미를 오늘날에 전해준다.

고려말 · 조선초 귀인 별장지로서의 저자도

고려 말 정승을 지낸 복재復齋 한종유는 나이 들어 벼슬을 그만둔 뒤 저자도에 별장을 두었다. 한종유는 바로 권근權近의 외조부이다.

한종유는 대단히 방탕불기한 인물이었다. 성현의 「용재총화」에 보면 한종유의 일화가 실려 있고,[4] 「고려사절요」 공민왕 갑오 3년(1354) 6월의 조항에 한종유의 졸기가 있다.[5] 한종유는 어렸을 때 방탕불기하여 수십 명과 무리를 짜고 언제나 무당들이 노래하고 춤추는 데에 가서 음식을 빼앗아 취하도록 포식하고는 손뼉을 치며 양화사楊花詞를 불렀다. "두여회杜如晦의 맑은 바람 기다려 날아가 황각 안에 이르리."待如晦之淸風, 飛揚到黃閣中라는 가사였으니, 당나라 때 명재상 두여회같은 재상이 되어 경세제민의 뜻을 펴겠다는 포부를 말한 듯하다. 그때 사람들이 양화도楊花徒라고 불렀다. 미친 행동이 많았지만, 정말로 재상이 되어 공명과 사업이 당세에 빛났다. 만년에는 물러나 고향에서 노년을 보냈는데, 지금 한강 상류의 저자도이다. 별호는 복재復齋였고, 시호를 문절文節이라 하였다. 이인복李仁復이 지은 「한양부원군 한공 묘지명 병서」漢陽府院君韓公墓誌銘 幷序에도 양화도 고사가 나온다.[6]

성현은 「용재총화」에서 앞서의 일화를 적은 후 한종유의 일시佚詩 두 수를 수록하였다.[7]

첫째

십리 평호에 보슬비 지나고	十里平湖細雨過
긴 피리소리 갈대꽃 너머로 들린다.	一聲長笛隔蘆花
금 솥에 국 요리하던 손을 가지고	却將金鼎調羹手
한가로이 낚싯대 잡고 저문 모래밭을 내려간다.	閑把漁竿下晩沙

둘째

검은 사모 짧은 갈옷으로 지당을 돌아서니　烏紗短褐遶池塘
버드나무 언덕 미풍이 얼굴에 스치누나.　柳岸微風洒面凉
천천히 걸어 돌아오니 산 위엔 달이 떴고　緩步歸來山月上
지팡이 머리에선 아직도 연꽃 향기 물씬 인다.　杖頭猶襲藕花香

한종유가 세상을 떠난 60여년 후(세종 원년, 1419)에는 세종이 부왕인 태종의 휴양지로 저자도 동북쪽으로 강 건너 지금의 광진구 자양동 간변에 있는 대산 위에 별궁과 낙천정을 지었다. 이후 대산 · 저자도 · 동호를 연결하는 이 지역에 상왕과 왕이 자주 거동하여 술자리를 베풀었다. 변계량卞季良에 따르면, 낙천이란 이름은 좌의정 박은朴訔이 『주역』周易 '계사전'에서 따왔다고 한다.[9]

이렇게 하여, 저자도와 두뭇개 백사정은 군왕의 놀이터로 되었다. 세종 원년(1419년) 6월 15일에는 세종이 상왕을 모시고 저자도에 나와 배를 띄우고 놀고, 종친 · 조정대신 · 대언 등과 함께 술을 들며 함께 춤추며 날이 저물도록 즐겼으며 강안에서 씨름하는 것도 구경하였다. 세종은 1426년 3월에도 동교까지 사냥 나왔다가 저자도에 들러 낚시를 하였다.

한편 저자도와 두뭇개 백사정은 정역에 나가는 장군을 전별하는 곳으로도 이용되었다. 세종 원년(1419년) 5월 18일(기사), 세종은 상왕을 모시고 두뭇개 백사정으로 나와서 대마도 정벌을 떠나는 이종무 등 여덟 장수를 전송하였다.[10] 이종무는 아홉 절제사를 거느리고 거제巨濟 마산포馬山浦에서 떠났다가 일단은 바람 때문에 거제에 돌아왔지만, 그 후 배 십여 척이 먼저 대마도에 이르고, 다시 대군이 두지포豆知浦에 이르러 승전하였다. 7월 병오일에 이종무 등이 거제로 돌아오자, 8월에 상왕과 임금이 이종무 등을 낙천정에서 영접하여 위로하고 친히 장수들에게 잔치를 베풀었다.

그 뒤 세종은 둘째딸 정의공주에게 저자도를 하사하였다. 공주는 세종 10년(1428년) 2월 13일에 안맹담安孟聃에게 하가하였다. 이 직후에 세종이 공주에게 저자도를 하사하였을 것이다. 안맹담 뒤로 막내아들 안빈세가 저자도를 차지하였다. 안빈세는 저자도를 그림으로 그려두고, 별도로 시권을 만들었다. 정인지鄭麟趾는 저자도 일대의 풍경을 이렇게 묘사하였다.[11]

> 경도京都는 뒤에 화산華山을 지고, 앞으로 한강을 마주하여 형승이 천하에 제일이다. 중국의 사군자士君子들이 사신으로 우리나라에 오면, 반드시 시를 지으면서 놀며 구경하다 돌아가는데, 동쪽 제천정濟川亭에서부터 서쪽으로 희우정喜雨亭에 이르기까지의 수십 리 사이에는, 공후公侯 귀척貴戚들이 많이 정자를 마련하여 두어 풍경을 거두어 들였다. 동쪽 교외에는 또 토질이 좋고 물과 풀이 넉넉하여 목축에 적당한데, 준마가 만 필은 되는 듯 바라보매 구름이 뭉친 것 같았다. 그 가운데의 높은 언덕은 형상이 가마釜를 엎어놓은 것 같으며, 그 위에 낙천정樂天亭이 있는데, 우리 태종이 선위禪位하신 후 편히 쉬시던 곳이다. 남쪽으로 큰 강에 임하였으며 저자도 작은 섬이 완연히 물 가운데에 있는데, 물굽이 언덕이 둘러쌌고, 흰 모래 갈대숲에 경치가 특별히 좋다.

저자도 일대의 승경은 '가까이 도성 근처에 있어서 조석으로 가서 놀며 지극한 즐거움을 펼 수 있는'곳으로서 애호되기에 이르렀음을 알 수 있다. 저자도가 안씨 일가의 소유가 된 뒤에도 명인 시객들이 이곳에서 풍류를 즐기며 시를 남겼다.

강희맹姜希孟, 1424~83은 안빈세와 절친하여, 저자도 그림에 칠언율시를 적어주고, 또 저자도 시권에 장편 칠언고시를 적어 주었다. 강희맹의 『제저자도도』題楮子島圖에는 서문이 붙어 있고, 그 아래에 칠언율시가 있다.[12] 강희맹은

> 계축년(1433, 세종 15), 세종께서 온양을 행차하실 때, 나는 나이가 열 살이었는데, 외조모이신 삼한국대부인 안씨를 따라서 가서 구경한 일이 있다. 봄꽃이 흐드러지게 피어, 언덕과 봉우리를 덮었고, 긴 아지랑이가 일대에 잔뜩 끼어서 희뿌연하여 끝이 없었다. 지금 머리에 흰 머리가 생겨나도록, 여전히 그날의 일을 잊지 못한다.

라고 추억하였다. 다른 시에서 강희맹은, 저자도가 옛날의 영화를 잃고 은사가 거처하기에 적절한 곳으로 되었다고 하였다.

안빈세의 저자도 집은 이후 사대부 자제의 학습처로 이용되었다. 이정암李廷馣, 1541~1600은 1558년(명종 13) 가을의 진사시에 합격하고, 1561년(명종 16) 9월 식년문과에 응시하기까지 이산해李山海, 윤탁연尹卓然 , 이로李輅 , 최정崔頲 , 조정기趙廷機 등과 함께 공부하면서, 마포 성세명成世明의 강정江亭, 저자도 안빈세의 강사江舍, 종남산 아계鵝溪(이산해)의 옛집, 낙동駱洞 이참판 연향각蓮香閣 등에서 머물렀다고 한다.[13]

연산군 · 성종 · 중종 때 저자도는 군신의 유희처 가운데 하나였다. 연산군은 저자도楮子島 · 제천정濟川亭 · 장단석벽長湍石壁 · 장의사壯義寺의 수각水閣 · 영치정迎置亭 · 경회루慶會樓 · 후원後苑 등에서 흥청을 데리고 밤낮으로 놀았는데, 이것을 작은 거동이라 일컬었다고 한다.[14] 이정형李

廷馨, 1549~1607은 '동각잡기'에서 성종 때 수의壽儀와 군신연락이 잦았으며, 모춘과 모추에는 중흥사 · 조계사에서 산놀이를 즐기거나 양화도 · 저자도에서 물놀이를 즐겼다고 적었다.[15] 중국 사신이 왔을 때도 저자도에서 양화도까지 선유를 베풀었다. 하지만 조선중기에 이르면 저자도는 문인아사들의 유관지로서 더 회자되기에 이르렀다.

수로 요충지이자 유관지로서의 저자도

저자도는 한강을 거슬러 올라가, 북한강이나 남한강으로 나가는 사람을 전별하는 곳이자, 경강 어구의 선유락에서 중심에 위치하였으며, 승지인 여주나 단양으로 나가기 위한 길목에 위치하였다.

신광한申光漢, 1484~1555의 "친구와 헤어지고 저자도에서 밤에 자면서 즉흥적으로 읊다"別親舊夜泊楮子島詠事[16]는 '맑은 상상이 사람에게 몰려온다'淸思逼人고 평가된다. 허균의 비어批語이다. 그는 신사무옥에 연루되어 삭직당하고 15년간 여주에 은거하였다.[17] 따라서 경강 어구의 승경을 누구보다 잘 알았다.

강호를 유랑한 지 여러 해더니	江湖浪迹已多年
홍진에 이르자 마음이 착잡하였다.	纔到紅塵意惘然
괴이타! 술 깨자 맑은 기운 스며들다니.	却怪酒醒淸入骨
모르는 사이 달빛 아래 배 안에 누워 있었군.	不知身臥月明船

신광한은 홍진에 나온 것을 후회하며 다시 청정한 경지에 노님을 즐거워하였다. 저자도의 아름다움을 조선전기의 시인 옥봉 백광훈白光勳 1537~82은 다음과 같이 묘사하였다.[18]

만곡의 강만에 비 개자 연꽃이 벌어지고 曲渚新晴蓮子花
강물과 구름 잇닿은 곳 멀리 범왕 사찰 보이누나. 水雲遙指梵王家
가벼운 배로 흥겨워 가노라니 먼 것도 모르고 輕舟乘興不知遠
곧바로 문 앞에 닿으니 산에 달이 기울었군. 直到門前山月斜

저자도는 굽어나간 강만에 연꽃이 벌어진 광경이 아름다웠고, 멀리 강물과 구름이 잇닿은 곳에 봉은사가 바라보이는 원경이 또한 별스러웠던 듯하다. 또한 백광훈은 저자도의 북대北臺에 주막이 있어서 푸른 깃발이 펄럭이는 것이 볼만 하다고도 하였다.[19]

저자도는 조선전기부터 후기에 이르도록 선유락의 행정에 들어 있었다. 임억령林億齡 1496~1568의 오언장편 "엄계소 · 조계임 · 임군우와 함께 한강을 유람하고 돌아와 기행록을 여러 사람에게 보여준다."與嚴啓昭・趙季任・任君遇, 遊漢江歸來, 紀行錄示諸公라는 시는 16세기 경강의 선유락 행정을 잘 말해준다.[20]

후한 때 엄릉은 헌면(벼슬)을 오만하게 내리보아, 嚴陵傲軒冕
만리뢰에서 탁족을 하였고. 濯足萬里瀨
송나라 조변은 거문고와 학 한 마리를 끌어안고, 趙抃抱琴鶴
맑은 절개로 자신을 다듬었으며, 淸節以自礪
선진 때 임공자任公子는 회계산에 걸터앉아 任公蹲會稽
50필의 소를 미끼로 고기를 낚아,
창오 이북 사람들에게 건어회를 질리게 먹여주었다. 飽食若魚膾
북송의 임포는 분잡한 세속을 싫어하여, 林逋厭世紛
서호 가에 높이 누웠다. 高臥西湖外
아아, 이 서너 분들을, 嗟我二三子

무슨 행운으로 한 시대에 만났단 말인가.	何幸共一世
명성이 나를 얽어매어,	名聲乃吾纍
홀연 미관에 구속되고 말았으나,	忽被微官繫
늘 세속 인연을 벗어나서,	常思擺俗緣
강호의 노를 한번 두드리고자 하였다네.	一扣江湖枻
때는 늦봄에, 가랑비가 잔 먼지를 씻어간 뒤,	時維暮春者
작은 배를 두 세 척 빌려서는,	野航受兩三
후미에 거문고와 서적을 실었나니,	船尾琴書載
구기자가 강기슭에 가득해도,	枸杞滿江岸
세인은 딸 줄을 모르니,	世人不知採
천년 묵은 뿌리가,	應知千歲根
어쩌면 하늘을 향해 짖고 있을지 모르겠네.	或向中宵吠
금빛 방문이 까마귀 같아,	金榜大如鴉
새와 물고기가 놀라는데,	魚鳥爲之駭
험한 돌여울을 거꾸로 오르느라,	逆上石灘悍
한 치 나아갔다간 한 자 물러난다만,	寸進還尺退
뱃사공은 저녁에 돛을 펼치고,	篙工張夕帆
질주하는 성난 말보다 더 빨리 나아가,	快於怒馬駃
산이 배와 함께 달리고,	山隨船共走
구름이 나와 함께 흘러가서,	雲與我俱逝
삼각봉이 보였다 안 보였다 하여,	出沒三角峯
행인의 상투마냥 은은하다.	隱若行人髻
압구정은 이미 폐허라서,	狎鷗亭已墟
지금은 그저 거친 풀만 가득하고,	至今唯荒薺
모래밭이 환하여 수염과 눈썹을 비추니,	沙明照須眉

완연히 오래된 거울을 대하는 듯하다.	宛彼古鏡對
종덕정에 정박하매,	泊于種德亭
사방 산이 이미 어둑하고,	四山欝已晦
양류 그림자가 침침해서,	沈沈楊柳影
창연하게 살아있는 그림이 펼쳐진 듯하다.	蒼然開活畫
누대에는 막걸리 향이 잔뜩 붙었고,	粘臺村釀香
숟가락 놀려 가는 들밥을 뜬다.	流匙野飯細
어촌 집은 생활이 곤란하여,	漁家生事微
무궁화 울타리에 이엉으로 지붕을 하였고,	槿籬茅爲蓋
아동은 나와서 보는데,	兒童出觀之
원숭이마냥 모습이 괴이하다.	猱玃形容怪
한밤에 봉은사에 투숙하니,	夜投奉恩寺
방장(승방)이 너무도 소쇄하여라.	方丈絶瀟洒
매화를 찾아 나섰으나 매화는 이미 죽고,	尋梅梅已死
대나무 구경하니 대나무는 여전히 있도다.	看竹竹猶在
산은 서려 붉은 빛이 차츰 없어지고,	山盤進紅消
서리 기운은 폐간에서 일어난다.	霜氣生肝肺
새벽어스름에 이르도록 아무런 꿈도 없이 잠들고,	達曙無一夢
불등만이 깜빡인다.	佛燈明復翳
두견이 우는 소리를 차마 듣지 못하고,	啼鵑不得聞
먼 길 나그네는 가만히 눈물을 떨군다만,	遠客潛垂涕
나는 그 소리를 사랑하지 않나니,	吾非愛其聲
그저 옛날 촉제일 뿐인 것이기에.	童是古之帝
새벽에 일어나 강 머리로 향하니,	晨起向江頭
풀 이슬이 옷소매에 젖어든다.	草露侵衣袂

천천히 저자도로 거슬러 올라가니, 徐牽遡楮島
먼 산꼭대기에 구리 징이 걸려 있다. 遠岫銅鉦掛
한공이 옛날 은둔하던 곳이라, 韓公舊棲地
초목이 모두 사랑스럽구나. 草木皆可愛
물길을 따라서 동쪽 갯가에 배를 대고, 沿洄倚東浦
장쾌한 물고기 작살질을 한껏 보나니. 縱觀叉魚快
물길 가기를 맨 땅 밟듯이 하고, 蹈水若履地
고기 잡기를 지푸라기 줍듯 하여, 取魚如拾芥
버들가지에 꿰어두니, 貫之以柳枝
배에 가득 금은이 부스러져 있듯하다. 滿船金銀碎
흥이 다하여 물 흐름을 따라 내려가니, 興闌順流水
힘찬 노 젓기가 바람 기세까지 의지하네. 健櫓挾風勢
원망하는 피리 소리는 초나라 음조를 띠고, 笛怨音含楚
청초한 풀피리 음은 변새 색조를 띠었네. 笳淸響帶塞
버들 꽃은 옛 나루에 살랑이고, 楊花颭古渡
철쭉은 물가 바위에 선명하다. 躑躅明岩澨
인가에는 물이 사립의 반까지 차고, 人家水半扉
울타리 가에는 어망을 말리고 있네. 籬邊魚網晒
성근정 정자는 경치 좋다만, 成謹亭子好
사람이 없어 낮에도 닫아 두었군. 無人門晝閉
높은 난간은 뿜어 나오는 물 기운보다 솟아 있고, 危欄凌噴薄
신나무는 돌계단에 나열하여 나 있네. 楚楓羅生砌
조수 평평하여 하늘은 전부 떨어진 듯하고, 潮平天盡落
마을 멀어서 밥 연기 길게 늘어섰구나. 村遠煙橫帶
(후략)

조선시대 문인들은 저자도 부근의 승경을 십경十景으로 손꼽았다. 이를테면 신광한申光漢은 전곶심춘箭串尋春, 봉은문종奉恩聞鍾, 남호범주南湖泛舟, 북강촉약北岡斸藥, 난저조연蘭渚朝煙, 사정추월沙汀秋月, 유점어화柳店漁火, 저도귀범楮島歸帆, 요촌청설遙村晴雪, 원헌비우遠巘飛雨 등을 저자도 부근의 십경으로 꼽았다.[21] 저자도를 읊은 '저도귀범'楮島歸帆 시는 다음과 같다.

푸른 산이 가운데 서고 강 하나가 아득히 와서 蒼山中立一江遙
곧바로 누헌 앞에 이르러 고요하게 흘러간다. 直到軒前逝寂寥
저물녘 남풍에 수로가 편한 줄 알아 日夕南風知與便
서너 척 돛배가 빗속에 목란 노를 저어가네. 數帆和雨替蘭橈

송인宋寅, 1516~84은 동호에 수월정을 세우고 거기서 바라보이는 원근의 풍광을 팔경으로 꼽았다. 이홍남李洪男이란 인물이 '수월정팔영'水月亭八詠을 남겼는데, 그 팔경은 묘적조운妙寂朝雲, 청계만우淸溪晩雨, 한강추월漢江秋月, 아차제설峨嵯霽雪, 용문용취龍門聳翠, 전교평무箭郊平蕪, 저도귀범楮島歸帆, 사평행객沙平行客 등이다.[22] 역시 '저도귀범'이 승경으로 들어 있다. 임제林悌, 1549~87도 '수월정팔경'水月亭八詠을 남겼으며, '저도귀범'을 소재로 시도 지었다.[23] 또한 동교에 종실 원천군原川君 이휘李徽가 지은 쌍청정雙淸亭과 관련해 구사맹具思孟, 1531~1604은 쌍청정 팔영시를 남겼는데,[24] 그는 전교춘청箭郊春晴, 저도귀범楮島歸帆, 곽외장림郭外長林, 장안효종長安曉鐘, 도봉백운道峯白雲, 입석조어立石釣魚, 아차추월峨嵯秋月, 전촌모설前村暮雪 등을 쌍청정 팔경으로 손꼽았다.'저도귀범'이 역시 들어 있다.

18, 19세기에도 저자도는 선유락의 행정에 들어 있었다. 김종수金鍾

秀, 1728~99는 이좌백彦輔의 애사哀辭에서, 저자도 부근에서 선유락을 즐기다가 큰 비바람을 만나 학탄鶴灘의 인가로 들어가서 지금은 고인이 된 이언보를 처음 만났던 일을 회상하였다.[25]

또한 이이순李頤淳 1754~1832의 시를 보면, 그는 친우들과 함께 경강에서의 선유락으로 다음과 같은 행정을 잡았다.[26] 즉, 선릉宣陵에서부터 남동구南洞口를 나서서, 대치촌大峙村 앞 환미도環米島에서 배를 띄운다. 작은 여울을 거슬러 올라가 삼전도에 이르고, 다시 대천大川을 따라 순류하여 학탄鶴灘을 지난다. 배를 백구주白鷗洲 벼랑 사이에 묶어두고 놀다가, 물길을 따라 무동도舞童島로 돌아와, 저자도의 물이 고인 곳에서 배를 내려 동동구東洞口로 들어가 놀았다. 이것을 보면, 19세기 선유락의 한 행정을 짐작할 수 있을 듯하다.

저자도는 여주강으로 나가는 수로로서 매우 중요하였다. 윤행임尹行恁, 1637~1762이 1722년(경종 2)에 서술한 『동정기』東征記에 저자도를 거쳐 여주강으로 나가는 유람로에 대한 언급이 자세하다.[27]

9월 병오, 날이 개었다. 말을 타고 한강에 이르렀더니, 군성과 윤승이 먼저 와 있다. 배 안에서 술자리를 벌였다. 뱃사공이 순풍이라고 고하고, 돛을 올려 곧바로 저자도로 향하였다. 지나가는 곳에 누정이 끊임없이 이어지고, 붉은 나무와 푸른 노을이 한결같이 그림 속에 있는 듯한 느낌을 갖게 한다. 어스름에 봉은사에 들어가, 운하당雲霞堂에 묵었다. 정미, 날이 맑다. 무도舞島를 따라 내려가는데, 물 기운이 저절로 아지랑이와 노을을 이룬다. 암석 사이에 푸른빛과 비취빛이 빙 둘러 있고, 산국화와 맑은 모래밭과 흰 물새가 사람으로 하여금 도성 안에서 생활하려는 뜻을 사라지게 만든다. 송파진을 지나는데, 큼직한 바위가 강 사이에 서 있고, 채색 누각이 덮고 있다. 바로 정축년(병자호란) 때 청나라 군주를 위해 세운 비[삼전도비]이다. 철퇴로 내려쳐서 강 속으로 쳐 넣지 못하는 것이 한스럽다. 석실石室 이후로는 협곡의 기운이 서글프고 침울하며 여울 소리가 거세고 빠른데다가 바위가 모두 흑요색이어서, 특별히 눈이 번쩍 뜨이게 하는 곳은 없다. 다만 구비마다 인가가 모두 물가에 임해 있어서 사랑스러우며, 밥 짓는 연기가 피어오르고 기르는 개, 닭이 짖고 울어서 마치 산굴로 난리를 피해 들어온 백성들의 거처와 같다. 배를 끌어서 덕담德潭에 이르자, 뱃사람은 달빛을 띠고서 밥을 먹는다.

권필權韠, 1569~1612은 경강을 배로 지날 때 저자도 부근의 승경을 즐겨 노래하였다. '배 안에서 짓다'舟中作라는 제목의 다음 시는 그 대표적인 시이다.[28]

수향에 봄비가 추적추적 내리자	澤國春多雨
외론 마을 모래톱이 물결에 잠겼구나.	孤村浪沒洲
거듭 저자도의 길손이 되고	重爲楮子客
다시 광릉의 배를 띄우나니,	却泛廣陵舟
바위 돌출하여 소용돌이 급하고	石出回波急
꽃이 농염해서 기운 섬이 그윽하다.[29]	花濃側島幽
석양에 경치 더욱 좋아서	斜陽更奇絶
돌아가는 노를 짐짓 더디게 젓노라.	歸棹故遲留

정두경鄭斗卿, 1597~1673은 '배를 타고 두미포를 내려가면서 짓다'乘舟下斗尾作 시에서 경강의 동쪽을 배로 내려오는 흥취를 호쾌하여 묘사하였다.[30]

월악산과 오대산은　月嶽與五臺
서로 수 백리 떨어졌거늘　相去幾百里
두 산이 모두 대강의 근원을 발하여　二山俱發大江源
흘러 소내[우천]에 이르러 한수가 되네.　流到牛川爲漢水
두미진 협곡은 푸른 강을 옥죄어서　斗尾津峽束滄江
일만 인의 푸른 벼랑이 하늘로 꽂혀 있다.　萬仞蒼崖插天起
푸른 벼랑이 하늘에 꽂혀 밤낮으로 어두워　蒼崖插天日月昏
뭇 물이 포효하여 한 문을 향해 다툰다.　衆水咆哮爭一門
나는 조각배를 타고 협곡 어구를 내려가니　我乘扁舟下峽口
장관을 조화옹이 오래 전에 만들어두었구나.　壯觀造化爲之久
때는 봄이라 밤비가 지나간 뒤　是時春天夜雨過
봉우리들이 비에 씻겨 푸르고도 어여쁘다.　峯巒雨洗靑峨峨
강변의 두견새는 바위에 꽃을 아직 덜 피웠고　江邊杜鵑岩花少
협곡 안 교룡은 풍랑을 많이 일으키네.　峽裏蛟龍風浪多
교룡의 풍랑이 마치 싸우듯 하여　蛟龍風浪如相戰
뱃사공은 돛을 걸고 살보다 빠르게 내려가니,　蒿師掛帆疾於箭
광릉 강가 나무는 안개 속에 다가오고　廣陵江樹霧中來
남한산성 흰 성가퀴는 구름 끝에 드러난다.　南漢粉堞雲端見
이 광경 마주하여 흥이 나서 말 술을 기울이곤　對此乘興斗酒傾
뱃속에 취하여 누워 허공을 가는 듯하다.　舟中醉臥空中行
술 깨어 일어나 멀리 저자도가 바라보일 때　酒醒起望楮子島
어부의 노래 한 곡조를 듣노라.　還聽漁人歌一聲

문인아사들이 수로를 따라가면서 그 승경을 즐겼지만, 때로는 거센 파도로 위급한 처지에 놓이기도 하였다. 이를테면 김안국金安國,

1478~1543은 1531년(중종 26) 외조모의 담제를 서울에서 지내고 다시 이호로 배를 타고 가다가 저자도 부근에서 풍랑을 만난 일을 시로 적었다.[31]

동대문에서 헤어지느라 창망하더니	修門悵行袂
십년을 쑥대머리마냥 떠돌아다녀,	十載任飄蓬
단풍 숲 기슭에 은둔하여	隱約楓林岸
백발 늙은이로 쓸쓸하게 보냈고	蕭疏白髮翁
삼각산은 여전히 한수 북쪽에 있건만	三山猶漢北
외론 배를 띄우니 하늘 동쪽이 아득하였네.	孤棹杳天東
밤 깊어 동호에 비가 내려	夜暗堂湖雨
새벽에 저자도 바람이 뒤흔든다.	朝掀楮島風
우레는 백 리에 진동하고	驚雷轟百里
거친 파도는 일천 봉우리를 삼킬 듯 춤춘다.	駭浪舞千峯
위험 만나 간이 오그라들더니	遇險方寒膽
안정한 뒤에야 마음이 놓이네.	投安且放胸
맑은 여울은 베개 밑에서 울고	淸灘鳴枕底
밝은 달은 봉창을 비춘다.	瑩月射蓬中
너른 해랑을 시구로 읊으며	曠浪哦詩句
한참을 놀면서 술잔을 드노라.	留連進酒鍾
나그네 마음은 먼 협곡을 떠돌고	羈懷迷遠峽
취한 꿈은 기러기와 함께 날아가네.	醉夢和征鴻
차가운 새벽에 어부의 노래 들리나니	曉冷聞漁唱
어렴풋이 저 먼 허공으로 지나가누나.	微茫過境空

서지처로서의 저자도

조선시대 저자도는 서울에 거처하는 사대부들이 잠시 거처하는 곳으로 널리 활용되었다. 조선중기와 후기에는 명망 있는 문사들이 저자도에 은둔을 하여, 후대에 까지 회상되었다. 선조 말, 광해군 때의 구용具容, 효종 때의 허격許格, 숙종 때의 홍득우洪得禹, 이세백李世白, 김창흡金昌翕은 대표적인 인물이다. 구용具容, 1569~1601은 능안부원군 구사맹具思孟의 아들로, 성산에 살았는데, 임란 이후 별서를 저자도에 두었다. 33세로 세상을 떠나자 권필은 "저자도에서 꽃을 보던 곳, 성산의 밤에 빗소리 함께 듣던 때"楮島看花處, 城山聽雨時라고 옛일을 그리워하면서 유고를 편집하고 서문을 붙였다.[32]

병자호란 이후 저자도에는, 존왕양이의 뜻에서 처사를 자처한 허격許格, 1607~93이 거처하였다. 허격은 자를 춘장春長, 호를 창해노인滄海老人이라 하였는데, 그의 시로 저명한 '희음'戱吟은 저자도의 승경을 소재로 한 것인지 모른다.

긴 강물이 띠처럼 숲을 둘러 맑고	長江一帶繞樹澄
사면의 뭇 산들은 층층 옥을 깎은 듯해라.	四面群山削玉層
강가에 복사꽃 심지 않은 것은	臨江不種桃花樹
이 무릉도원으로 어부를 끌어들일까 해서라네.	恐引漁郎入武陵

허격은 병자호란 이후 단양에 들어가서 은둔하면서 '창해'滄海라고 자호하였다. 그리고 늘 『춘추』를 읽었으며 결코 청나라 달력을 보지 않았다. 1684년(숙종 10)에 이르러는 가평군수 이제두李齊杜를 움직여서 조종암朝宗巖에 숭명배청 사상의 기념물을 조성하였다. 나이 80여 세에 죽으니, 문순공 박세채朴世采가 그의 명정銘旌에 '대명처사'大明處士'

라고 쓰게 하였다. 성호 이익李瀷, 1681~1763은 『성호사설』에서 특별히 허격의 강개함을 언급하였고, 그를 '의열義烈이 있는 사람'이라고 일컬었다.[33] 허격 이후로 그의 후손들은 대대로 저자도에 살았다. 영조 말부터 정조 초까지 정치에 깊숙이 간여하였던 김종후金鍾厚, ?~1780가 허격의 행장을 남겼다.[34] 김종후는 권력에 추종한 인물이지만, 허격에 대해서는 춘추대의를 현양한 의열의 인물로서 잘 묘사하였다. 또한 윤행임尹行恁, 1762~1801은 『해동외사』海東外史에서 허격이 저자도에 노닐던 일화를 기록하여 남겼다.[35] 숙종 연간에 당쟁이 심해졌을 때는 저자도에 임시로 거처한 문인들이 많아졌다.

홍득우洪得禹, 1641~1700도 저자도에 추거僦居하였다. 우의정을 지낸 홍중보洪重普의 아들이다. 송준길宋浚吉의 문인으로 벼슬이 강원도 관찰사에 이르렀다. 홍득우는 당화를 입자 통진 현감의 자리를 버리고 저자도에 임시로 살았다. 다만, 홍득우와 관련해서는 거론할 만한 문학이 없다.

허격의 뒤로 노론의 중심인물 가운데 한 사람인 이세백李世白, 1635~1703이 기사환국 때 당화를 입자 일시 저자도에 은둔하였다. 이세백은 김상헌金尙憲의 외증손이요, 영조 때 정승 이의현李宜顯의 부친이다. 이세백은 56세 되던 1690년(숙종 16, 경오) 2월에 광주 저도촌楮島村으로 이주하여, 한종유의 시어를 취하고, 또 제단이 근처에 있었으므로 정사精舍의 이름을 우사雩沙라 하고, 또 자신의 호로도 삼았다. 한종유의 시어란 "한가로이 낚싯대 잡고 저문 모래밭을 내려간다"閑把漁竿下晩沙라는 구절을 말한다. 이세백은 문집으로 『우사집』雩沙集을 남겼는데, 그 서문을 내제內弟 김창흡金昌翕이 지으면서, "공은 기사 때에 저자도에 퇴처하면서 한가하게 고기잡고 낚시하면서 한복재(한종유)의 풍모를 사모하였다. 그러다가 조정에 돌아간 뒤로도 마음이 동쪽에 있지 않은 적이 없었다. 그래서 마침내 그 땅을 자신의 호로 삼았다."라고 언급하였다.[36] 1690년, 이세백이 저자도에 살집을 마련하려는 뜻을 김창흡에게 밝힌 서한이 남아 있다.[37]

> 지금은 멀리 가고 깊이 들어가는 것이 상책인데, 멀고도 깊이 가기란 쉬운 일이 나니네. 집에 백 살 가까운 노친이 계시므로, 멀리 떠날 수도 없는데다가. 이 사람의 병든 마음이 번번이 일어났다가 그치고는 하기를 무시로 하므로, 이제까지의 경험으로 보건대 집 아이가 의약을 대느라 분주할 것이므로, 이런 상황은 역시 고민하지 않을 수 없구먼. 이런 까닭에 가까운 곳에서 머뭇거리고 있는데, 저자도의 한 구역은 비록 서울에 가깝지만 상당히 외진 듯한데다가, 송추(선영)에 성묘하러 오는 데도 편하므로, 최상책은 아니지만 이런 계책을 내는 것이네. 밭이 있든 없든 따지지 말고, 서너 칸 집을 취하여 시험 삼아 꾀하여 보려고 해서 그대의 뜻을 물어보는 것이니, 이 역시 하루라도 머물러 깃드는 일이 급박하기 때문이네. 모름지기 이 마음을 헤아려서 속히 인편에 회답을 주기를 바라네만, 어떻게 여기는지.[38]

이세백은 저자도에 은거하는 이유로, "비록 서울에 가깝지만, 상당히 외진 듯하다"雖是近京, 頗似僻左라는 사실을 들었다. 이것이 바로 여러 사람들이 저자도를 은둔의 장소로 택한 이유였을 것이다.

그런데 이세백은 저자도에 은둔할 때 손녀를 잃는 슬픔을 겪고, 절절한 애도문을 지었다.[39] 그는 죽은 손녀가 그보다 8년 전에 죽은 막내딸을 닮았기 때문에 더욱 사랑하였으며, 그 때문에 손녀가 죽었을 때 더욱 슬퍼하였다. 이 애도문은 한문 문체로서도 이례적이라고 할 만큼 서정적이다. 그렇기에 실의한 지식인의 애상감을 잘 살필 수가 있다. 그러나 이 글의 가치는 그것으로 그치지 않는다. 이 글에는 저자도 및 서울에 사는 사대부나 백성들이 피병避病을 하기 위해 고투하였던 생활문화사가 고스란히 드러나 있다. 조선시대 산문 가운데 손녀의 죽음을 애도한 이와 같은 애절한 시문은 달리 찾아볼 수 없다. 이세백이 영조 때 고문가 이의현의 부친이라는 점을 생각한다면, 이 글의 의미는 남다르다. 다만, 이세백은 저자도에 오래 머물지는 않았다. 그는 양주楊州 선롱先壟 아래에 서너 칸 집을 짓고 북계정사北溪精舍라 이름 붙이고는 그곳에서 거처하였다.[40]

실은 이세백의 내제인 김창흡金昌翕도 저자도에 정자를 지어놓고 남한산을 오가며 풍류를 즐겼다. 김창흡은 20대 후반부터 30대 중반까지 주로 서울에 거주하면서도, 삼부연에 가서 오래도록 돌아오지 않기도 하였다. 그런데 부친이 저자도를 은거지로 정하려자, 김창흡은 그곳에 정자를 짓고 먼저 가서 살았다.[41] 기사환국으로 서인정권이 붕괴되고 부친이 사사된 뒤로 김창협은 청평산이나 설악산의 산사를 찾아 불경을 탐독하였다. 다만 모친과 선산을 멀리 등질 수 없었으므로 영평永平의 백운산白雲山, 양근楊根의 국연菊淵, 벽계蘗溪 등지를 전전하게 된다.[42] 김창흡은 저자도에 있을 때 새 집을 짓고 상량문을 찬술하였다.[43] 도도한 기세의 명문인데, 그 가운데 저자도의 경치를 묘사한 부분은 이러하다.

담담하고 질박하기는 거울 속의 신색이오,	淡淹鏡中色神
성글고 희끗희끗함은 숲 아래 기풍이로다.	蕭踈林下風氣
원릉의 가래나무(묘목)를 의지하니,	依園陵之宰樹
울연히 금속여래의 신룡과 같네.	鬱彼金粟之來龍
공주의 사패지인 긴 섬을 얻으매,	得公主之長洲

의연히 은황에 봉황이 장난하는 듯하고, 依然銀潢之戱鳳
온조가 만촉에서 싸우듯 하였던 바위는 희고, 溫祚之蠻觸石白
남한산성의 초루는 노을빛과 단청빛이로다. 南漢之樓譙霞丹
갯가는 기슭을 사이에 두고 빙 둘러나가 沚漵距岸而紆回
달을 싸안는 형세를 다투어 드러내고, 若排分風之程
돛단배는 섬을 사이에 두고 교대로 오고가서, 帆舶分島而交迭
바람을 나눈 노정을 배당받은 듯하네. 爭呈抱月之勢
무럭무럭 짙게 우거져서, 羃羃菁菁
외심은 아름다운 밭두둑은 비단처럼 얽히고, 綺錯種瓜之華畛
어렴풋하거나 또렷해서, 曖曖歷歷
그물 말리는 먼 마을은 연기가 길게 이어졌다. 煙綿晒網之遙村
산은 갯가를 베고 있고 못에는 그 남기가 잠겨 있고, 山枕浦而潭浸其藍
물결이 써래질해 백사장이 흰 눈처럼 비옥하다. 浪扇汀而沙沃如雪

또한 저자도에서의 소요를 다음과 같이 멋지게 표현했다.

찾는 이 없으면 빈 방에서 홀로 술 따르고, 無人則獨酌虛室
손님 오면 평평한 언덕을 나란히 걷는다. 有客則聯步平皐
앵두나무 울타리에는 구름 같은 꽃이 모여 피니, 櫻籬簇雲
소봉(부호 석숭)의 일락을 차지할 수 있고, 可占素封之逸樂
칠나무 동산에 햇살이 막히자, 漆園凝日
오리(칠원리 장자)의 너울거림에 견줄 수 있도다. 堪擬傲吏之婆娑
버드나무를 굽어나간 낚시터에 옮겨 심어, 移柳曲磯
물고기 낚는 작은 배를 묶게 하고, 待繫釣魚之舴艋
갈대를 긴 기슭에 길러서, 養蘆脩岸

사람에게 친압하는 오리며 물새를 맞이하노라. 以速狎人之鳧鷖

상량문은 매우 투박하고 실용적인 문체이다. 대부분의 상량문은 건물을 짓게 된 연기緣起와 그 보존에 대한 당부, 덕업의 계승에 대한 훈계 등을 주제로 한다. 그렇지만 김창흡은 이 상량문에서 자신의 은거隱居에 대해 의미를 부여하고, 방달한 정신 경계를 드러내었다. 매우 파격적이고 문학성이 높다.

김창흡은 저자도와 그 일대의 풍물을 죽지사체 '만영'漫詠 15수로 노래하고, 저자도 일대에 물이 불어난 것을 구경하고 다섯 수의 시를 남겼다. 또한 저자도를 떠난 뒤 북쪽을 그리워하며 지은 '북회'北懷라는 제목의 연작 4수 가운데 제3수에서 저자도를 소재로 삼았다.[44] 그 시는 다음과 같다.

한공(한종유)이 산발하던 곳은 꽃다운 섬 韓公散髮有芳洲
하늘과 물이 아득하여 만고에 배가 떠가던 곳. 天水冥冥萬古舟
앵두나무는 붉게 두르고 물고기 뛰놀았으며 櫻樹赤圍魚潑剌
물억새꽃 환히 끌어들이고 물새는 물위에 떴지. 荻花明引鴈飛浮
부친은 정무에 권태 느끼셨고 阿翁意倦調鹽鼎
이 아들은 마음이 늘 낚시터를 소제할 마음뿐. 子心長掃釣樓
서글피 구름 둘러있고 강은 바다처럼 드넓어라 惆悵雲羅江海闊
옥주(옥천) 성 바깥에선 봄 수심이 넘쳐나누나. 沃州城外漲春愁

기우제 터와 벌빙 터로서의 저자도

저자도는 귀척이나 문인아사들만의 공간이 아니었다. 저자도에는 생업을 하는 서민들이 있었다. 1550년(명종 5)에는 저자도와 삼전도에 6월 장마가 들어 인가 10여 호가 파괴되고 100여 가구가 침수되었다고 한다. 또 1663년(현종 5) 정월에는 저자도의 사노가 동네사람과 다투다가 칼로 찔러 죽였다는 기록이 있다.

박상朴祥, 1474~1530은 1520년 가을 7월 초7일에 장마로 한강이 범람하는 것을 구경한 일을 장편고시로 서술하였다.[45] 그는 저자도 일대에서 백성들이 재해를 입은 것을 안타까워하여 이렇게 적었다.

평소 저자도는	常時楮子島
일백 장 쯤 돌출하여	凸出百丈許
중간에 내채포가 열려 있어서	中闢內菜圃
밭두둑 농사꾼에는 남녀가 섞여 있었더니	畦丁雜男女
지금은 넓고 큰 물 속에 들어가서	今入汪洋中
웅얼웅얼 고기 뱃속 혼이 되었구나.	嗷啾魚腹魂

저자도는 일백 장 쯤 돌출해 있어서 그 속에 내채포內菜圃를 개간하였는데, 이 해(중종 15년)의 홍수 때는 밭농사 짓던 남녀가 큰 물에 모두 휩쓸려갔다고 하였다. 한편 다산 정약용丁若鏞은 봉은사奉恩寺에서 지은 '절에서 지내며 지은 잡시'寺居雜詩 5수 가운데 제5수에서 저자도 수신사에서 굿 하는 장면을 묘사하였다.[46]

저자도 강변에서 해 질 무렵	楮子洲邊落日時
둥둥 수신사에 무당 북소리.	鼕鼕巫鼓水神祠
마을 사람 공수를 가만히 들어보니	村人密聽呢喃奏
모두가 원한 품은 여인의 말.	多是閨中怨女詞

그런데 저자도는 국가의 기우제 터이자, 벌빙 터로서 매우 중시되었다. 역대 군주들은 육책六責의 고사를 본받아 기우제의 제문을 지었다. 조선시대의 기우제는 최대 12차까지 지냈는데, 저자도에서는 초차와 7차의 기우제를 지냈다. 초차는 종2품관, 7차는 정2품관이 드렸다. 서울의 경우 첫 번째에는 삼각산 · 목멱산 · 한강, 두 번째에는 용산강 · 저자도, 세 번째에는 산천우사단山川雩祀壇, 네 번째에는 사직 · 북교, 다섯 번째에는 종묘, 여섯 번째에는 다시 삼각산 · 목멱산 · 한강, 일곱 번째에는 용산강 · 저자도, 여덟 번째에는 산천우사단, 아홉 번째에는 북교 · 모화관, 열 번째에는 사직 · 경회루, 열한 번째에는 종묘 · 춘당대, 열두 번째에는 5방 토룡제단土龍祭壇[47]에서 행하였다고 한다. 이러한 기우제는 연혁이 매우 오래 되었다. 「용재총화」에도 기록이 있다. 그 기록으로 볼 때 저자도의 기우제는 용제龍祭로, 도가자류道家者流가 『용왕경』龍王經을 외웠던 듯하다. 저도에서 제사하는 법을 보면, 용 그림의 깃발로 귀신을 안심시켜 제사를 지내는데, 거위의 목을 잘라 그 피를 올리고 나서 축문祝文과 폐백幣帛을 모두 강 속에 던진다. 이 방법은 속되기만 할 뿐 전아하지 않거늘, 무엇에 근거해서 그렇게 하는 것인지 알 수가 없다. 이날 새벽에 비가 조금 흩뿌리더니 바로 그쳤다. 오늘날에는 숙종[48]과 정조[49]가 각각 저자도의 기우제에 사용할 제문으로 작성한 글이 전한다.

한편 조선왕조실록에 따르면 세조 7년(1461년)에 저자도의 얼음을 채취해 갈무리했다고 한다. 그 무렵부터 저자도는 벌빙[착빙]의 장소로 중시되었던 듯하다. 조선시대의 빙고氷庫는 동고東庫와 서고西庫 두 곳이었다.[50] 동고는 두모포豆毛浦에 있어 제사 소용에 바치며, 얼음을 저장할 때는 저자도 사이에서 개천의 하류를 피하였다. 「용재총화」에 저자도에서의 벌빙과 빙고의 얼음 저장에 관한 기록이 있다.[51]

얼음이 얼어서 4치 가량 된 뒤에 비로소 작업하였다. 그때는 제사諸司의 관원들이 서로 다투어 힘쓰므로 군인이 비록 많으나 잘 채취하지 못하고, 촌민들이 얼음을 캐가지고 군인들에게 팔았다. 또 칡끈을 얼음에 동여매어서 넘어지는 것을 방지하고, 강변에는 땔나무를 쌓아놓아 얼어 죽는 사람을 구제하며, 또 의약을 상비常備하여 다친 사람을 구제하는 등 그 질환에 대한 조치가 상비되었다. 처음 8월에는 군인을 빙고에 많이 보냈는데, 고원庫員이 군인을 인솔하여 고庫의 천정을 수리하고 대들보와 서까래가 썩은 것을 바꾸고, 담이 허물어진 것을 수리하였다. 또 고원한 사람은 압도鴨島에 가서 갈대를 베어다가 고의 상하 사방을 덮는데, 많이 쌓아 두텁게 덮으면 얼음이 녹지 않는다. 전술한 관인들은 밤낮으로 마음껏 취하도록 마시고 얼음을 저장하는 일은 하리下吏들에게 맡겼다.

벌빙의 사실을 시로 적은 이른 시기의 작품으로는 신용개申用漑, 1463~1519의 '착빙행'鑿氷行이 있으나, 대개 성세를 분식하는 뜻을 지녔다.[52] 그런데 1673년에 김창협金昌協은 '착빙행'을 지어 벌빙군과 백성들이 벌빙하느라 겪는 고충을 보고하였다.[53]

계동에 한강의 얼음이 비로소 쨍쨍하면	季冬江漢氷始壯
천 사람 만 사람이 강으로 나와,	千人萬人出江上
쩌렁쩌렁 도끼로 마구 찍어내어서	丁丁斧斤亂相斲
우릉우릉 아래로 풍이국을 침노한다.	隱隱下侵馮夷國
층층 얼음을 찍어내니 마치 설산과 같고	斲出層氷似雪山
음기가 쌓여 살벌하여 추위가 파고든다.	積陰凜凜逼人寒
아침마다 등에지고 능음(빙고)로 들어가고	朝朝背負入凌陰

밤마다 철퇴로 찍으려고 강 한가운데 모인다. 夜夜椎鑿集江心
낮 짧고 밤 길어도 밤에도 쉬지 못하고 晝短夜長夜未休
노동요가 강 똥섬에서 응답하누나. 勞歌相應在中洲
짧은 옷은 정강이만 가리고 발에는 짚신도 없어 短衣至骭足無屝
강가 모진 바람에 손가락이 떨어져 나갈 판이네. 江上嚴風欲墮指
(하략)

1684년에 김창협의 아우 김창흡金昌翕은 '벌빙가'伐氷歌를 지었다.[54] 마침 큰형 김창집金昌集이 봉상시 별제의 일을 맡았는데, 일기가 불순하여 겨울인데도 얼음이 잘 얼지 않았으므로 함께 천시를 논하여 한숨을 짓는다고 하였다. 일기의 불순을 들어서 정치사회의 부조리를 논한 것이되, 벌빙의 사실을 목도한 경험을 시 속에 담았다.

그대는 보지 못했소, 대사가 얼음 저자에 있어, 君不見國之大事在藏氷
종묘제사에 쓰고 신료들에게 반포하는 것을. 用之元祀頒在位
매년 한강은 이양의 달(12월)에 每年江漢二之日
물 그쳐 흐르지 않아 얼음이 크게 얼면 水渴不流氷大至.
이때에 얼음을 잘라 일만 장정이 끄집어내서 于是斬氷萬夫出
산처럼 깎아내어 강가에 두는데, 斲之如山江上置
강가의 두 빙고는 江上兩氷庫
서로 십 여리에 이어져 있다. 相望十許里
(하략)

김창업金昌業, 1658~1721은 '납빙'納氷이란 제목으로 두 수를 남겼다.[55] 납빙하여야 하는 군인들이 액수를 채우지 못하면 금액으로 보충하여야 하였나 보다. 그래서 첫째 수에서는 관원에게 뇌물을 주지 않았으면 좋겠다고 하였다. 또한 납빙 때는 곳지기 등에게 인정채를 지불하였는데, 그 때 사창의 곡물을 이용하였으므로, 납빙에 부린 빈민들에게 빈민전을 지불하였던 듯하다. 그래서 둘째 수에서는, 빈민들이 얼음을 움에 들여 넣는 일에 나섰던 일을 기록하였다.

첫째

도끼 휘둘러 바람을 이루면서 스스로 탄복하나니　揮斧成風自歎嗟
네모 옥을 깎아내어 영롱하여 흠이 없구나.　斲成方玉瑩無瑕
다만 관원이 사사로운 은혜의 후박을 꺼리기에　只是官員嫌厚薄
일체 공방[돈]을 쓰지 않았으면 좋겠네.　好不須用孔方些

둘째

사흘 동안 산더미 같은 얼음을 지니　負氷三日積如山
움 깊은 건 두려워 않고 관리를 두려워하네.　不畏窖深只畏官
인정채 16관을 주려고　賴有人情十六貫
먼저 사곡의 급빈전을 풀기에.　先開社穀給貧殘

얼음을 저장할 때 사창의 곡식을 이용하여 돈으로 바꾸어서 인정채에 충당하였다. 또 빈민에게 용역 댓가의 양식을 지급하였는데, 그것을 급빈전이라고 한다.藏氷時, 用社穀換錢充人情, 又給貧民役粮, 謂之給貧殘

저자도 재발견

저자도는 백제의 역사와 관계가 있었다고 전한다. 이 사실을 문학으로 표현한 처음 인물은 김창흡인 듯하다. 그는 죽지사체로 지은 '만영'漫詠 15수 가운데 제14수에서 저자도와 백제의 역사를 연계시켰다.[56]

부인의 옛 사당이 북쪽 물가에 임하여 있다만	夫人古祠臨北渚
백제 사람 없거늘 누가 너를 사모하랴.	百濟人空誰慕汝
신천엔 멀리 나무들 섰고 무주에는 안개 끼었나니	新川遠木舞洲煙
남은 정을 어느 곳에 머무를 것인가 묻노라.	試問餘情逗何處

그런데 이덕무는 저자도에 백제 온조왕의 터가 있었다고 하였다. 그는 1776년(영조 52) 3월 북한강을 거슬러 올라가 유람한 사실을 『협주기』峽舟記로 적으면서,[57] 저자도 부근에서 허격을 추모하고 또 백제 온조왕의 옛 성터를 가늠하였다. 그런데 저자도와 백제 역사의 관계는 『삼국사기』 등에 나온다. 온조가 낙랑을 공격할 때 아차산 아래를 지났다고 하므로, 아차산과 가까운 저자도에 주둔하였을 가능성이 있다.

문학의 향기가 서린 섬

조선 말기에 저자도는 철종의 부마이자 개화파의 거두인 금릉위 박영효에게 하사되었다고 한다. 그 이후로도 문인아사들은 저자도의 풍광을 사랑하여 많은 시문을 남겼을 것이다.

저자도는 고려말 한종유가 세속과 결별하고 은둔한 이후로, 조선시대에는 서울에 가까우면서도 은거의 여유로운 생활을 할 수 있는 곳으로 사랑을 받았다. 또한 경강의 어구에 위치하여 전별의 장소이자,

선유락의 요지였으며, 한강을 멀리 나드는 수로의 출발이자 종착지이기도 하였다. 그리고 국가적으로는 기우제, 벌빙과 연병의 장소로서 중시되었다. 또한 저자도는 국가의 채전을 가꾸는 농민과 벌빙군을 대신하여 품을 받고 얼음을 채취하는 민중들이 생활하던 곳이기도 하다. 더구나 저자도는 백제 온조왕의 행궁이 있었다는 전설을 지니고 있다. 이러한 모든 것이 어우러져 저자도의 '역사미'를 구성하였다.

그러나 그러한 풍광과 역사를 지닌 저자도는 이제 존재하지 않는다. 개발 정책을 시행할 때 저자도가 지닌 인문학적 배경을 충분히 검토하였는지 의심스럽다.

1690년, 이세백이 말하였듯이, 저자도는 "비록 서울에 가깝지만, 상당히 외진 듯하다"雖是近京, 頗似僻左는 사실 때문에, 욕망이 분출하는 뜨거운 세계熱世界로부터 자신의 몸을 빼내고자 하는 사람들에게 안식처가 되어 주었다. 또한 '저도귀범'楮島歸帆이라는 조어에서 상상할 수 있듯이, 저자도 일대의 풍경은 선인들의 시문 속에 원경으로 스크랩되어 있었다. 그 원경은 안온함과 고즈넉함을 지닌 것이었다. 분잡하지가 않았다. 저자도는 문학의 향기가 서린 섬이었다. 그러나 이제 저자도는 문학의 향기로 남은 섬이 되었다. 조선 중기의 이수광李睟光은 '강의 새벽'江曉에서 저자도 일대 한강의 새벽을 다음과 같이 묘사한 바 있다.[58]

꿈속에 닭소리가 새벽을 부르고	夢裡鷄聲喚曙回
창을 밀치니 찬 기운이 가을을 끼고 오네.	推窓寒氣挾秋來
하늘이 큰 들에 임하여 별이 비로소 스러지고	天臨大野星初沒
달이 긴 강에 솟구치고 안개가 미처 걷히지 않았네.	月湧長江霧未開
나무숲 빛으로 겨우 저자도를 분별하겠고	樹色纔分楮子島

파도 빛으로는 제천대를 구별하지 못하겠네. 波光不辨濟川臺
아이를 불러 말안장을 하고 앞길을 오르며 呼童鞴馬登前路
강물 한 구석 흰 물새를 서글피 바라보다. 悵望沙鷗水一隈

닭소리, 가을 기운, 별, 달, 안개, 물빛, 물새 등이 어우러져 만들어내는 조용한 한강의 풍광은 이제 존재하지 않는다. 그 만큼 우리는 한강이 지닌 영혼의 정화력을 상실하고 만 것은 아닐까?

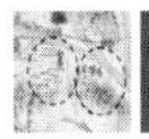

이현군 | 섬이 아닌 섬 뚝섬, 한강의 동쪽 교외

뚝섬을 찾아 떠나기 전

뚝섬을 보기 전에

서울은 한국의 다른 도시에 비해 무척 넓다. 한강이라는 큰 강을 가지고 있으며 여러 개의 긴 다리를 통해 연결되는 도시이다. 사람도 많고 무척 바쁘게 살아야만 하는 도시이다. 이 바쁘고 큰 도시에는 여러 개의 섬이 있다. 이 섬 중 하나가 뚝섬이다. 섬이라면 당연히 배를 타고 들어가야 할 텐데, 뚝섬에 가려면 어느 곳에서 배를 타야 할까. 처음 서울에 와서 그런 생각을 했다. 그런데 배를 타고 뚝섬에 간 적이 없었다. 뚝섬이 정말 섬일까, 아니면 이름에만 섬이 붙어 있는 것인가.

지금 뚝섬을 가보면 무엇이 보일까. 뚝섬 일대를 지도에서 찾아보자. 뚝섬 근처의 지하철역이 먼저 눈에 보인다. 뚝섬을 중심으로 강변, 구의, 건대입구, 성수, 뚝섬, 한양대, 왕십리역이 연결되어 있다. 2호선 전철역들이다. 1호선이 청량리에서 신도림, 인천까지 서울의 동북부에서 종로, 서울역을 거쳐 대각선으로 서쪽으로 연결된 노선인데 비해 2호선은 강남과 강북을 타원형으로 순환하는 노선이다. 뚝섬 일대의 2호선 전철역은 서울의 동쪽부분 강북 지역의 첫머리에 해당하는 지역이다.

이 전철역 이름들은 조선시대부터 있던 이름일까, 아니면 새로 생긴 이름들일까. 옛 지도에도 등장하는 이름은 뚝섬과 왕십리이다. 옛날부터 이곳이 뚝섬으로 불렸던 모양이다. 그럼 지금 뚝섬의 어떤 모습인가. 지도를 보니 먼저 한강이 보이고 강변에는 시민공원이 있고 아파트 단지들이 있다. 새로 조성한 서울 숲이 보이고, 정수사업소, 건국대학교, 어린이대공원이 있고 공장지대가 섞여 있는 것을 확인

할 수 있다. 조선시대에도 있던 땅 이름, 동네 이름인 뚝섬이 어떤 과정을 거쳐 현재의 모습이 되었을까. 옛날에는 여기가 어떤 모습이었을까. 여기도 한양이었을까.

지금 서울로 불리는 이 도시는 조선시대에는 한양, 한성, 일제강점기에는 경성으로 불렀는데 이름이 바뀌는 과정에서 도대체 어떤 변화들이 있었을까. 뚝섬이라는 같은 공간도 시기에 따라 다른 옷으로 갈아입었다. 뚝섬이 원래 어떤 모습이었고는지 궁금해졌다. 현재 모습이 되는 과정을 알기 위해 타임머신을 타고 거꾸로 가보자.

이제부터 뚝섬을 걸으면서 알아보자. 옛 모습을 찾아보고 현재 모습과 비교해 보자. 땅이름부터 조선시대부터 있던 것과 새로 생긴 것이 같이 쓰이고 있듯이 옛 모습을 찾기가 쉽지는 않겠지만, 조선시대 뚝섬의 흔적을 운좋게 찾을 수 있지 않을까.

한양의 경계

지금은 서울특별시에 당연히 포함되지만, 조선시대 뚝섬은 한양이었을까, 아니었을까? 조선시대 뚝섬의 모습을 찾기 위해서 어떤 자료를 봐야 할까. 옛 모습을 그린 그림이나 사진이 필요하다. 그리고 또 무엇이 있을까. 지역의 특성을 적어놓은 책이 필요하다. 이걸 지리지라고 한다. 지리지가 말과 글로 지역의 모습을 그려놓은 것이라면 지도는 이미지로 지역의 모습을 보여준다. 그래서 지리지보다는 지금 뚝섬이 예전에는 어떤 모습이었을까 쉽게 보여주는 것이 옛 지도이다.

고지도古地圖라고 불리는 옛 지도는 어디에 무엇이 있었는지를 보여주기는 하지만 현대 지도와 달리 더 중요한 장소를 크게 그리고 중요하지 않다고 생각되는 장소는 생략하거나 작게 그렸다. 옛 지도를 통해 뚝섬을 보는 것은 옛날 사람들의 생각에 이 지역이 어떤 의

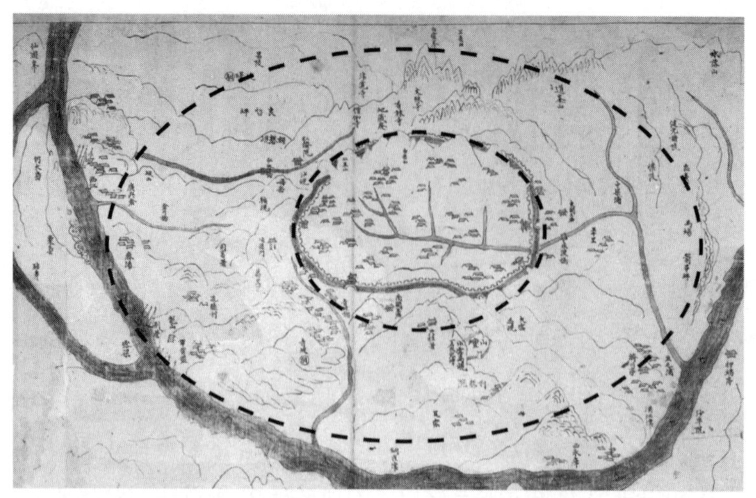

「자도성지삼강도」, 17세기 말, 채색필사, 44.0×66.0㎝, 서울대학교 규장각.

미를 지닌 장소인지를 살펴보기 위함이다. 예전 모습을 알기 위해서는 그 시대 사람들의 생각 속으로 들어가야 한다. 그 다음에 지금 현대를 사는 우리의 생각과 비교해야 같은 공간이 다른 모습으로 바뀌는 것도 알 수 있고, 도시가 현대와 과거가 공존하는 장소임을 알 수 있게 된다.

옛 한양을 그린 지도는 도성 안만 그린 지도와 도성 밖 모습까지 그린 것이 있다. 이 지도는 17세기 말기에 그린 지도로 '자도성지삼강도'라 불린다. 도성都城부터 삼강三江까지 그 모습을 그린 것이다. 도성은 조선시대 한양 도성을 가리키고 삼강은 현재의 한강으로 생각하면 되는데, 지금 한강을 여러 구역으로 나눠 불렀기 때문에 삼강이란 명칭을 이 지도에서 쓴 것이다. 지도 아래쪽에 보이는 것이 한강이고 지도 가운데 부분이 동대문, 서대문, 남대문을 연결하는 옛 도성이다. 옛 한성부 모습을 그린 것인데 현재의 강남 지역은 그리지 않았다. 왜냐하면 현재의 서울은 한강의 남쪽과 북쪽을 다 포함하지만 처음 수도가 된 조선시대 한성부는 현재의 한강 이북 지역에 해당한다. 한강 이북의 한성부는 사대문을 연결하는 도성 안과 성저십리로 구성된다. 현재의 경기도가 서울특별시를 도우넛 형태로 둘러싸고 있듯이 성밖 약 10리 쯤에 해당하는 범위인 성저십리 지역이 옛 도성을 둘러싸는 형태였다. 한양을 도읍으로 선정할 때 한수북, 북한남(한강 이북, 북한산 남쪽)으로 입지 기준을 선택하였으며 북한산의 맥이 보현봉을 거쳐 백악(북악)으로 연결되는데 그 아래 경복궁이 들어서게 된 것이다. 백악과 동쪽의 타락산(낙산), 남쪽의 목멱산(남산), 서쪽의 인왕산을 연결하는 산줄기를 따라 도성이 들어섰으며 그 중간에 성문이 들어서는 형태였다. 전통도시는 자연환경과 도시 제도가 결합된 결과물이 되는데 도읍에는 궁궐과 도성이 있고 그 위치를 결정하는 1차적 기준은 자연환경이었다. 산을 기준으로 궁궐과 도성의 위치가 정해졌는데, 산의 위치는 물줄기와 결부되는 것이다. 맥으로 인식되었던 산줄기는 물을 나누는 분수계의 역할을 하기도 한다. 북한산에서 보현봉, 북악으로 연결되는 도성의 주맥은 도성의 동쪽 중랑천과 서쪽의 사천으로 유입되는 물줄기를 나누는 기준이 되기도 한다.

도성 안을 흐르던 개천(청계천)은 동쪽의 중랑천으로 들어가고 이 물은 다시 한강으로 유입되며 도성 서쪽의 물은 사천, 지금은 사라진 만초천 등을 통해 한강으로 유입되는 것이다. 도성을 둘러싼 성저십리의 대략적 경계는 백악(북악) 북쪽의 북한산, 동쪽의 중랑천, 남쪽의 한강, 서쪽의 사천이 된다. 이 지도에서 바깥쪽 타원형과 대략 일치하는 곳이다.

뚝섬은 어디인가

그럼 뚝섬은 어디인가. 「자도성지삼강도」의 오른쪽 부분에 마장馬場,

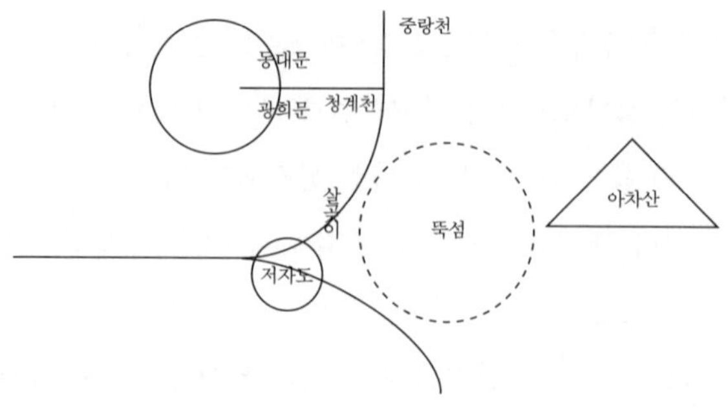

뚝섬의 상대적 위치.

전관평箭串坪이 적힌 부분이다. 한강 너머에는 압구정, 선릉, 정릉이 표시되었다. 지도의 가운데 부분, 도성 안에 흐르는 하천은 조선시대에는 개천, 지금은 청계천으로 부르는 하천이다. 물을 통해 살펴보면 청계천이 서쪽에서 동쪽으로 흘러 중랑천에 합류되고 이 중랑천이 뚝섬의 서쪽에서 한강으로 들어간다. 그러니까 뚝섬은 한성부 성저십리의 경계지점이 된다. 한성부의 동쪽 교외이면서 경기와 경계 지점에 위치한 이곳은 동대문과 광희문을 통해 도성 안과 연결되지만, 한양은 아닌 곳이다. 한양 인 듯 하지만, 한양이 아닌 곳이 뚝섬이다.

동대문, 광희문 밖, 한강과 중랑천이 만나는 지점의 동쪽이 뚝섬 일대가 된다. 지금은 사라진 저자도가 근처에 있었고 동쪽에는 아차산이 위치한 곳이다. 현재의 동부간선도로는 중랑천을 따라 만들어진 도로이고 뚝섬의 남쪽에서 한강변에는 강변북로가, 한강 남쪽에는 올림픽대로가 지난다. 중랑천과 청계천이 만나는 지점은 내부순환도로, 성수역에서 신설동으로 가는 2호선 지선의 용답역, 신답역이 있다.

「도성도」(『동국여도』)의 부분, 19세기 전반, 채색필사, 47.0×66.0㎝, 서울대학교 규장각.

뚝섬을 찾아서

살곶이 다리에 서서 뚝섬을 바라보다

뚝섬 답사는 어디에서 시작하는게 좋을까. 19세기 전반기에 그려진 도성도를 다시 살펴보자. 도성의 동쪽 부분을 보면 흥인문(동대문), 광희문이 있다. 이 두 성문 빠져나올 도로를 따라 가다보면 왕심(왕십리), 마장리가 있고 지도 오른쪽 끝에 전곶교(전관교, 살곶이다리)가 표시되어 있다. 한양의 중심부와 전국은 도성의 성문을 통해 연결되는데 뚝섬 지역은 동대문, 광희문과 연결되는 지역이다. 동대문이나 광희문을 빠져 나와 이 살곶이다리를 건너면 뚝섬이 된다.

아래 두 장의 사진은 살곶이 다리 근처를 찍은 것이다. 지역을 좁게 볼 때와 넓은 범위로 볼 때 의미가 달라진다. 한 지점을 볼 때는 좁게

살곶이다리.

볼 수도 있지만, 주변과의 관계성, 상대적 위치를 볼 때는 넓게 보아야 한다. 좁은 범위를 찍은 첫 번째 사진에서 청사초롱이 걸려 있는 돌로 만든 다리가 살곶이다리이다.

살곶이다리를 현재 서울에서 어떻게 찾을 수 있을까? 우리가 무심코 지나쳐버린 장소들에 의미가 담겨 있다. 2호선 뚝섬역에서 한양대역으로 향하는 지하철에서 오른쪽 방향 창을 내려다보면 하천이 하나 보이고 그 하천에는 오래된 옛 다리가 있다. 그 다리가 살곶이다리이다. 이 사진들은 한양대의 동쪽에서 찍은 사진이다. 앞의 사진에서 살곶이다리 위쪽에 보이는 도로는 내부순환도로와 지하철 2호선 지선이 지나가는 곳이다. 넓게 범위를 잡은 사진의 왼쪽 위에 보이는 도로가 같은 곳이며 왼쪽 가운데 보이는 작은 다리가 살곶이다리이다. 아파트 앞을 지나는 도로가 동부간선도로이다. 아파트가 보이는 지역이 뚝섬 지역이고 오른쪽이 성동교이다. 이곳을 지하철 2호

넓게 본 살곶이다리 일대.

선이 지난다. 사진에 보이는 하천이 청계천과 합류되어 한강으로 유입되는 중랑천이다.

함흥차사 이야기는 많이 들어보았을 것이다. 2차 왕자의 난을 겪고 개성에서 한양으로 다시 도읍을 옮긴 이후 태종 이방원은 태조 이성계가 머물던 함흥으로 여러 번 사람을 보내 돌아오기를 간곡히 청한다. 태조 이성계가 이 청을 거절하면서 돌아오기를 청하는 이방원의 신하들을 죽인다. 그래서 돌아오지 않은 사람들을 일컬어 함흥차사라고 흔히 이야기하게 되었다. 갑자기 함흥차사 이야기를 왜 하는 것이며 이게 살곶이다리와 무슨 상관이 있느냐고 의아해 할 수도 있겠다. 그리고 왜 이 다리 이름이 살곶이다리인가 생각해볼 수도 있을 것이다.

태종의 청을 받아들여 태조 이성계가 일단 도성으로 돌아오는 길이었다. 이때 이성계가 마중 나온 태종 이방원에게 활을 쏘았는데 태종은 기둥 뒤로 피하고 화살은 기둥에 꽂히게 된다. 화살이 꽂혔다. 그래서 살이 꽂힌 장소, 살꽂이, 살곶이, 한자로는 화살箭이 꽂힌串 다리橋라는 이름을 붙였다는 게 일반적으로 알려진 이야기다.

역사 이야기 중심이 아닌 장소를 중심으로 살펴보자. 이 이야기는

전관원 터 기념비(행당 중학교).

한양으로 들어오는 태조 이성계와 도성 안에서 마중 나가는 태종 이방원이 만나는 접점이 살곶이벌이었다는 이야기다. 그럼 왜 이곳에서 태조와 태종이 만났을까. 이건 조선시대 한양의 길과 관련이 있다.

조선시대 한양의 교통로는 도성 안을 중심으로 육로와 수로를 통해 전국으로 연결되는 구조였다. 궁궐에서 나온 길은 종로를 통해 동대문, 서대문, 남대문과 연결되었다. 성저십리를 통해 전국으로 연결되는 도로상에는 2개의 역(청파역, 노원역)과 4개의 원(전관원, 이태원, 홍제원, 보제원)이 방향에 따라 배치되어 중간 결절지 역할을 하였다.

뚝섬 일대는 도성의 동남쪽, 한강, 광나루를 건너 남쪽으로 통하던 한양의 입구에 해당한다. 육로상으로는 도성의 흥인문(동대문), 광희문을 나와 송파, 광주, 강원도를 연결되던 길에 위치한다. 동대문, 광희문을 지나 성 밖으로 나오는 길 위에 원(전관원, 箭串院, 한양대전철역 근처 행당중학교 앞)이 설치되었으며 살곶이다리(전관교, 제반교)를 거쳐 교외로 연결되었다. 전관원과 살곶이다리는 광나루를 통해 강원도로 연결되기도 하고, 송파를 거쳐 충주로 연결되기도 하였으며 헌인릉, 선정릉으로 연결되는 길목이었다. 그래서 이 근처로 태종 이방원은 마중을 나온 것이고 도성으로 진입하기 직전에 마지막으로 태조가 시험해본 장소가 되는 것이다.

살곶이 다리를 건너 뚝섬으로 가다

이제 살곶이다리를 건너 뚝섬으로 가보자. 한성부의 경계에서 동쪽 교외 지역으로 나서는 셈이다. 현재 이 다리를 건다보면 중랑천을 따라 자전거를 타는 사람들을 만나고 동부간선도로 아래 제방 아래에서 낚시하는 사람들을 만나게 된다. 저 멀리 국궁장에서는 활을 쏘는 모습도 보인다. 한양대학교 동쪽에서 동부간선도로와 광나룻길을 연결하는 이 다리는 현존하는 조선시대 다리 중 가장 긴 다리다. 옛 다리치고는 제법 한참을 걸어야 지날 수 있다. 자세히 다리를 살펴보면 옛 석재가 그대로 사용된 것과 새로 구해온 석재부분을 구분할 수 있다. 세종대부터 성종대까지 만들어진 것으로 알려졌는데 현대에 들어 보수한 부분이 있어 돌이 서로 다르다.

이 다리를 천천히 건너면서 옛 사람들이 이 뚝섬 지역을 어떻게 인식했을지를 생각해보자. 먼저 첫 번째 의문, 뚝섬이 정말 섬일까. 왜 이 지명이 붙었을까.

우선 문헌 기록을 살펴보자. 조선시대 지리지인 동국여지비고 산천조에는 "뚝도纛島는 독백禿白이라고도 하는데 두모포 상류에 있다"(서울특별시사 편찬위원회, 1981, 『서울육백년사』 4권 :1300)고 기록되었는데 두모포는 현재의 동호대교 근처에 해당한다. 현대에 씌어진 한국

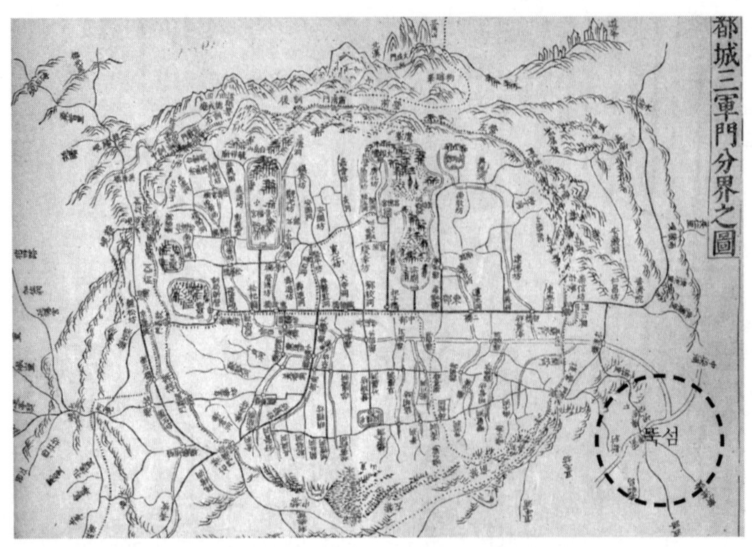

「도성삼군문분계지도」, 목판본, 29.2×42.8㎝, 1751년, 서울대학교 규장각.

지명총람에는 뚝섬이라는 명칭은 독기纛旗가 서던 곳에서 유래하며 둑섬, 뚝섬, 둑도, 뚝도(『한국지명총람』 1, p.102, 『서울육백년사』 제1권 p.329) 등의 명칭으로 불리웠다고 기록되었다. 서울육백년사에는 뚝섬의 유래는 조선 태조 때 큰 독기纛旗가 강류를 따라 지금의 뚝섬 부근으로 떠내려오자 나라에서 그곳에 독제소纛祭所를 설치하고 봄 가을로 제사 드린데서 시작(『서울육백년사』 제5권. p.1355)되었다고 전해진다.

독도纛島는 예전에는 중랑천의 동쪽 지역 성수동, 화양동 일대를 총칭하는 지명이었다. 그러나 지금은 오늘날에는 한강변의 유원지 근처, 뚝섬 전철역 근처 지명으로 축소되어 불린다. 현재의 뚝섬역 근처가 아니라 살곶이 동쪽 지역을 전체적으로 뚝섬이라고 일단 보고 왜 섬이라고 불렸는지 생각해보자.

뚝섬이라는 지명에는 섬이라는 말이 들어가지만 지도를 보아도 지리지를 찾아보아도 섬은 아니었다. 그런데 섬으로 불리웠고 島를 사용했을까. 섬처럼 느껴져서 그런게 아닐까, 그리고 길 때문에 그런 건 아닐까? 1751년 제작 목판본 지도인 도성삼군분계지도를 살펴보자. 지도 오른쪽 아래 살곶이다리(전관교)를 건너면 뚝도, 송파로, 광진로라는 길 표시가 나온다. 살곶이 다리를 건너가면 뚝섬, 송파, 광나루로 향한다는 것이다. 이 세 곳에서 다른 곳으로 이동하려면 다시 한강을 건너야 한다. 중랑천의 살곶이다리를 건너야 갈 수 있는 곳, 다시 한강을 건너야 다른 곳과 연결되는 곳이 뚝섬 지역이다. 중랑천도 다리가 없으면 건너기가 쉽지 않다. 한강도 배없이는 건널 수 없다. 그래서 뚝섬은 섬은 아니지만, 섬처럼 인식될 수 밖에 없는 곳이었다. 그래서 뚝섬이라는 섬 지명을 붙인 것이 아닐까.

뚝섬 사람들은 무엇을 하고 살았을까

한양의 대표적 농업지대

예전에는 뚝섬에 무엇이 있었고 어떤 특징이 있었는지를 알기 위해 먼저 조선시대 한성부의 성 안팎의 특성을 파악할 필요가 있다. 한양의 도시구조는 성 안과 성 밖이 상징적, 기능적으로 분리되었다. 성문 안 지역은 궁궐, 종묘, 사직 등 도성을 상징하는 공간이 되었고 성 밖 지역은 도성 안 생활을 지원하는 배후지 기능을 담당하였다. 성 안은 왕조를 상징하는 이념적 공간이었다면 도성 밖은 일상 생활에 필요한 기능을 담당하는 지역이었다. 도성 안에서는 농업활동이 금지되었으며 농업 생산물은 성 밖에서 조달하였다.

옛 정취를 발견하려면 먼저 자연을 알아야 한다. 옛 도시는 자연을 기본 조건으로 만들어졌기 때문이다. 자연을 기초로 인간 삶에 필요

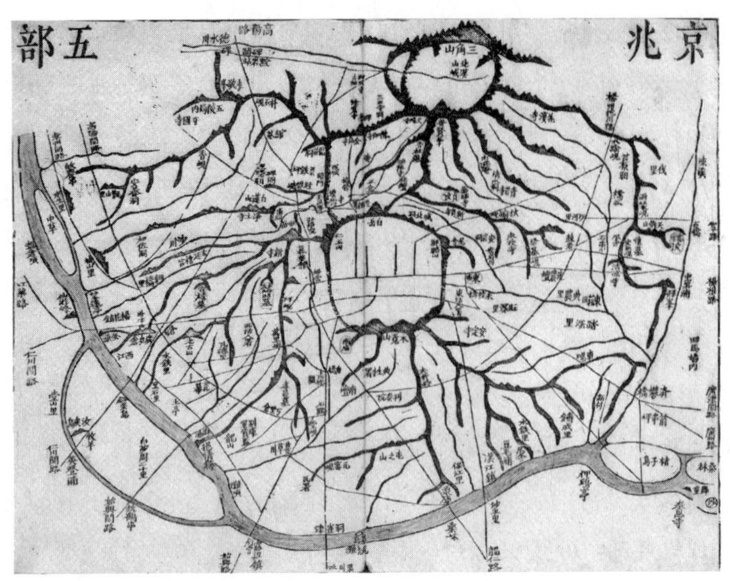

「경조오부도」, 목판본, 30.2×40.4㎝, 1861년, 서울대학교 규장각.

한 건물을 짓고, 도로를 닦고 도시구조를 형성하기 때문이다. 자연이 인문 지리의 기초가 되는데, 이건 현대와 먼 시대일수록, 문명화, 도시화 덜 된 시기에 더더욱 그렇다. 사람이 먹고 살려면 농사를 지어야 한다. 그럼 농사짓기에 적합한 땅은 어디인가. 큰 하천을 끼고 있고 토지가 비옥해야 한다. 그래서 도성 밖의 주요 농업 공간은 하천을 따라 형성되었는데 뚝섬 근처, 중랑천을 따라 농업지대가 발달하였다. 중랑천변 이외의 대표적 농업지대는 만초천 주변, 사천 주변을 따라 형성되었다. 뚝섬 주변의 자연환경을 살펴보자. 뚝섬의 위치를 고지도(「경조오부도」)에서 살펴보면 중랑천의 동쪽, 저자도의 북쪽 살곶이벌이라고 적힌 곳에 해당한다.[1]

백성들의 생활과 밀접한 농업은 조선시대 국왕의 주요 관심사였다. 그래서 직접 농업의 시범을 보이기도 했고 농사 상황을 살피기 위해

성 밖을 나가기도 했다. 왕조실록에는 동교東郊, 서교西郊 등에 관가를 나갔다는 기록이 여러 번 등장하는데 한양의 동쪽 교외, 서쪽 교외에 나가 농사 상황을 살펴본 것을 일컫는 것이다. 이 때 동교에 나갔다는 것은 중랑천과 아차산 주변, 즉 뚝섬 일대에 나가 농사 상황을 살펴 보았다는 말이다(단종 2년[1454년] 『단종실록』 권12 9월 18일 병인, 성종 21년(1490년) 『성종실록』 권243 8월 28일 무신, 연산군 8년(1502년) 『연산군일기』 권43 4월 19일 경신, 연산군 8년(1502년) 『연산군일기』 권45 8월 18일 정사, 중종 14년(1519년) 『중종실록』 권36 5월 15일 정미, 『비변사등록』 150책 영조 43년 2월 29일).

뚝섬은 저지대에 해당하며 한강, 중랑천, 개천(청계천)이 합류하는 지점이다. 따라서 범람원이 형성되고 자연제방이 형성된 지역이었다. 이 일대가 벌坪이라고 불리는 것도 하천에 의한 충적지역, 농업에 적합한 지역이었기 때문이다. 따라서 한성부 경계에 위치한 이 일대는 도성 안 지역의 배후지 기능을 담당하게 된다.

농업에 유리한 조건을 갖춘 중랑천 일대는 장안평, 살곶이벌, 전관평 등으로 불리웠는데, 조선시대에만 주요 농업지인 것은 아니었다. 일제강점기에도 농업에 중요한 장소였다.

1913년 이후 이 일대가 동양척식주식회사로 넘어갔는데 중랑천을 따라 64천 8촌 높이, 3,900간의 제방을 쌓고 제방 안에 보를 내어 460여 정보의 논을 만든 것으로 기록되었다. 이 제방은 1920년 홍수 때 약간 손상되었고 을축년 대홍수때 크게 파손되어 2차 홍수 때는 이 일대가 모두 침수되어 농작물이 전부 유실된 것으로 기록되었다.[2] 이를 통해 조선시대 이후, 일제강점기에도 이 지역의 한양의 주요 농업지대였음을 알 수 있다.

옛 지도(「도성도」 [「동국여도」], 「사산금표도」, 「도성삼군문분계지도」 등)를 살펴보면 둑도 근처에 마장馬場, 마장리 등의 지명을 발견할 수 있다. 하천을 낀 저습지 일대에 목마장이 있었음을 알 수 있다. 현재 성동구에 위치한 축산물시장이나 현재는 서울 숲으로 조성된 곳에 1989년까지 위치했던 경마장은 조선시대 이 지역의 전통이 현대까지 흔적으로 남아 있는 사례로 볼 수 있다.

물이 있고 풀이 잘 자라 조선시대 목장이 있었던 곳은 뚝섬 일대와 여의도였다. 양주목장, 살곶이목장 등으로 불리는 이곳에 목장을 설치했다는 기록은 『조선왕조실록에도 여러 번 등장하고 있다(태조 7년(1398) 『태조실록』 권13 4월 13일 기축, 단종 원년(1453) 단종실록』 권 6 5월 21일 정축, 세조 13년(1467) 『세조실록』 권 41 1월 12일 기묘, 세조 7년(1461) 『세조실록』 권 25 9월 3일 경자, 성종 3년(1472) 성종실록 권 19 6월 10일 을해). 그래서 뚝섬 인근 지역의 지명은 말과 관련하여 지어진 것이 많은데 마장동(웅마장리[雄馬場里], 자양동자마장리[雌馬場里], 면목동[面牧洞], 송정동[率馬場坪]) 등이 대표적이다. 목장이 있었으니 말이 병에 걸리지 않도록, 말이 건강하게 잘 자라도록 제사 지내는 장소도 있었다. 한양대 근처에는 과거에 말의 조상에게 제사지내는 마제단, 마조단 등의 제단이 설치되기도 하였다.

말은 군사적으로 중요한 요소이고 또 이 일대는 큰 강을 끼고 있었으니 뚝섬 일대에서는 강무講武(태조 6년[1397] 『태조실록』 권12 12월 15일 계사), 진도陣圖 연습(태조 7년[1398] 『태조실록』 권14 윤 5월 28일 계모), 군사훈련(숙종 19년[1693] 『숙종실록』 권26 2월 26일 갑오)이 이루어지기도 하였다.[3]

뚝섬의 동쪽에 위치한 대표적 산이 아차산이다. 아차산 일대는 임금의 매사냥터이기도 하였다.[4]

북악산, 남산, 인왕산, 낙산이 궁궐 근처에 있었지만, 도성의 주맥이 되고 성곽을 연결하는 기준점이 되는 이 산들에서 사냥을 할 수는 없었다. 도성과 어느 정도 떨어진 교외 지역에 나가 매사냥을 즐겼는데 적절한 장소가 뚝섬의 동쪽 아차산이었던 것이다. 현재는 서울특별시에 포함되지만, 당시에는 바람을 쐴 수 있는 곳, 한양의 교외 지역이었던 것이다.

국왕의 뚝섬 일대 행차는 관가(觀稼, 농사 상황 살핌), 목마장에서의 군사훈련, 매사냥 등이 병행된 것이었다. 국왕의 행차에는 적절한 거점이 필요한데 행궁 역할을 하는 장소로는 누정이 활용되었다. 뚝섬 근처에는 제천정(한남동), 낙천정(광진구 자양동), 화양정(화양동) 등이 세워졌는데 이 장소들이 군사훈련 관장, 관가, 매사냥 이후의 휴식처 기능을 담당하였다.[5]

유통의 종착지 기능

한강은 경기도, 충청도, 강원도를 통할하는 넓은 유역권을 가진다. 한성부에서 남부지방으로 통하는 길은 한강을 거치게 되었는데 한양이 수도로 선정되는 이유 중 하나가 도리道里가 균등하고 수운의 용이함에 있었다. 즉, 국토의 중앙에 위치하고 한강으로 통하는 수운水運을 활용할 수 있는 것이 수도 선정에 있어 장점으로 작용한 것이다. 한강에 설치된 주요 진도津渡로는 양화, 서강, 마포, 노량, 동작, 서빙고, 한강, 두모포, 뚝섬 등을 들 수 있다.

한강에서 서쪽에 해당하는 양화, 서강, 마포, 용산 일대는 서해를 통해 들어오는 물자와 세곡선의 종착지 기능을 담당한다. 그래서 주로

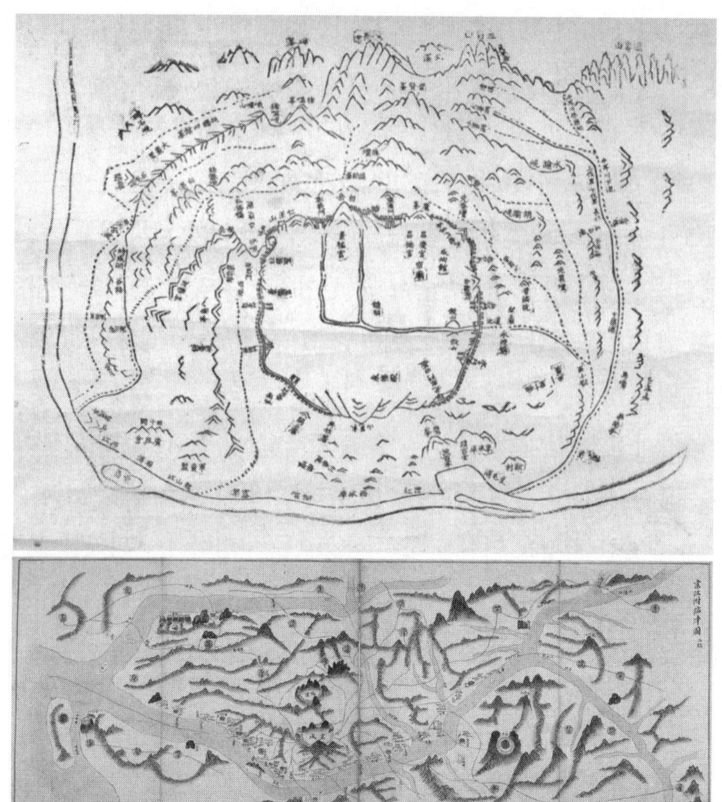

「사산금표도」, 1765년, 목판본, 93.0×60.0㎝, 서울대학교 규장각(위), 「경강부임진도」(『동국여도』), 19세기 초, 채색필사, 47.0×123.6㎝, 서울대학교 규장각.

전라도와 충청도의 해안 지역과 연결된다. 이에 비해 뚝섬, 두모포 등 동쪽의 나루는 북한강, 남한강에서 한강으로 연결된 지역에서 들어오는 물자가 모이는 지역이 된다. 뚝섬 나루터의 흔적은 현재의 한강 시민공원 뚝섬 유원지 서쪽의 영동대교 아래에서 발견할 수 있다.

북한강은 강원도에서 발원하여 한강으로 유입되고, 남한강은 충청도에서 발원하여 한강과 연결된다. 따라서 충청도, 강원도의 물길은 양수리에서 만나 한강으로 유입되는데 한성부 첫머리에 위치한 나

뚝섬 나루터의 흔적.

루터가 뚝섬나루터가 되는 것이다. 따라서 조령은 넘은 경상도의 물자, 강원도, 충청도의 세곡선, 뗏목을 통해 운반되는 목재는 뚝섬에 내려지게 되는 것이다. 효종 때 이 곳에 세금을 받는 수세소收稅所를 설치했다는 것은 많은 선박이 물길을 통해 이곳으로 왔음을 반증하는 것이다.[6]

뚝섬을 걷다

옛 지도와 문헌을 통해 뚝섬이 한양의 대표적 농업지대, 목장, 수운을 이용한 유통 중심지였음을 알았다. 뚝섬을 걸어보자. 살곶이 다리를 건너 뚝섬 지역으로 오니 동부간선도로를 만났다. 동부간선도로를 따라 북쪽으로 계속 간다면 의정부가 나온다. 중랑천과 평행하게 만들어진 도로가 동부간선도로니까, 거꾸로 생각해본다면 중랑천의 물은 의정부에서 내려온 물이 된다는 이야기다. 그렇게 긴 유로를 가진 중랑천의 물이 한강을 만나는 지점이 뚝섬이 되는데 여름철이면 상습 침수지역이 되었을 것이고 자연스럽게 충적지가 형성되었으니 조선

옛 뚝섬 빗물펌프장(좌), 생태학습장으로 바뀐 유수지.

시대에는 당연히 농사에 적합한 땅이 된 것이다. 광나루길에서 성수동 1가 쪽을 보니 공업사, 카센타, 금속 공장들이 보인다. 다시 남쪽으로 걸으니 성동교가 보인다. 2호선 지하철이 지나는 성동교에 도로 표지판을 보니 어린이 대공원, 강변북로와 뚝섬역, 성수대교로 향하는 길로 나뉜다. 동부간선도로를 따라 서남쪽으로 걸어가면 뚝섬 빗물펌프장이 나온다.

펌프시설이 흔적으로만 남아 있고 옛 유수지 자리는 지금 매워져 한창 트랙공사 중이다. 유수지 남쪽은 생태학습장으로 조성되어 있고 서울 숲으로 향하는 길 중간에 서울시 승마협회에서 운영하는 승마 훈련원이 보인다. 서울 숲은 옛 경마장이었는데 그 옆에 승마훈련원이라니, 장소의 관성이 완전히 사라지지 않고 흔적으로나마 남게 되는 모양이다. 뚝섬 경마장이 뚝섬 체육공원으로 다시 서울 숲으로 변하게 되었는데 그 면적이 상당하다. 곳곳에 가족단위로 쉬러 오거나 생태학습을 위해 온 학생들, 친구들과 놀러 온 사람들이 보인다. 도시에 조성된 숲이 사람을 불러 모은 것이다. 옛 유수지 남쪽에서 뚝도 정수사업소까지 꽤 넓은 범위에 숲이 있었다.

서울숲.

서울 숲 광장을 지나 남쪽으로 가니 뚝도정수사업소(뚝도아리수정수센터)가 나온다. 안에 들어가 보니 수도박물관이 나온다. 뚝도 수원지 제 1정수장이란 설명문과 함께 경성수도양수공장이란 옛 글씨와 광무 11년에 건축되었다는 설명이 붙어 있고 옛 정수장치들이 전시되어 있다.

정수사업소를 나와 동남쪽 방향을 보니 구뚝섬길이란 도로명이 보인다. 강변건영아파트, 성수동천주교회를 따라 걸으니 구뚝섬1길, 구뚝섬2길, 서뚝역길, 차동길, 뚝도시장길 등의 도로명이 연이어 등장한다. 북쪽의 뚝섬길과 평행하게 난 이 길이 옛 뚝섬길이었나 보다. 남쪽으로 걸어 강변북로를 지하통로를 통해 지나 한강에 이르니 영동대교가 나오고 그 동쪽에는 한강시민공원이 있다. 영동대교 옆에는 뚝섬 나루터 표지석이 보이고 맞은 편은 청담동이 된다. 뚝섬 유원지에서 북쪽으로 걸으면 건대입구역, 성수역이 나온다.

살곶이다리를 건너 동부간선도로를 따라 남쪽으로 서울숲을 지나 다시 동남쪽으로 한강으로 가서, 다시 북쪽의 건대입구역, 성수역을 향해 걸어보았다. 걷는 동안 경관의 변화를 느끼게 되었다. 살곶이에

뚝섬 정수장(좌), 뚝섬 수도박물관.

서 남쪽으로 가는 동안은 물과 숲이 지배하는 공간이었다. 중랑천과 한강이 만나는 지점은 '생태'라는 개념이 지배하는 공간이었다. 숲이 조성되고 유수지가 형성되었던 곳이 뚝섬의 서남쪽 일대이다. 한강을 따라 이어진 뚝섬의 남쪽 지역에서 나루터는 표지석으로 흔적으로 남아있었고 대신 강변을 따라 아파트 단지가 지배하고 있었다. 한강에서 떨어진 지역 성수 4거리와 성수역 주변은 공업지역이 차지하고 있었다. 생태 숲, 아파트, 공업 지역으로 삼분하고 있는 것이 현재의 뚝섬 지역이었다.

마음 속에 다시 뚝섬을 그려보며

뚝섬을 발로 걸으며 눈으로 보았다. 청계천, 중랑천, 한강은 예로부터 흐르던 하천이었다. 아차산도 아직 남아 있다. 예부터 있던 하천을 따라 지하철 2호선 지선과 서울의 주요 간선도로가 나 있음도 보았다.

조선시대 한양의 농업 중심지, 목장이 있던 곳, 남한강 북한강에서 들어온 물자들의 종착지였던 이곳이 어떤 과정을 거쳐 생태 숲, 아파트, 공업 지역으로 상징되는 현대적 공간이 되었을까. 조선시대적 특성이 왜 바뀌었을까, 시간과 장소, 지역(변화)의 함수 관계 속에서 어떤 계기가 있었었을까.

현대의 뚝섬 경관은 오랜 시간 속에서 형성된 것이다. 역사적 시간과 지리적 경관은 상호 연관되기 때문이다. 뚝섬을 공간적 배경으로 이루어진 역사적 사건, 지리적 변화 과정이 현재 뚝섬의 구체성을 형성하게 된 배경이 되었다.

자연에 대한 인간의 개입이 최소화된 원경관이 있었을 것이고 역사적 시간 속에서 변화의 결정적 계기가 된 시점이 존재했을 것이며 그 결과 지역 경관이 변화했을 것이다. 그렇다면 중랑천의 동쪽 지역에 해당하는 뚝섬 일대의 특성을 본다는 말은 어떤 의미가 있을까. 지역의 특성은 독자적으로 존재하는 것이 아니라 주변 지역과의 관계, 상대적 위치에 의해 규정된다. 뚝섬 지역의 특성은 한강의 다른 섬들과 차별성 속에서 존재한다고 할 수 있으며 서울에서의 상대적 위치에 의해 지역의 성격이 규정될 수 있을 것이다. 서울, 한성부라는 상대적으로 규모가 큰 지역의 동쪽 일부분으로서의 특성, 뚝섬이 가지는 자연환경적 특성, 당시의 지역을 구성하는 원리가 결합된 결과에 의해 경관이 형성된다. 눈에 보이는 가시적 경관 속에는 도시 형성 원리, 지역구조가 내재되게 된다. 즉 자연환경, 행정구역 등 지역을 나누는 기준에 의해 작은 지역들이 구분되고 마치 퍼즐처럼 이것이 맞추어져 지역 구조를 형성하게 되는데 이것은 지역과 지역은 상호 연관된다는 점이 반영된 것이다. 따라서 큰 인식의 틀로서의 서울(한양) 속에서 뚝섬 지역의 특성이 도출될 수 있는 것이며 뚝섬만의 구체성, 독

1911년(명치 44) 인쇄된 지도에 나타난 뚝섬 일대의 모습(성지문화사 영인).

특성, 현장감이 나타난 것이다.

지리의 변화, 지도의 변화

조선시대 한성부 동쪽 교외라는 뚝섬 지역의 특성은 일제강점기, 해방, 근대화 과정을 거치면서 변하게 된다. 먼저 조선시대 고지도와 다른 일제 강점기 뚝섬을 그린 지도를 보자. 일제 강점기 뚝섬 일대 경관 특성을 보여주는 대표적인 지도로 측량은 이전에 했지만 1911년과 1926년에 인쇄된 1:5만 지도를 들 수 있다. 조선시대 한양 지도가 주로 도성 안을 중심으로 그려 뚝섬 일대가 상세히 나오지 않은데 비해 이 지도들은 근대식 지도 제작 기법을 활용하였다.

눈에 들어오는 대로 지도를 개략적으로 살펴보자. 지도의 오른쪽에는 아차산이 등고선식으로 표현되었고 서쪽(왼쪽)에는 넓은 범위의 습지가 형성되었음을 알수 있다. 습지 왼쪽은 답십리, 오른쪽은 중곡동, 군자동이 적혀 있다. 군자동 남쪽에는 마장리, 모진동이 적혀 있다. 옛 건국대학교 주소가 모진동이었다. 모진동 옆에만 마장리가 적혀 있는게 아니라 중랑천의 서쪽 청계천변에도 마장리가 적혀 있다. 그 옆이 왕십리이다. 길을 살펴보면 왕십리에서 살곶이다리를 지나 자마장 남쪽에서 신천新川을 건너 잠실을 지나 송파진, 가락동을 향하는 길이 가장 큰 길이다.

현대 서울과 옛 한양이 장소감sense of place에 있어 차이를 보이는 것은 도시화에 기인한 것도 있지만, 한편으로 자연 환경의 변화도 중요한 요소로 작용한다. 한강 유로도 시대에 따라 다른 모습을 보인다. 즉, 현재의 한강 유로는 조선시대 한강 유로와 차이를 보인다.

1911년 인쇄 지도에서 두모포 동남쪽에는 지금은 사라진 저자도가 보이고 잠실 일대는 섬 형태로 되어 있어 현재와는 다른 지형을 보인다. 현재 잠실 롯데월드 옆 석촌호수가에 송파진 표지석이 서 있는데 예전에는 이 지도와 같이 잠실과 송파진 사이 아래쪽 유로가 주류였다. 지금은 남쪽의 하천은 호수처럼 변했고 잠실의 북쪽이 한강의 주 흐름이 되었다.

이 지도에서 뚝섬은 아차산 남쪽으로 모진동과 자마장으로 연결된 섬 아닌 섬처럼 보인다. 이 뚝섬의 남쪽과 잠실 사이 신천이 주류가 되면서 완전히 다른 지형이 되었다. 한 눈에 보아도 뚝섬 주변의 한강의 유로는 홍수에 의해 순식간에 변할 수 있는 조건을 갖춘 지역이다.

옛 기록을 살펴보면 일제 강점기의 대표적 홍수였던 을축년 대홍수(1925)당시에는 뚝도의 인가 전부 유실되고 수원지의 제방이 무너지기도 하였다는 사실이 나타난다.[7] 을축년의 1차 홍수 때(1925년 7월 9~12일)의 강수량은 383.7밀리미터, 2차 홍수 때의(1925년 7월 15~19일) 강수량은 365.2밀리미터를 기록하였는데, 한강변 일대 저

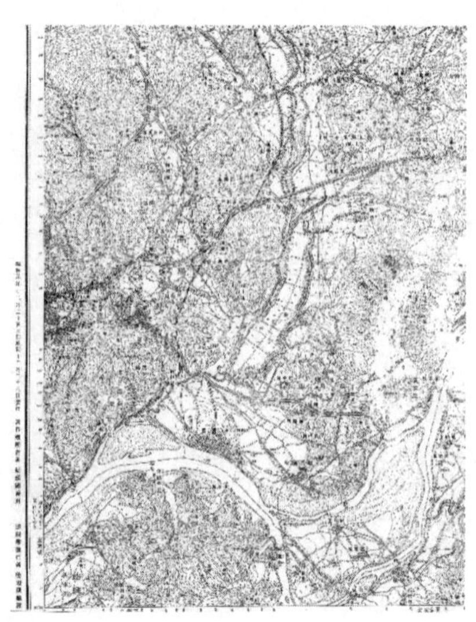

1926년(소화원년) 인쇄된 지도에 나타난 뚝섬의 모습(경인문화사 영인).

습지에 해당하는 용산, 마포, 뚝도, 영등포 방면이 침수된 것으로 전한다.[8] 1911년과 1926년에 인쇄된 두 지도를 비교해보면 일제강점기에도 뚝섬 일대가 상당히 달라졌음을 알 수 있다. 우선 저자도, 잠실 부근의 유로와 섬의 크기가 달라졌으며 중랑천변의 장안평 일대의 모습이 달라졌음을 알 수 있다.

1926년 인쇄지도에서 두모포(두모리) 남쪽의 저자도는 이전에 비해 커졌으며 장안평은 자연하천 주변의 긴 습지였던 것이 제방이 만들어지고 농경지로 개간되었음을 알 수 있다. 동양척식주식회사에 의해 농경지로 변한 모습을 가시적으로 보여주고 있다. 1911년 뚝도 중심지는 1926년 지도에서는 중심부가 확대되고 시가지화되었음을 보여주고 있다.

뚝도 왼쪽에 등장하는 수원지는 현재의 뚝도아리수정수센터인데 서울에 최초로 상수도를 공급한 곳이다. 이곳에서 경성 시내로 물이 공급되었다. 뚝섬 일대의 변화와 함께 길의 변화도 눈에 보이는데 왕십리, 살곶이 다리, 자마장, 잠실로 연결되던 길만 크게 표시된 것이 살곶이다리에서 뚝도, 자마장리, 구의리로 나눠지는 세갈래길이 잘 표시되어 있다. 교통로에서 가장 특징적으로 드러나는 것은 기차길이 표시된 점이다. 두모포, 저자도, 응봉의 한강변에는 행당리, 청량리를 지나는 경원선 철도가 부설되었음을 확인할 수 있다. 지명도 뚝도면纛島面이라는 행정구역명이 잘 표시된 것이 보인다.

시대의 변화, 지리의 변화

앞의 지도에서 보듯이 구한말 · 일제강점기는 행정구역의 변화, 교통기관과 교통로의 변화, 전통적 농업의 변화시기이기도 하다. 1914년 3월 전국 행정단위 개편시기에 이전에 양주면 · 고양주면에 속하였던 뚝섬 일대는 고양군 뚝도면의 동뚝도리, 서뚝도리, 송정리, 화양리, 군자리, 능리, 모진리, 중곡리, 면목리, 신천리, 잠실리, 자마장리, 구의리, 광장리로 개편되게 된다.[9] 옛 지도에서 전관평, 장안평, 동교東郊, 뚝도纛島 등의 지명이 리 명칭으로 변경된 것이다.

행정구역의 개편과 함께 교통 수단의 변화가 야기되었다. 전통적 교통수단인 도보와 수운은 일제강점기 이후 새로운 교통 수단의 등장으로 인해 그 기능이 축소 폐지되었다. 전차의 등장은 뚝섬 일대에도 변화를 초래하였다. 경성궤도주식회사가 운영하는 뚝도선(동대문-뚝섬) 13.6킬로미터의 궤도가 있었는데 이것은 시내와 뚝섬을 잇는 교통수단이 되었다. 서울의 채소 공급지, 한강 상류에서 서울로 수운되는 신탄薪炭, 곡물의 집산지였던 뚝섬 일대의 화물수송 기능[10]을 담당하는 역할을 하였다.

해방 이후 뚝섬의 경관 변화

해방 이후 뚝섬 일대의 가장 큰 변화는 서울시에 편입되었다는 점이다. 한성부(경성부)와 경기도의 경계지점에서 서울시가 영역 안에 들어오게 된 것이다.

1946년 서울시는 서울특별시로 승격되었으며 대통령령 제159호, 제161호(1949년 8월 15일), 내무부 고시 제 7호(1949년 12월 27일)에 의해 뚝도지구, 은평지구, 숭인지구, 구로지구가 서울시가지계획 추가구역으로 결정되고 1950년부터 시행되었다. 이 때 편입된 뚝도지구의 동명은 성수동 1가, 성수동 2가, 장안동(화양동, 송정동, 모진동, 능동, 중곡동, 군자동), 면목동, 구의동(광장동, 구의동), 신양동(자양동, 신천동, 잠실동) 등이다.[11]

1950년대 후반 이래 공장이 건설되었으며 1960년대 대규모 주택단지가 들어서게 된다. 뚝섬 일대의 변화는 서울특별시 동부지역, 교외지역의 도시화 과정으로 이해될 수 있다. 뚝섬의 서쪽 성수동은 공업지대로, 동쪽인 구의동, 자양동 일대는 주택지구로, 한강변은 유원지로 그 성격이 변화였다. 1995년에는 뚝섬 지구개발 계획이 발표되어 이 일대의 도시화는 점점 가속화되고 있으며 2000년대에 151들어서 옛 뚝섬 경마장(뚝섬 체육공원)에 서울숲이 자리하게 되었다.

떠나며

한양이 조선의 수도가 된 이후 뚝섬 일대는 도읍의 동남쪽 근교 지역으로 규정되었으며 해방 이후 서울특별시 행정구역에 포함되었다. 그 과정에서 조선시대의 지역 특성이 현대적 특성으로 전환되면서 조선시대 전통이 계승된 측면과 단절된 측면, 전통이 계승되면서 변용된

동대문 밖 경성궤도 회사 터.

측면이 존재하는 것이다.

과거와 현재는 장소를 통해 만나게 되는데 지역의 특성은 과거로부터 현재까지 시간의 흐름에 따라 검토될 수 있고 한편으로 공간의 측면에서 분석될 수 있다. 조선시대부터 현대까지 오랜 시간을 거쳐 형성된 것이 지역의 정체성이다. 지역의 특성은 시간성과 공간성이 결합된 산물이다. 시간의 측면에서 과거의 역사가 현재로 이어진 것이며 공간의 측면에서 전통의 공간이 현대적 공간으로 이어진 것이다. 따라서 이 연구의 대상인 '뚝섬'이라는 장소(공간)은 시간에 따라 서로 다른 모습을 보인다. 동일 공간이지만 시간에 따라 서로 다른 경관과 의미를 지니게 된다.

조선시대, 일제강점기, 해방 이후, 현대의 뚝섬을 시공간적으로 오버래핑하는 과정을 거쳐 뚝섬 지역의 특성, 지역 문화가 형성된 계기를 발견할 수 있었다. 이 과정을 규명함으로써 전통적 공간 문화와 현대 문화의 조화 방안, 새로운 측면에서 뚝섬을 재해석하는 근거를 발견할 수 있다. 조선시대 한성부의 동남쪽 교외에 해당하였던 뚝섬 일대의 변화는 시대사적 변화, 서울 전체의 변화와 연관되어 진행되었다. 왕조도시적 성격을 지닌 한성부의 경관이 크게 변한 것은 일제강점기라는 외부의 충격에 의한 것이었다. 성곽과 성문이 해체된 이후 한성(경성)은 더 이상 왕조의 도읍이 아니었다. 이후 한양의 동교는 시대적 변화와 함께 그 경관을 달리하게 되었다. 전차가 들어오고 수운이 쇠퇴한 상황에서 점차 뚝섬의 기능은 조금씩 수정될 수 밖에 없었을 것으로 생각된다. 중랑천을 따라 선농단, 마조단이 설치된 전통적 농업지대는 동양척식주식회사에 의해 농경지로 개간되었다. 해방과 근대화 과정을 거치면서 시가지는 확대되었고, 농업지대에서 공업지대, 주거공간, 휴식 공간이 혼재된 양상으로 변하게 되었다.

이 과정에서 조선시대적 전통은 지명 속에 남아 일부 계승되기도 하고 단절되기도 하였으며 변용된 형태로 이 지역에 남아있게 되었다. 살곶이다리를 통해 중랑천을 건너 다시 광진을 통해 한강 이남으로 통했던 섬이 아닌 섬 뚝섬은 이제 서울 동쪽의 신개발지로 부상하게 되었다.

조선시대의 뚝섬은 국왕의 사냥터, 군사 훈련 장소, 목마장, 충청도와 강원도의 하운 종착지, 도성의 배후지 기능을 담당하였다. 이것은 한양을 도읍으로 정한 이후 도성 안과 도성 밖을 제도적, 기능적으로 분리한 점과 뚝섬 일대의 자연환경적 특성에 의한 결과였다. 아차산 아래, 한강의 북쪽 중랑천의 동쪽 뚝섬 일대의 자연적 조건은 변하지 않았다. 그렇지만 인간이 만들어낸 뚝섬 지역의 경관은 서울 전체의 경관과 함께 변하게 되었다. 목마장 전통에서 유래한 옛 경마장 자리에는 서울 숲이 자리하고, 목재집합지는 다시 공장지대, 아파트 숲으로 변하게 되었다. 앞으로 뚝섬은 또 어떻게 변하게 될까.

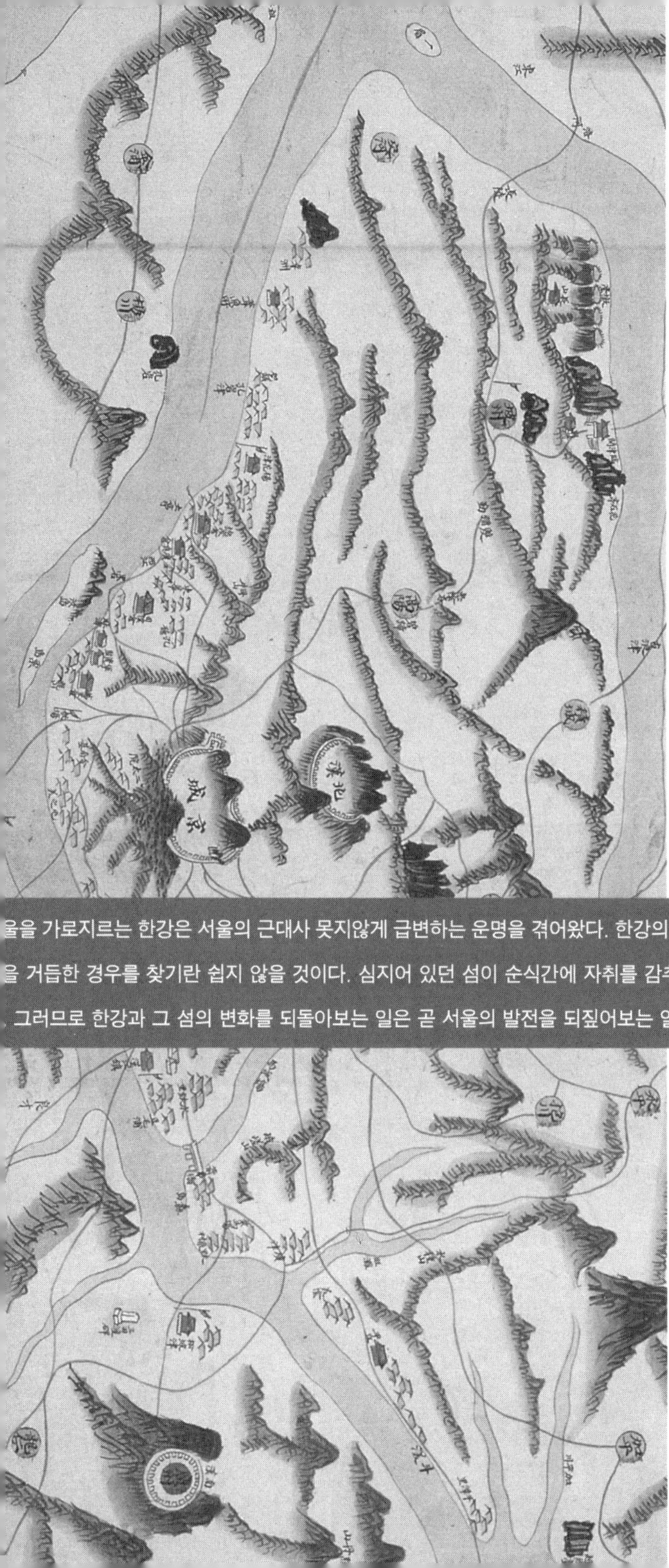

장소학의 시각으로 본 한강의 섬

제2부

울을 가로지르는 한강은 서울의 근대사 못지않게 급변하는 운명을 겪어왔다. 한강의 섬들만큼 그 형태나 기능 면에서 다양한 변

을 거듭한 경우를 찾기란 쉽지 않을 것이다. 심지어 있던 섬이 순식간에 자취를 감추기도 했고, 없던 섬이 새로 생겨나기도 했

그러므로 한강과 그 섬의 변화를 되돌아보는 일은 곧 서울의 발전을 되짚어보는 일에 있어서 중요한 의미를 지닐 수 있다.

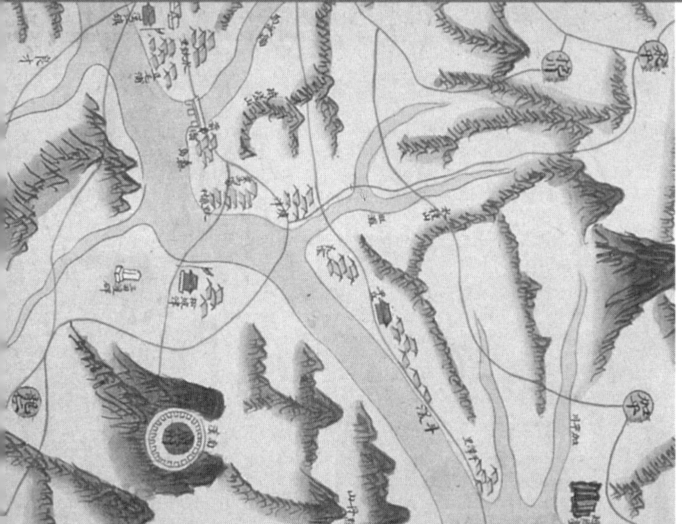

배정한 | 문화를 생산하는 공원

한강의 시간, 서울의 기억

바다의 섬과 달리 강의 섬은 늘 변한다. 서울을 가로지르는 한강은 서울의 근대사 못지않게 급변하는 운명을 겪어왔다. 한강의 섬들만큼 그 형태나 기능 면에서 다양한 변신을 거듭한 경우를 찾기란 쉽지 않을 것이다. 심지어 있던 섬이 순식간에 자취를 감추기도 했고, 없던 섬이 새로 생겨나기도 했다. 잠실, 난지도, 저자도는 사라져버린 한강의 섬들이고, 중지도(노들섬), 서래섬, 선유도는 한강이 변하면서 생겨난 섬들이다. 서울의 성장을 "한강의 기적"이라고 부르듯, 한강과 그 섬의 변화는 서울의 도시 구조적 변모 및 물리적 발전과 긴밀한 함수 관계를 맺어왔다. 그러므로 한강과 그 섬의 변화를 되돌아보는 일은 곧 서울의 발전을 되짚어보는 일에 있어서 중요한 의미를 지닐 수 있다.

한강의 섬 가운데 선유도만큼 그 운명이 계속 달라진 예가 없을 것이다. 선유도는 본래 섬이 아니라 산이었다. 겸재 정선이 즐겨 그린 선유봉, "신선仙이 노니는遊 봉우리峰"라는 이름처럼 빼어난 절경과 넉넉한 풍류를 자랑하던 곳이었다. 일제강점기의 큰 홍수 이후 한강변에 제방을 쌓기 위해 암석을 채취하면서 산이 섬으로 변한다. 섬이 된 산은 지난 30년 가까이 영등포 일대에 수돗물을 공급하는 정수장으로 사용되어 사람의 도시 서울 안에 있지만 갈 수도 없고 있는 지도 모르는 땅이 되고 말았다. 2002년, 선유도는 한강 최초의 섬 공원이자 국내 최초의 산업시설 재활용 공원이라는 평가를 받으며 시민 곁으로 되돌아왔다. 폐허가 된 정수장에서 서울시민의 사랑을 듬뿍 받는 공원으로 변신한 선유도는 강을 직접 경험할 수 있는 아주 드문

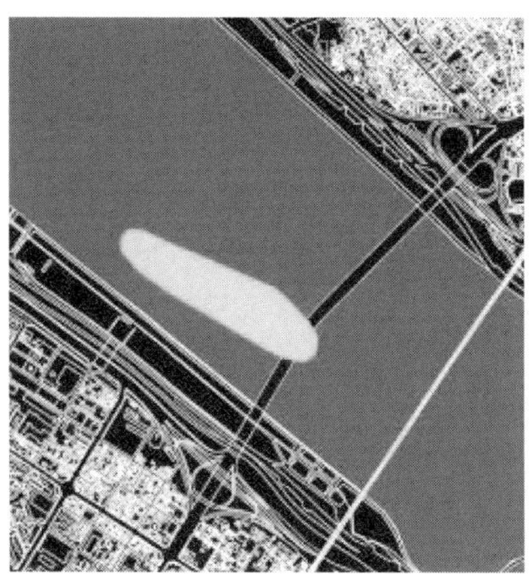

새로 생겨난 한강의 섬, 선유도.

공원이다. 서울을 감각적으로 체험할 수 있는 일종의 조망대이다. 조망 적 체험은 단순한 시각적 감상을 넘어선다. 선유도공원에서 우리는 한강의 시간을, 서울의 기억을 넘나든다.

다음에서는 선유도의 변화 과정을 조감하고,[1] 선유도공원에 내재된 공간적 · 설계적 특징과 의미를 짚어본다. 그리고 선유도공원의 문화적 지형을 점검하고 의의를 살펴본다.

끊임없는 변화, 선유도의 운명

선유봉: 신선이 노닐던 작은 산

선유도는 원래는 섬이 아니라 40미터 높이의 작고 낮지만 단아한 산이었다. 한강에 살포시 발을 담근 선유봉은 이름 그대로 신선仙이 노니는遊 봉우리峰였다. 선유봉은 양화나루에서 참두봉(현재의 절두산)을 잇는 한강 서측, 이른바 서호西湖의 절경 중 절경이었고, 많은 누각과 정자가 자리 잡고 있던 한강 팔경 중 하나이자 서울의 빼어난 경승지 중 하나였다. 선유봉의 풍광을 향유하고자 조선의 문인들은 이곳을 오르거나 선유船遊하기를 즐겼고, 중국의 사신들도 선유봉을 찾아 한강과 주변 경치를 노래한 많은 시를 남겼다. 겸재 정선의 작품 중 한강과 서울 인왕산 일대의 모습을 담은 『경교명승첩』京郊名勝帖에도 선유봉의 절경이 오롯이 담겨 있다. 전체 33장의 그림 중 한강을 주제로 한 20여 점 안에 선유봉의 정취를 그린 「양화환도」楊花還圖, 「금성평사」金城平沙, 「소악후월」小岳候月이라는 세 작품이 있다. 부드럽게 솟은 봉우리, 그 무릎에 올라앉아 멀리 망원정과 양화정을 바라보는 정자, 그리고 들고나는 황포돛배의 유유자적한 흥취가 이 세 편의 산수화에서 물씬 배어난다.

잘 알려진 바와 같이 조선시대에는 공원이라는 개념의 공간 장치가 없었다. 그러나 조선의 양반과 서민에게도 야외 여가 문화는 존재했다. 1886년부터 1892년까지 한국에 체류하며 학교를 개설했던 헐버트H. B. Hulbert는 "한국인들에게는 공원, 장식된 공공장소 혹은 레크리에이션 장소의 개념이 없다. 그러나 그들은 경치가 좋아서 자연의 아름다움을 즐길 수 있는 산록을 거니는 것을 즐겨한다"[2]고 관찰한 바 있다. 서구의 공원 문화가 도입되기 이전의 한국인은 마을 인근의 숲이나 산을 오르며 경관과 경치에 대한 풍류를 즐기는 방식의 고유한 여가 문화를 지니고 있었다. 선유봉과 같은 절경의 장소는 서구의 공원과는 달랐지만 오늘날 우리가 이용하는 공원과 유사한 역할을 하는 장소였으며, 특히 오늘날과는 달리 의미의 차원이 보다 강하게 결합된, 공원 이상의 특별한 장소였다는 해석도 가능할 것이다.

선유도의 탄생: 한강의 변화와 선유봉의 수난

서울의 역사에서 유례없는 천재지변으로 기록되고 있는 을축년(1925

한강 남단에서 본 선유정수장(위), 산에서 섬으로, 다시 공장으로, ⓒ조경설계 서안.

년) 대홍수는 서울의 지형과 한강의 역사에 지대한 영향을 미쳤다. 남대문 앞까지 들어온 홍수의 물살은 서울 한복판을 물바다로 만들었다. 이후 홍수를 막기 위해 한강 양안에 제방을 축조하게 되고, 이를 위한 암석을 선유봉에서 채취하게 되면서 선유봉은 해체되기 시작한다. 둑에 의해 한강은 시민의 일상적 삶으로부터 격리되었고, 이른바 고수부지가 강을 따라 생겨났다. 일제시대의 이러한 사건을 두고 건축가 정기용은 "선유봉이 참수형을 당한 것……. 자연 파괴의 일을 넘어서는 풍류의 학살이고 인격의 모독"이라고 개탄한다.[3]

1940년대에는 여의도 경비행장 건설을 위해 선유봉에서 모래와 자갈이 채취되어 아름다운 봉우리는 자취를 감추고 평지에 가까운 땅으로 변모한다. "여의도 바닥을 채우기 위해서 납작해진 선유봉은 길게 배처럼 떠 있는 섬 모습을 하게 되었고, 보잘것없는 퇴물처럼 한강에 버려졌다."[4]

물공장이 된 선유도

1962년의 제2 한강교 건설과 1968년의 '한강개발사업'은 결국 선유

선유정수장의 전경, ⓒ조경설계 서안.

봉을 섬으로 바꾸어 놓았다. 선유봉과 한강 남단 사이로 강물이 흘러가게 되고, 선유봉은 6~9미터의 콘크리트 옹벽으로 둘러싸인 강 한가운데의 평평한 섬으로 변하게 된 것이다. 서울의 급속한 도시화는 산에서 섬으로 바뀐 선유도의 운명을 다시 한번 바꾸어 놓는다. 1978년 선유도에 정수장이 준공되어 공장이 밀집한 영등포 일대에 상수를 공급하기 시작했다. 정수장은 발전소와 마찬가지로 일반인의 접근이 철저히 금지되는 곳이다. 선유도는 당인리 화력발전소와 함께 개발시대 서울의 한강에 들어선 대표적인 산업시설이었다. 선유도는 시민의 접근이 허용되지 않는 금단의 땅이 되어 우리의 기억과 일상에서 완전히 잊혀지게 된다. 선유도는 근대화와 산업화의 뒤안에서 그 존재조차 잊혀진 채 서울시민을 위해 묵묵히 물을 날랐다. 아무도 관심을 갖지 않았던, 아무나 들어갈 수 없었던 물공장, 우리는 이 섬을 눈앞에 두고도 보지 못했다.

구리시에 대규모 강북정수장이 건립되고 서울시 전역의 급수계통이 변경되어 선유정수장이 더 이상 필요 없게 되자, 1999년 선유정수장의 기능이 노량진정수장으로 흡수 합병되고 선유도는 물공장으로서의 운명을 다한다. 서울시는 한강을 되살리는 "새 서울, 우리 한강 사업"의 일환으로 3만 3,000여 평의 선유도를 공원화하기로 결정하고, 1999년 12월 현상설계를 거쳐 당선작을 선정했다.[5] 그후 1년 반의 공사기간을 거쳐 월드컵을 앞둔 2002년 4월, 선유도공원이 개장되었다. 또한 한강시민공원과 선유도를 연결하는 보행교인 선유교를 함께 만듦으로써 잊혀진 땅 선유도가 시민의 일상으로 다시 돌아오게 되었다.

선유도공원은 근대화의 산물인 수도공장의 황폐화된 시설을 철거하지 않고 적극적으로 재활용해 디자인한 시간과 기억의 공간이라는 점에서 개장 직후부터 극찬을 받았다.[6] 뿐만 아니라 동시대 문화 및 대중 사회와 친밀하게 결합되고 있다. 선유도공원은 시민의 사랑을 받는 공원으로 자리매김하면서 각종 드라마와 CF의 단골 무대가 되고 있기도 하다. 또한 이 공원은 전통과 생태의 습관적 폭식으로 인해 만성 소화불량에 걸린 한국의 도시공원 설계에 새로운 돌파구를 열어주었다는 평가를 받고 있다. 그리고 향후 점점 늘어날 포스트 인더스트리얼 사이트post-industrial site의 재활용 설계에 중요한 선례가 될 것이라는 기대를 모으고 있다.

조선시대의 절경, 일제시대의 골재 채취장, 1970~90년대의 정수장이라는 기구한 운명을 겪은 이 크지 않은 땅이 이제 시민을 위한 공원으로 변신했다. 선유봉의 기억은 이미 오래 전에 지워졌으나, 산업화의 산물인 정수장의 기억을 거의 그대로 남긴 공원이 우리에게 던져졌다. 선유봉 못지않은 미학적 감성을 지닌 공간으로. 조경이론가 조경진이 말하듯, "선유도공원은 완결된 하나의 작품이 아니라, 미완성의 열린 텍스트이다. 이 공원은 계속 진화할 것이며, 이에 따라 변모하는 공원을 읽고 호흡하는 우리의 눈과 마음도 함께 변해갈 것이다."[7] 이 사연 많은 한강의 섬은 앞으로도 계속 자연과 함께, 문화와 함께 변화할 것이다.

선유도공원의 공간적 · 설계적 특징과 그 의미

선유도공원은 땅의 모양과 성격에 따라 크게 세 부분으로 나뉜다. 한강과 직접 만나는 옹벽 아래의 둔치, 공원의 상판이라 할 수 있는 옹벽의 윗부분, 그리고 땅 밑으로 움푹 꺼진 예전의 지하구조물을 재활용한 주제 공간으로 구분된다.[8]

둔치는 매년 장마 때마다 강물에 쓸려온 퇴적물이 쌓인 곳이다. 둔치와 한강을 갈라놓던 급경사의 호안 블록을 걷어내고 자연석을 놓았는데, 이곳에 갈대와 갯버들과 퇴적물이 한데 어울려 둔치가 한강과 자연스럽게 접촉한다. 옹벽 위를 따라가는 산책로에서는 넓게 펼쳐진 한강과 서울을 조망할 수 있다. 막힌 길이 없어 어디로든 갈 수 있다. 과거 정수장의 핵심적 시설이었던 지하공간으로 내려오면 다양한 주제 정원이 나타난다. 정수장 건물의 흔적들, 남겨진 기둥과 벽, 물을 담아두던 사각 공간 안에 자라나는 식물들은 다양한 시간의 질감을 남기며 자연의 일부가 되어가고 있다.

선유도공원의 주제 정원의 크게 네 개로 구분된다. 양화대교 쪽 방문자 안내소에 인접한 '수질정화원'은 과거의 약품침전지를 재활용한 정원으로, 물을 정화하는 여러 수생 식물의 생장과 정화 과정을 관찰할 수 있는 곳이다. 한강전시관과 맞붙어있는 '녹색기둥의 정원'

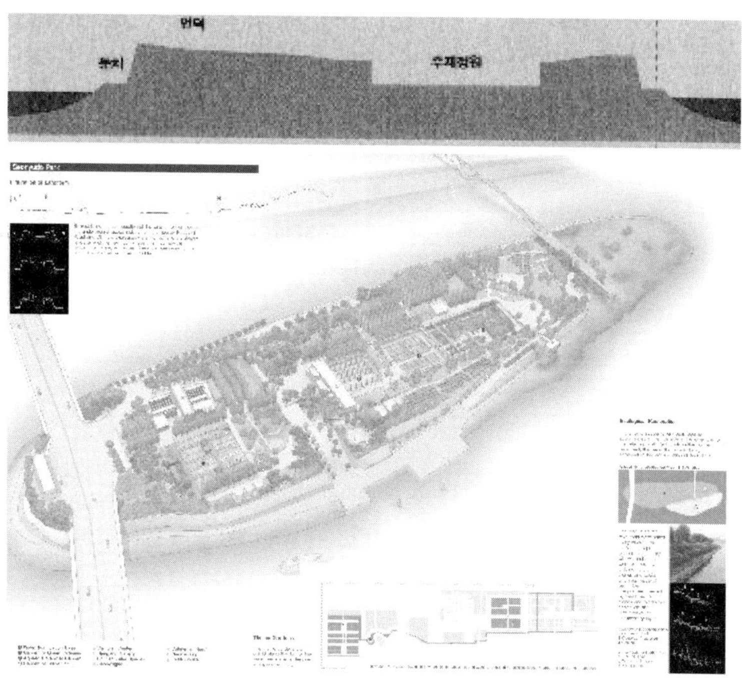

선유도공원의 세 가지 레벨(위), 선유도공원 조감도, ⓒ조경설계 서안.

은 정수지의 콘크리트 상판 지붕을 뜯어내고 기둥만을 남긴 정원으로, 담쟁이로 뒤덮인 콘크리트 기둥이 깊이 있는 질서감을 부여하며 자연과 문화의 동거에 대한 새로운 시선을 제시해준다. 선유도공원의 한 가운데에 있는 여과지를 재활용한 '수생식물원'은 낮은 수반에 담긴 다양한 수생 식물을 가까이에서 참여하며 관찰할 수 있는 곳이다. 약품침전지를 재활용한 '시간의 정원'은 방향원, 덩굴원, 색채원, 소리의 정원, 이끼원, 고사리원 등 작은 주제 정원들로 다시 나뉜다. 시간의 정원은 정수장의 구조물을 가장 온전하게 보전하여 재활용한 공간으로, 이곳에 뿌리를 내리고 성장하는 식물들은 점점 낡아가는 콘크리트 구조물과 대비되어 시간의 흔적을 보여준다. 세 개의

약품침전지에서 수질정화원으로, ⓒ 조경설계 서안.

커다란 물 저장 탱크에서 나온 물은 온실과 수질정화원으로 흐르고, 이 물은 수생식물원과 시간의 정원을 거쳐 다시 물탱크로 돌아가 새로운 순환을 시작한다.

선유도공원의 건축물이나 구조물 또한 과거의 기억과 흔적을 다시 이용한 것들이다. '방문자 안내소'는 정수장의 여과지를 재활용한 건물이고, '한강전시관'은 장방형 구조의 송수펌프실을 다듬어 다시 사용하는 건물이다. 시원한 한강의 전경을 즐길 수 있는 '카페테리아 나루'는 취수펌프장을 재활용한 건물이며, 선유교를 건너면 바로 만나게 되는 '네 개의 원형공간'은 과거의 농축조와 조정조로서 문화공간, 환경놀이마당, 원형극장, 환경교실, 화장실 등의 프로그램을 담고 있다.

선유도공원을 가치 있게 하는 것은 비단 과거의 시설과 재료를 재활용했다는 점만은 아닐 것이다. 선유도공원이 선유봉 못지않은 품격과 의미를 지니게 된 것은 공간에 대한 새로운 해석 의지, 문화적 프로그램의 수용, 시간을 수용하고 존중하는 태도 등과 같은 설계자의 철학과 디자인 해법이 있었기에 가능한 일이다. 다음에서는 선유도공

정수지에서 녹색기둥의 정원으로 (위ⓒ 조경설계 서안, 아래 필자 사진)

원의 공간적 특징과 그것을 가능하게 한 설계의 의미를 해석해본다.[9]

숭고와 공감각의 미학

산업시설의 부지와 구조물을 남겨서 그 시스템과 프로세스를 재활용했음에도 불구하고 테크놀로지와 디자인의 논리적 결합이 가져다주는 이성적인 공간이 선유도공원을 지배하지 않는다.[10] 많은 사람들이 선유도공원에서 느끼는 낯설음과 당혹스러움, 또는 자유로움과 해방감의 열쇠는 감성적인 공간과 그 이면의 미학에서 찾을 수 있을 것이다.

선유교와 몸을 맞대고 있는 지극히 가벼운 느낌의 목재 데크로 불어오는 쓸쓸한 강바람, 한번에 경험되는 서울의 풍경과 냄새, 정수장의 거친 콘크리트 잔해와 새로운 철제 재료의 동거가 만들어내는 몽타주, 밝음보다는 우울함에 가까운 메시지, 땀 흘리는 움직임보다는 엄숙한 성찰의 발걸음을 요구하는 사색의 원로, 그것은 다분히 '미학적'이다. 미학적 판단은 논리적 판단이 아닌 '감성적 판단'이기 때문

여과지에서 수생식물원으로, 약품침전지에서 시간의 정원으로, 농축조에서 원형극장으로(시계 방향으로 왼쪽은 ©조경설계 서안, 오른쪽은 필자 사진).

이다. 감각을 통해 파고드는 선유도공원의 이 모호한 분위기는 아름다움the beautiful 및 픽춰레스크the picturesque와 대비되는 미적 범주의 하나였던 '숭고'the sublime의 미학으로 수렴된다. 폐허의 무거움이 연출하는 숭고함.[11] 숭고만으로 선유도공원을 지배하는 감각의 아우라 전체를 해명할 수 있는 것은 아니다. 다양한 앵글의 사진을 계속 반복시켜도 그 모호하고 애매한 감각이 시각적으로 재생되지 않는 것을 보면 선유도공원이 담고 있는 감흥의 또 다른 통로는 시각이라는 일방적 지각 경로를 넘어서는 공감각적synaesthetic 경험에 있을 것이다. 선유도공원은 시각뿐만 아니라 청각, 후각, 촉각, 미각, 근운동감각을 동시에, 통합적으로 작동시킨다.

"미루나무가 불러들이는 바람 소리에 취해도 보고, 강 건너 탁 트인 전망을 즐기며 사색의 시간을 가져볼 수도 있습니다. 바람 소리에 귀가 먹먹해질 때쯤 지하 공간으로 내려오면 놀라울 정도로 고즈넉한 정원이 기다리고 있습니다. 정수장 건물의 흔적들, 남아 있는 기둥과 벽, 그리고 물을 담아두었던 사각 공간 안에 자라는 식물들은 평온한 사색의 시간을 안겨줍니다. … 낡은 것은 낡은 채로, 비어 있는 것은 빈 채로…." 방문자 안내소에서 얻어 볼 수 있는 서울시의 홍보 책자에 실린 글의 한 구절이지만, 그저 과장된 레토릭일 뿐이라고 젖혀두기에는 선유도공원을 지배하는 감각의 무게가 너무나 무겁다.

시간의 지층

높이 9미터의 콘크리트 옹벽 아래 둔치 습지에서 목재 데크를 관통하며 뻗어 올라간 한 그루 나무는 선유도공원에 쌓인 시간의 지층이 얼마나 두꺼운 지 쓸쓸히 고백하고 있다. 예사롭지 않은 이 감각의 섬의 패스워드는 공간에 있지 않다. 이 섬의 역동적인 요소가 시간임을 알

숭고의 미학, 공감각적 경험(필자 사진).

아채는 데는 그리 긴 시간이 필요하지 않다. 겉으로 드러나는 표면과 보이지 않는 지층 곳곳을 시간과 역사와 기억이 관통하고 있다. 절경의 선유봉에서 버려진 섬으로, 다시 정수장으로, 그리고 공원으로 옷을 갈아입었다는 역사적 사실 때문만이 아니다. 사실 변화라는 두 글자로 요약되는 서울의 근대사에서 선유도는 그나마 변화의 세례를 덜 받은 운 좋은 땅덩이일지도 모른다. 선유도공원의 시간 암호가 매력적인 것은 시간의 경험을 억지로 강요하지 않기 때문이다.[12]

오히려 선유도공원은 감각적인 기억의 메커니즘에 호소하고 있다. 방문자 안내소 건너편의 수질정화원과 온실이 원래는 노천형 수조로 구성된 약품 침전지였다는 사실을 우리는 굳이 알 필요가 없다. 한강전시관이 송수 펌프실 건물이었고, 녹색기둥의 중정이 지하 정수지였다는 점도 예습할 이유가 없다. 수생식물원과 시간의 정원이 정수장의 여과지와 약품 침전지였다는 사실을 반드시 인식해야 하는 것도 아니다. 한강에 몸체를 내밀고 한쪽 다리를 담근 카페 나루가 강에서 물을 직접 끌어오던 취수 펌프장이었다는 사실을 몰라도 그만이다. 야외무대와 놀이마당과 환경교실과 화장실이 각각 두 개의 원형

시간의 지층, 기억의 두꺼운 층(필자 사진).

농축조와 조정조를 개조한 것이라는 사실도 선유도공원의 경험을 위한 필요조건은 아니다. 걷고 보고 듣고 만지며 경험하는 선유도공원의 시간은 그러한 변화의 도식에서 벗어난다.

오히려 우리는 허물어진 콘크리트, 거친 표면의 시멘트 기둥, 녹슬고 부식된 철제 배관 같은 파편화된 물체를 통해 시간의 흔적을 감각적으로 경험하게 된다. 근대사의 한 단면을, 산업화의 이면을, 비로소 새로운 눈으로 보게 된다. 고착화된 녹색 자연의 이미지가 시간의 함수 속에서는 얼마나 허구적인지 깨닫게 된다. 연속적으로 흘러가는 시간이지만 그러한 흐름 속에는 복잡하게 뒤얽힌 단편적 기억과 잘 재생되지 않는 더 깊은 심연의 기억이 두터운 층위를 이루며 공존한다는 성찰을 하게 된다. 서울의 풍요로운 여백 한강, 그 속의 작은 정원 선유도공원에 '시간의 정원'이라는 메타포를 대입할 수 있는 이유가 여기에 있다.

두껍게 하기

선유도공원에서는 다음 발걸음을 어디로 옮겨야 할 지 판단하기가 쉽

두껍게 하기, 시간의 정원 위층(필자 사진).

지 않다. 영화로 치자면 롱테이크 기법보다는 몽타주 기법이라고 해석될 법한 이 동선 체계의 생경함은 높고 낮은 여러 갈래의 길이 있기 때문이다. 이를테면, 조경진이 말하듯, "가까이에서 보는 수생식물의 사잇길, 위에서 조망하는 시간의 정원의 보행가교, 옹벽 주위로 연결된 산책로, 정수장 외곽을 걷는 오솔길, 각각의 주제 정원 사이를 관통하는 길"이 "시선의 줌인, 줌아웃이 교차되듯이 변화"하며 다양한 궤적을 그린다. 그래서 선유도공원은 "한 눈에 잡히지 않는 공원"이다.[13]

특히 하나의 층에 축이나 격자를 가지고 질서를 부여하는 수평적 공간 구성과 동선 시스템과는 달리 선유도공원은 수직적 공간 장치를 마련하고 있다. 여러 갈래의 길이 여러 층의 공간과 뒤섞이면서 올라가고 내려가는 다양한 깊이의 경험을 만들어내고 있는 것이다. 이른바 '두껍게 하기'thickening라고 해석할 수 있는 이 입체적 디자인 전략은 공간 자체의 구성뿐만 아니라 그것의 경험과 이용 층위를 두껍게 확장하고자 하는 시도라고 볼 수 있다. 선유도공원의 핵심부라고 할 만한 시간의 정원은 두껍게 하기의 전략을 단적으로 보여준다. 약품침전지라는 본래의 공간 조건을 살려 조성한 4미터 깊이의 선큰 공간에서는 소정원 여덟 개와 그것을 구획하는 콘크리트 기둥의 수직성을 경험할 수 있다. 그 위를 지나는 지상 레벨의 목재 마루와 길에서는 아래에 펼쳐진 정원에 대한 호기심을 숨긴 채 한강의 바람과 냄새를 경험할 수도 있다.

아래층을 통해 계속 수생식물원 쪽으로 걸음을 옮길 수도 있지만 무너진 콘크리트 사이의 계단을 통해 위층으로 올라가 수생식물원을 위에서 내려다보며 통과해서 녹색기둥의 정원으로 다시 한층 내려갈 수도 있다. 하지만 이 두껍게 하기는 공간 디자인의 전략으로 국한되지 않는다. 선유도공원의 두껍게 하기는 오히려 우연과 시간을 지향하고 있다고 보아야 한다. 시간의 정원을 예로 든다면, 우선 아래층은 과거의 시간을, 위층은 현재의 시간을 구성하며 경험되는 시간의 깊이를 두껍게 하고 있다는 손쉬운 해석이 가능하다.

그러나 이 같은 도식은 환원적 도식일 뿐이다. 이 두꺼운 공간은 경험자 나름의 해석을 열어놓고 있기 때문이다. 아래층, 즉 지하 공간에서 과거의 층위를 경험하는 가운데 새로 심겨진 방향식물과 덩굴의 초시간적 동거를 경험할 수도 있고, 위층, 즉 지상을 걸으며 현재의 시간 밑에 침전된 과거의 시간을 궁금함과 혼란함의 접점을 넘나들며 경험할 수도 있기 때문이다. 이처럼 두껍게 하기 전략은 시간의 차원과 결합되면서, 또 부지에 던져진 역사라는 조건과 복합되면서 선유도공원의 시간 지층을 더욱 깊이 있게 한다. 그 두께를 더 두껍게 하는 것은 경험자의 몫이다.

물성에 녹아든 이야기

'두껍게 하기'와 함께 선유도공원에 의도된 시간 전략의 또 다른 축으로 '물성physicality의 노출'을 꼽을 수 있다. 울퉁불퉁한 생살처럼 드

콘크리트 물성의 표정(필자 사진).

러난 콘크리트 벽과 기둥, 지워지지 않는 물의 얼룩과 녹슨 자국이 전해 주는 것은 쓸모없어 폐기된 산업의 잔재가 아니라 재료 자체의 물성이다. 그 물성은 또한 시간의 흔적을 가감 없이 노출시킨다. 노출된 물성과 그것에 녹아있는 시간의 이야기는 자연이란 무엇인가라는 근본적인 의문을 제기하기도 한다. 또한 과거의 산업 재료와 새로운 방식의 접촉을 시도하고 있는 다양한 종류의 나무와 꽃은 문화와 함께 거주해 온 자연의 역동성을 물질적으로 전하고 있다.

직각 방향으로 공원을 가로지르며 선 한강전시관 앞의 녹색기둥의 정원은 물성의 노출을 통해 시간을 성찰하고 자연을 다시 생각하게 하는 반성적 공간이다. 지하 정수지 위의 콘크리트 상판을 걷어내고 기둥만을 남겨 조성한 녹색기둥의 정원. 위층에서 산책하며 조감하면 일정 간격으로 늘어선 콘크리트 기둥의 조합이 마치 의도된 조각 작품처럼 경험되지만, 램프를 따라 아래층에 내려가 부감의 형식으로 콘크리트 기둥을 대면하면 이곳에 남겨진 시간의 이야기가 전해진다. 기둥 하단부를 따라 감겨 올라가기 시작한 식물은 콘크리트와 식물은 지극히 이질적이라는 선입관을 비웃으며 '자연의 문화성'을 잔잔히 웅변한다. 물성의 노출 전략은 이처럼 비평적 메시지를 경험자에게 전하며 공원 곳곳에 투입되어 있다. 스타일이나 형태의 디자인을 뛰어넘는 물질의 디자인이 지니는 가능성이 실험되고 있는 것이다. 물질의 생살에서 시간을 읽고 느끼는 경험이 다양한 스펙트럼으로 전개된다.

발견의 디자인

이렇게 선유도공원은 수도공장의 잔재와 흔적을 기억하고 있다. 우울하면서도 사색적인 감각적 아우라를 시간의 깊은 지층 속에 심고 있다. 또 두껍게 하기와 물성의 노출 같은 전략적 디자인을 통해 시간의 경험을 확장하고 있다. 흔해 빠진 전형적인 도시 공원을 형식과 내용면에서 모두 극복한 대안적 실험장이라는 평가가 과장되게 들린다 하더라도, 적어도 공간적 기억상실증의 표상인 영등포공원이나 천호동공원의 실패만큼은 만회했다는 평가에 고개 저을 이유는 없을 것이다.[14]

그러나 우리는 아주 근본적인 물음에 마주하게 된다. 선유도공원이 숭고와 공감각의 미적 경험을 가능하게 할 수 있었던 것은, 시간의 지층을 마련할 수 있었던 것은, 공간과 시간을 두껍게 할 수 있었던 것은, 산업 재료의 물성을 과감히 노출하며 스타일과 형태 위주의 디자인을 극복할 수 있었던 것은 과연 조경가의 디자인 능력 덕분인가? 그것은 선유도라는 사이트에 주어진 조건에 힘입은 것 아닌가?

근본적인 물음 또 하나가 우리를 기다린다. 그렇다면 선유도공원에서 디자인과 디자이너가 갖는 의미는 무엇인가? 만일 '없다'라는 대답에 동의한다면, 과업을 책임진 조경가와 건축가 모두는 아주 심각한 전문성의 위기 또는 정체성의 공백에 빠지게 된다. 그들은 운 좋게 살아남은 땅 선유도를 실험실로 선물 받은 운 좋은 사람들에 불과한가? 그렇지 않다. 그들은 선유도의 시간 속에 담긴 사이트의 힘을 '발견'했기 때문이다. 그 힘을 발견하고 그 힘 속의 잠재적 가능성을 극대화시킨 '발견의 디자인'을 선유도의 시간에 선물했기 때문이다.[15]

문화발전소로서의 선유도공원

선유도공원은 자연이 아니다. 인간에 의해 만들어진, 통찰과 식견을 가진 전문가에 의해 만들어진 '작품'이다. 이른바 포스트 인더스트리

얼 사이트, 용도 폐기된 산업시설과 그 부지가 흉물이 아니라 문화적 가치를 지닌 자원이자 유적이 될 수 있음을 웅변하는 '문화적' 작품이다.[16] 특히 공장 시설과 구조물을 단순한 기능과 형태의 차원이 아니라 감각적이고 미학적인 차원에서 섬세하게 재활용했다는 점이 선유도공원의 문화적 가치를 배가시켜 준다.

그러나 선유도공원이 더 큰 의미와 가치를 생산하며 지속가능한 공원 문화를 생산하고 있는 것은 만든 사람의 능력 때문만이 아니라 그것을 이용하는 시민들의 참여와 상상력 덕분이다. 큰 키의 교목, 녹색 양탄자처럼 펼쳐진 잔디밭, 자유 곡선으로 굽이치는 호수, 파란 하늘과 뭉게구름이 적절한 비율로 혼합된 전형적인 녹색 공원은 공원의 문화를 휴식과 관조 위주의 정태적인 것으로 제한시켜 왔다. 영국 풍경화식 정원에서 시작되어 센트럴파크를 거쳐 도시 공원의 전통으로 고착된 이러한 공원은 도시와 공원 간의 역동적인 대화를 거부해 왔다.[17] 공원과 문화 사이의 교집합을 병든 도시로부터의 도피, 복잡한 도시 문화로부터의 해방, 자연을 닮은 경치의 감상 정도로 축소시켜 왔다. 하지만 선유도공원은 새로운 방식으로 도시 문화를 수용하고 있고, 때로는 새로운 공원 문화 자체를 발생시키며 도시와 공원 간의 함수를 다시 그리고 있다. "사진 찍기, 소요逍遙, 숨바꼭질, 코스프레costume play와 같은 환상 체험, 환경교육, 전문적 답사"[18] 등 선유도공원에서는 다른 공원에서 찾아보기 힘든 이용 행태가 발생되고 있다. 제한된 공원 문화만을 담는 것이 아니라 이용자의 참여에 의해 다양한 문화가 생성되는 문화발전소의 역할을 하고 있는 것이다.

이처럼 선유도공원은 역사적 가치나 공간적 의미만을 지닌 '작품으로서의 공원'을 넘어서고 있다. 산업시설의 잠재력을 감각적 문화로 변환시킨, 새로운 방식의 도시 문화를 발생시키고 수용하는, 휴식과 관조 위주의 공원 문화를 생산과 참여 중심의 공원 문화로 돌려놓고 있는 선유도공원은 더 이상 한강의 기형적 섬이 아니다. 그것은 자연과 인간이 함께 시간의 흐름 속에서 만들어낸 '문화발전소'이다. 절경을 뽐내던 역사 속의 문화생성소 선유봉은 이제 한강의 물리적 지형 속에서 자취를 감추었다. 그러나 산이 섬이 되고 그 섬이 공장이 되는 기구한 운명을 겪었던 이 작은 땅은 선유도공원이라는 문화발전소로 변신하여 근대 산업시대 이후의 서울과 한강을 맞이하고 있다. 선유봉 못지않은 자태와 이야기를 생산하며.

한동욱 | 밤섬, 자연의 놀라운 복원력

한강에 깃든 뭍 생명의 보금자리, 밤섬

한강은 한반도의 한가운데 자리잡고 있으며 중간부분을 허리띠 처럼 둘렀다하여 삼국시대 초기에는 대수帶水라고 불렀고, 고구려때는 아리수阿利水라고 불렀으며 백제때는 욱리하郁里河, 신라 때는 상류를 이하泥河, 하류를 왕봉하王逢河라고 불렀다. 백제때 한수漢水라고 불리던 것이 차츰 한강漢江으로 굳어졌다고 한다. 그러나 크고 넓은 강이란 뜻으로 가람에서 왔다는 주장이 일리가 있어 보인다. 대한민국 땅덩어리에서 가장 큰 유역을 가졌기 때문이다. 한강수계의 유역 면적이 남한지역만 35,770.41㎢(북한 지역은 약 25,953.60㎢)로 낙동강 23,393.77㎢, 금강 9,912.15㎢, 영산강 3,467.83㎢에 비하면 작게는 두배, 많게는 10배 이상의 차이가 나고 있다(우리 가람 길라잡이, 2002).

우리나라에서 가장 큰 강인 한강이 서울로 접어들면 위와 아래 구간에서는 흔하디흔한 모래톱과 강 가운데 생긴 섬인 하중도가 갑자기 사라진다. 1982년부터 86년까지 한강종합개발이라는 미명아래 금모래가 반짝이는 강변과, 강 가운데 오롯이 자리 잡았던 모래섬들을 없애 버렸기 때문이다. 구불구불하던 물길은 곧게 펴지고 물과 맞닿아 뭍 생명들의 보금자리가 되던 습지는 굳은 콘크리트더미에 눌려 버렸다. 물이 곳곳에 남겨두었던 흐름의 흔적은 메워져 육중한 고층건물이 들어서고 강을 숨쉬게 하던 모래습지는 더 이상 동식물을 부양하지 못했다. 생명이 살지 못하는 물은 결국 제 원래의 성질을 잃어버리고 시름시름 죽어갔다. 이 시기는 바로 한강 수난기라 할 것이다. 이렇게 고통 받던 한강에 쐐기를 박았던 것이 88올림픽 전에 신곡수중보라는 물속의 댐을 만든 사건이다. 서해로 도도히 흘러가던 물길은 막히어 호수처럼 변해버렸고 강과 바다를 오가던 생명들은 길을 잃었다. 이렇게 한강이 수난을 겪던 시기에 자연이 가져다준 한줄기 희망이자, 자기치유의 서곡이 바로 시민들의 곁으로 되돌아 온 밤섬이었다. 서울의 한강을 떠났던 물새들이 다시 서울 도심 한복판으로 돌아와 둥지를 틀고 깃을 다듬기 시작한 것이다. 자신들이 빼앗겼던 영토를 되찾아 다시 일어서는 독립군처럼 새들은 밤섬을 찾았고 서울시민들은 이들에게서 녹색의 희망을 보았다. 밤섬의 재생이라는 주제를 다루는 관점은 바로 도시건설로 인한 자연의 파괴와 스스로의 재생에 대한 평가를 통해 한강의 미래를 모색해 보려는 의도로 집필되었다.

밤섬의 통시적 고찰

옛 시속에서 밤섬에서 현재의 경관을 보다

넓은 모래판 제비꼬리마냥 갈리고,
외로운 섬은 까마귀머리처럼 떠 있다.

사람들 저녁에 모여 고기잡이, 나무하는 일 말하는데,
온 마을 갈꽃과 함께 가을 빛이 깊었다.

밭 가운데서 조개도 캐고,
울타리 아래로 배를 대인다.

낙일이 물결위에 비치는데,

맑은 연기는 물가로 모여든다.

해석 김재찬, 『해석유고』 권1, 순조조 1801~34

해석海石, 1801~34이 시에서 과거 밤섬의 경관조각들을 만날 수 있고 이들 퍼즐들을 한데 모아 보면 과거 밤섬의 모습을 연상할 수 있다. 한강하류 방향으로 긴 모래톱과 습지를 가지고 있었으며, 제법 높은 지대에 둥그스름한 녹지를 가지고 있었음을 짐작하게 한다. 사람들은 나무를 심어 벌채를 했으므로 인위적으로 식재된 나무들이 많았으며, 훗날 의 기록들에 의하면 이것이 뽕나무와 버드나무류 임을 알 수 있다. 토지이용형태는 주로 감초와 같은 콩과 식물을 심어 사질토양에 일반적인 작물보다는 사질토에 적응할 수 있는 식물을 식재하였음을 알 수 있으며, 반농반어의 경제활동과 특히 한강을 이용하는데 필수적인 나룻배를 만드는 일을 했음을 다른 기록에서 찾아볼 수 있다. 밤섬의 옛 모습을 노래한 글들에서는 서울도심과 다른 이국적인 풍경과 인간의 자연심을 발휘하여 시상을 만든 구절들이 많이 보이는데 이는 밤섬의 경관이 절묘했음을 짐작케 한다.

이러한 밤섬을 보는 도시민의 눈은 과거와 현재가 다르지 않다. 21C 대한민국의 초거대도시 서울에서 자연경관과 생태계를 논의할 수 있는 곳이 또 어디에 있던가. 밤섬이 재생되고 생명들을 보금게 되면서 밤섬을 보는 도시민의 눈은 한껏 푸른색으로 물들어 있다. 사라진 줄만 알았던 밤섬이 서서히 깎여나간 제 살을 재생하여 자신의 자리로 되돌아온 것에 대한 도시민의 감탄사는 옛 사람들의 시심과 다르지 않다.

서울시는 한강에서 유일하게 자연과 생태를 노래할 수 있는 밤섬을 생태계보전지역1 으로 지정하였다. 또한 지난 10여 년간 밤섬의 생

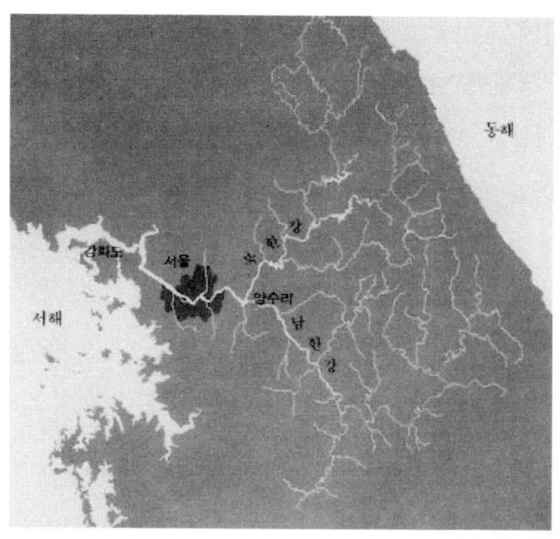

한강 유역 수계도(뿌리깊은나무, 1996).

태계를 정리하는 작업도 공공의 영역에서 꾸준히 진행되어 기록이 계속 갱신되고 있다. 이러한 작업은 아픈 과거를 들추어내는 작업이면서 현대의 서울에서 되살아나는 희망을 이야기하는 작업이었다.

버드나무그늘과 은모래가 들려주는 밤섬 이야기

밤섬이란 이름은 밤처럼 두 쪽으로 갈라져 윗밤섬, 아랫밤섬으로 나뉘어 있던 옛 지형에서 유래되었다. 소월素月이 노래했던 '은모래'가 가득하던 강변이 길게 제비꼬리처럼 늘어져 있어 한강에서 고운 사질 토양에서 주로 관찰되던 말조개, 펄조개, 대칭이, 재첩 등 조개류가 풍부하게 서식하였음을 짐작할 수 있다. 그 강가에는 '버드나무'류가 그늘을 드리우고 있었고 이는 지금 밤섬의 주인인 버드나무, 키버들, 갯버들 등으로 구성된 버드나무군락들임을 미루어 알 수 있다. 한강과 서해를 드나들던 황복과 뱀장어, 은어가 찾아와 알을 낳는 곳도 이러한 모래땅 버드나무 그늘이었다. 밤섬의 주민들은 서울 도성

사람들을 위해 '뽕나무'와 '감초'를 재배하였으며 약초를 팔아 생활하였으므로 경제적으로 넉넉했다. 서해로부터 드나드는 밀물과 썰물로 강변 모래밭은 수십 리를 이루었고 이를 따라 드나들던 물고기를 잡아 장에 내다 팔았으며, 배를 만들어 수운을 책임지던 중요한 도선장이 있었던 곳이다. 과거의 기록에는 시샘어린 눈길로 그 부유함이 기록되어 있음을 쉽게 찾아 볼 수 있다.

밤섬의 시련

밤섬의 시련은 근대화의 물결이 몰아치고 대한민국의 재건의 깃발이 올려졌던 60년대 말에서부터 시작된다. 정부에 의해서 밤섬이 폭파되고 섬이 사라지게 된 것이다. 여의도 윤중제(지금의 윤중로)를 만들기 위해 토석과 모래를 밤섬에서 조달하였고 이 공사로 밤섬은 완전히 지도상에 사라지게 되었다. 이때가 1968년의 한 겨울인 12월이었으니 불과 40년 전의 일이다. 이때 밤섬의 총면적이 57,190.34m^2에 달하였고 114,000m^3의 잡석과 147,500m^3의 흙이 여의도로 옮겨졌다고 한다. 당시 밤섬의 크기는 지금 밤섬의 크기보다 약 40배정도 더 큰 섬이었다. 당시 밤섬에 거주하던 주민은 62가구 443명이었으며 이들은 섬이 해체되고 터전이 사라지기 직전 현재의 서강대학교 뒤편 창전동 밤섬마을로 내몰리게 되었다.

밤섬의 해체에는 당시 정권의 행정편의적인 발상에서 기인한다. 강을 넓혀 물의 흐름을 원활하게 한다는 이른바 '하천정비'를 표면적인 이유로 내세웠지만 이는 표면적인 명분에 불과했다. 밤섬의 해체와 윤중제건설은 여의도를 개발하여 신도시를 만들기 위한 계획이었으며 이를 위한 양질의 건축자재를 값싸고 손쉽게 조달하기 위한 계략이었으며 이러한 매립과 도시개발의 희생양이 밤섬이었던 것이다.

근대사 속에 등장하는 밤섬

밤섬이 역사적 기록 중에 1789년 정조 13년의 '한성부 서강방 율도계'라는 것이다. 율도栗島란 '밤섬'이라는 한자명이니 이즈음에 공식적으로 밤섬의 명칭을 기록하기 시작하였음을 추측할 수 있다.

1914년 행정구역 개편 때는 서울 땅이 아닌 고양군 용강면 여율리에 포함되었다. 당시 밤섬은 모래밭이 여의도까지 이어지고 동쪽과 서쪽에는 하식애河蝕崖가 발달하여 '작은 해금강'이라 불릴 정도로 경관이 아름다웠다고 전해진다.

1910년대 한강의 유로를 복원한 박경의 그림에는 여의도와 밤섬이 붙어 있어서 구별이 되지 않는다. 당시 여의도가 밤섬보다 작았다는 기록도 있으므로 이 그림에서 여의도와 밤섬은 한무리의 섬과 모래턱을 함께 지칭하고 있다고 생각할 수 있다. 밤섬의 근대적 기록속에서 생물상에 대한 기록은 찾아보기가 매우 힘들다. 뽕나무와 감초 재배의 기록만이 유일하다 할 수 있다. 그러나 밤섬 해체이후의 기록에서는 10여 개의 작은 모래섬이 밤섬의 자리를 매우고 있었고 그 곳에 수생초본류가 자라는 습초지가 있었다고 한다. 이러한 습초지가 차츰 육화되면서 땅이 굳고 섬의 형태도 재생될 무렵 모 대기업에서 갈대, 갯버들, 버들강아지, 찔레 등 58,000포기를 식재하였다는 기록도 있다. 그러므로 지금의 밤섬은 이러한 자연복원과 더불어 인위적인 식재로 인해 형성된 2차식생을 가지고 있었던 것으로 보이며, 이후 몇차례의 홍수로 인한 침식과 퇴적이 반복되면서 지금의 자연식생을 형성하였다고 할 수 있다.

밤섬의 현재

밤섬의 공식 지위는 서울시 지정 제1호 '생태 · 경관보전 지역'이다.

폭파 전 밤섬(『새와 사람』, 한국조류보호협회, 2000).

지정당시의 좌표는 동경 126° 55′ ~126° 57′, 북위 37° 31′ ~37° 33′ 이며 지정면적은 241,000㎡이다. 이 면적에는 밤섬 자체의 육역 면적 157,000㎡와 함께 주변의 모래턱과 습지대를 포함한 면적이었다. 밤섬의 주소지는 서울시 영등포구 여의도동 84-8번지, 마포구 당인동 313번지이다. 도심의 철새도래지 및 서식지로서의 중요성을 인정받아 보전지역으로 지정되었기 때문에 조류보호를 위해서 일반인의 출입이 엄격히 금지되고 있다.

밤섬이 주목받게 된 것은 사라졌던 밤섬에서 갈대가 자라고 버드나무가 싹을 틔우면서 물새들이 돌아 온 90년대 초반이라고 할 수 있다. 한강의 깊어진 수심 때문에 한강변 습지가 대부분 잠기거나 사라졌고 하중도(河中島)도 대부분 사라지거나 개발로 인해 제 모습을 잃어 버렸기 때문에 밤섬의 복원은 매우 특별한 경우였다. 더구나 모래톱이 점차 확장되어가고 있던 시점이라 존재만으로도 특별했던 밤섬

밤섬의 폭파(『새와 사람』, 한국조류보호협회, 2000).

이 현재진행형으로 살아나고 있었기 때문에 더욱 세간의 관심을 끌었던 것이다. 한강 주변의 습지가 줄어들고 수심이 깊어져 물새들이 쉴곳이 없어니 상황에서 둥지를 틀 곳은 언감생심 꿈도 꿀 수 없었던 것이 당시의 상황이었다. 그러나 원앙을 비롯한 겨울철 조류들이 월동하고 개개비 등 여름철 조류가 번식하기 시작하면서, 이들의 포식자인 황조롱이, 흰꼬리수리 등이 찾아와 습지와 새를 사랑하는 많은 탐조객들의 빼놓을 수없는 탐조장소로 입소문을 타게 된 것이다. 이렇게 물새들이 거대 도시 서울의 도심 한복판에 집중하면서 국내외 언론이 주목을 받게 되자 당시 서울시에서는 서둘러 보호대책을 마련하게 된 것이다.

밤섬의 재생과 복원의 의미

밤섬의 자연적 생태복원의 의미는 첫째, 한강생태계의 바로미터가 생

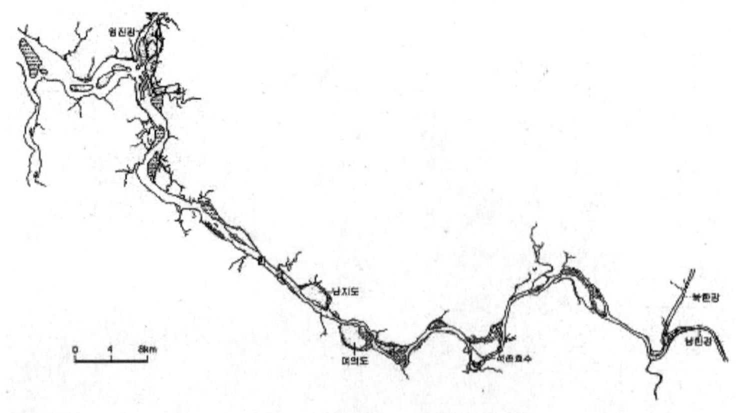

1910년대 서울부근 한강의 유로를 복원한 그림(박경, 2004).

졌음을 의미한다. 한강개발로 인해 사라진 습지와 물새서식처가 밤섬 습지가 재생되면서 그 가능성을 열어 주고 있으며 그 척도로서 밤섬을 관찰하고 기록하고 있는 것이다. 다만, 현재 자연 재생이 유일한 하중도로서 한강 지류를 포함해 물새가 서식할 수 있는 공간이 거의 없는 상황에서 물새들의 밤섬 집중현상은 앞으로 이러한 하중도의 확장과 복원이라는 과제를 던져주고 있다.

둘째, 밤섬의 재등장은 서울이라는 거대도시의 이미지를 개선하는 데도 크게 기여하였다. 서울에 거주하는 도시민들은 도심의 생태공간, 철새의 낙원을 만들어낸 자연의 놀라운 복원력을 피부로 느끼며 이를 실감하는 계기가 되었다. 인간에 의해 사라졌던 밤섬이 자연의 힘에 의해 스스로 복원되고 사라졌던 섬과 함께 떠났던 뭍 생명들이 함께 돌아오면서 도시의 질이 한단계 업그레이드되었던 것이다. 겨울철 많은 탐조객들의 발길이 끊이지 않고 여름철 사진가들의 주요 출사장소가 되다 보니 보는 이가 많아졌고, 관찰되는 종이 늘어 나고 입소문도 쉽게 타서 세간의 뜨거운 주목을 받기에 이른 것이다. 공식적 조사기록 보다도 탐조가, 사진가들에 의한 생물종이 훨씬 많은 것도 이 때문이다.

셋째, 범람과 퇴적, 침식이 반복되면서 밤섬의 기록들은 계속 갱신되고 있다. 현재 밤섬이 윗밤섬과 아랫밤섬으로 나뉘어 있는데 윗밤섬에 우점하는 버드나무숲으로 인해 표고가 계속 높아져 불과 수년만에 5.5m에서 7m로 높아지고 있으며 섬의 면적, 조류 종수 등은 1년~3년 주기로 수정되고 있다.

밤섬의 생태적 기록

생태 현황

밤섬에 서식하는 동식물종에 대한 연구 자료를 취합하기 위해서 조류와 식물, 어류 등의 주요 서식하는 종에 대한 분류군별 검토가 필요하였다. 특히 이들의 기록은 그동안 조사자에 따라, 조사시기에따라 달라지고 있으므로 본고에서는 누적기록을 정리하고자 하였다. 특히 밤섬이 조류서식처로서 중요한 보호지역이므로 조류 기록종에 대한 정리는 매우 의미가 있으리라 여겨진다.

• 조류: 표1은 1998년 환경부조사이후 현재까지 공식적으로 밤섬에서 기록된 조류목록으로 총 64종2이다. 이를 토대로 보면 멸종위기종 I 급은 매, 흰꼬리수리 2종, 멸종위기종 II 급은 큰기러기, 말똥가리, 솔개 3종, 천연기념물은 말똥가리, 매, 흰꼬리수리, 솔부엉이, 쇠부엉이, 원앙, 칡부엉이, 큰소쩍새, 황조롱이 9종으로 나타나고 있다. 이 기록은 현재까지 공식적으로 보고된 기록이며 비공식적인 기록(사진기록, 구술기록 등)에 의하면 2008년 여름 현재 최대 100여종까지 관찰된다고 할 수 있다. 그동안 조류에 대한 연구결과를 종합해보

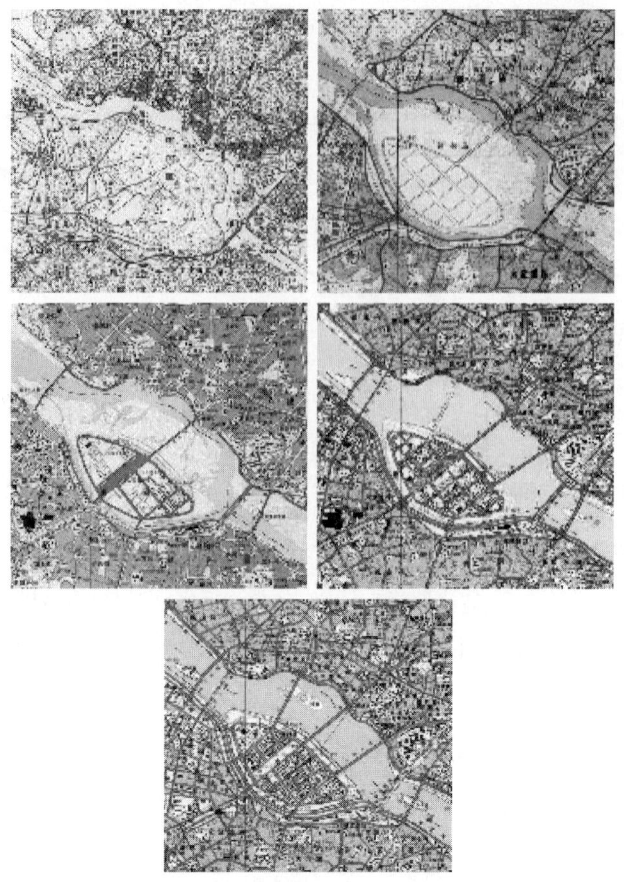

1910년대, 1970년대, 1980년대, 1990년대, 2000년대(왼쪽부터 시계 방향으로).

면, 한강과 그 지류를 이용하는 조류들에게는 매우 중요한 이동경로 상의 서식처라는 것이다. 한강 상하류를 이용하는 조류들은 야간에 먹이활동을 하고 주간에 휴식을 취하는 도시형 서식패턴을 가지고 있는데 밤섬은 주간의 휴식처로서 매우 중요한 서식처임을 알 수 있다. 지정학적 특성을 보면 밤섬을 포함한 한강하류는 호주와 동아시아를 이동하는 주요 이동성물새들의 중간기착지로서 매우 중요하며 특히 밤섬은 시베리아에서 내려오는 오리류의 월동지로서 매우 중요하다. 또한 번식지로 이동하지 않고 한국에서 번식하는 오리 및 소형 조류의 여름철 번식지로서 기능을 가지고 있다. 국제적으로 조류를 보호하는 단체인 Birdlife international에서는 이러한 조류의 서식처를 IBA(Important Bird Area)라고 명명하였는데 한강의 밤섬은 이러한 지위에 전혀 손색이 없는 곳이다.

학 명	국 명	과 명
Acrocephalus arundinaceus	개개비	휘파람새과
Cisticola juncidis	개개비사촌	휘파람새과
Butorides striatus	검은댕기해오라기	백로과
Anas acuta acuta	고방오리	오리과(수면성)
Larus crassirostris	괭이갈매기	갈매기과
Corvus corone orientalis	까마귀	까마귀과
Pica pica serica	까치	까마귀과
Tringa hypoleucos	깝작도요	도요새과
Charadrius dubius	꼬마물떼새	물떼새과
Oriolus chinensis	꾀꼬리	꾀꼬리과
Phasianus colchicus	꿩	꿩과
Anas clypeata	넓적부리	오리과(수면성)
Larus cachinnans	노랑발갈매기	갈매기과
Tachybaputus ruficollis	논병아리	논병아리과
Aythya fuligula	댕기흰죽지	오리과(잠수성)
Phoenicurus auroreus	딱새	딱새과
Buteo buteo	말똥가리	수리과
Falco peregrinus japonensis	매	매과
Streptopelia orientalis	멧비둘기	비둘기과
Alcedo atthis bengalensis	물총새	물총새과
Phalacrocorax carbo	민물가마우지	가마우지과
Streptopelia orientalis	밀화부리	되새
Parus major	박새	박새과
Motacilla lugens	백할미새	할미새과
Emberiza pallasi	북방검은머리쑥새	되새과
Paradoxornis webbianus	붉은머리오목눈이	오목눈이과
Tringa totanus	붉은발도요	도요과
Netta peposaca	붉은부리흰죽지	오리과(잠수성)
Mergus merganser	비오리	오리과(잠수성)
Milvus migrans	솔개	수리과
Ninox scutulata	솔부엉이	올빼미과
Parus palustris	쇠박새	박새과

Egretta garzetta	쇠백로	백로과
Asio flammeus	쇠부엉이	올빼미과
Anas crecca	쇠오리	오리과(수면성)
Sterna albifrons	쇠제비갈매기	갈매기과
Tringa glareola	알락도요	도요과
Anas strepera	알락오리	오리과(수면성)
Motacilla alba leucopsis	알락할미새	할미새과
Dendrocopos major	오색딱따구리	딱따구리과
Ardea cinerea	왜가리	백로과
Aix galericulata	원앙	오리과
Larus argentatus	재갈매기	갈매기과
Hirundo rustica	제비	제비과
Alauda arvensis	종다리	종다리과
Egretta alba modesta	중대백로	백로과
Parus ater	진박새	박새과
Columba livia var. domestica	집비둘기	비둘기과
Sturnus cineraceus	찌르레기	찌르레기과
Passer montanus	참새	참새과
Anas platyrhynchos	청둥오리	오리과(수면성)
Emberiza spodocephala	촉새	멧새과
Asio otus	칡부엉이	올빼미과
Anser fabalis	큰기러기	오리과
Otus bakkamoena ussuriensis	큰소쩍새	올빼미과
Nycticorax nycticorax	해오라기	백로과
Anas penelope	홍머리오리	오리과(수면성)
Bubulcus ibis	황로	백로과
Falco tinnunculus interstinctus	황조롱이	매과
Haliaeetus albicilla	흰꼬리수리	수리과
Mergus albellus	흰비오리	오리과(잠수성)
Anas poecilorhyncha	흰뺨검둥오리	오리과(수면성)
Bucephala clangula	흰뺨오리	오리과(잠수성)
Aythya ferina	흰죽지	오리과(잠수성)
총 종수 64종		

표1. 1998년~2005년까지 기록된 밤섬의 서식 조류.

밤섬에 많은 조류가 찾아오는 이유는 첫째, 인위적인 교란이 없고 특히 출입이 제한되면서 휴식에 방해를 받지 않기 때문이며, 둘째 하중도이기 때문에 외부에서 침입하는 포식자가 없어 안전하게 월동 및 번식이 가능하기 때문이다. 셋째로 한강의 샛강들이 복원되면서 지천 유역에서 먹이활동을 하는 조류들이 늘어나면서 밤섬을 이용하는 조류개체수가 증가하고 있는 것도 그 이유라 할 수 있다.

• 식물상 및 식생: 밤섬에는 수생식물과 육상식물이 모두 생육하며 1998년에서 현재까지 기록된 식물은 47과 228종류였다. 버드나무, 갯버들, 용버들, 호랑버들, 물억새, 양지꽃, 금낭화, 붉은털여뀌, 으아리, 부처꽃, 물쑥, 갈대, 말즘, 생이가래, 애기부들, 택사, 줄, 솔방울고랭이, 송이고랭이, 물달개비, 개똥쑥, 여뀌바늘, 낙지다리 등 다양한 수생식물, 습지식물, 육상식물이 생육하고 있다. 또한 버드나무군락은 수령 10년 이내의 어린 나무들로 구성되어 있으며 물억새군락, 물쑥군락, 환삼덩굴군락, 갯버들군락, 갈대군락, 갈풀군락, 도루박이군락이 중요한 식생군락으로 판단되어 현존식생도가 작성되었다.

식생연구의 결과를 종합하면 시간이 흐름에 따라 환삼덩굴과 같은 1년생식물이 갈풀이나 버드나무같은 다년생식물로 천이되고 있음을 알 수 있다. 또한, 버드나무간에 영역경쟁으로 자기솎음현상이 일어나 고사목이 생기고 있으며 버드나무군락의 면적이 점차 커지고 있음을 알 수 있다.

• 어류: 밤섬에서 기록된 어류는 붕어, 잉어, 뱀장어, 누치, 쏘가리, 메기, 웅어, 흰줄납줄개, 피라미, 끄리 등 29종3이다. 밤섬 주변은 수심이 얕은 추이대가 잘 발달해 있으며 다양한 수생식물군락이 있고 섬 사이에 수심이 얕고 유속이 매우 느린 정수된 웅덩이가 있어 어류의 산란처로서는 매우 좋은 조건을 가지고 있다. 특히 잉어과 어류의 산란처이자, 치어의 생육장소로 중요하며 소형의 어종인 납줄개과에 속하는 종이 다량 서식하는 장소로 관찰되었다.

학 명	국 명	과 명
Mugil haematocheila	가숭어	숭어과
Acheilognathus gracilis	가시납지리	잉어과
Erythroculter erythropterus	강준치	잉어과
Opsariichthys uncirostris	끄리	잉어과
Acheilognathus lanceolatus	납자루	잉어과
Acheilognathus rhombea	납지리	잉어과
Hemibarbus labeo	누치	잉어과
Leiocassis ussuriensis	대농갱이	동자개과
Pseudobagrus fulvidraco	동자개	동자개과
Saurogobio dabryi	두우쟁이	잉어과
Carassius cuvieri	떡붕어	잉어과
Silurus asotus	메기	메기과
Pseudogobio esocinus	모래무지	잉어과
Leiocassis nitidus	밀자개	동자개과
Hypophthalmichthys molitrix	백련어	잉어과
Anguilla japonica	뱀장어	뱀장어과
Carassius auratus	붕어	잉어과
Hemiculter leucirostris	살치	잉어과
Mugil cephalus	숭어	숭어과
Siniperca scherzeri	쏘가리	꺽지과
Coilia ectens	웅어	멸치과
Cyprinus carpio nudus	유럽잉어	잉어과
Cyprinus carpio	잉어	잉어과
Letaolabrax japonicus	점농어	농어과
Acheilognathus yamatsutae	줄납자루	잉어과
Scrcocheilichthy nigripinis morii	중고기	잉어과
Scrcocheilichthy nigripinis morii	참중고기	잉어과
Acheilognathus macropterus	큰납지리	잉어과
Micropterus salmoides	큰입우럭	파랑우럭과
Rhodeus ocellatus ocellatus	흰줄납줄개	잉어과
총 종수 30종		

표2. 1998년~2005년 밤섬 수역에서 기록된 어류.

• 기타 동식물: 패류는 말조개, 펄조개, 재첩이 기록되었고, 양서, 파충류로는 자라, 남생이, 붉은귀거북이가 기록되었다. 저서생물 연구결과에 따르면, 98년 생태조사에서 기록된 저서생물 종수는 밤섬이 24종인데 비해 주변의 다른 한강변에서는 10여종 정도만 채집되

어 밤섬이 한강에 서식하는 저서생물의 서식처로서 매우 중요함을 알 수 있었다. 육상곤충의 연구에서도 이와 유사하게 다른 지역보다 많은 68종 이상이 서식하였으며 이는 도시 내에서 다양성이 매우 높은 지역임을 알 수 있는 수치이었다. 또한 곤충대발생blooming 현상이 딱정벌레목의 잎벌레류와 풀잠자리류를 중심으로 보여 지기도 했는데 이는 도심에 있지만 외부의 간섭이 없으므로 천적이 없어 일시적으로 곤충이 증가하는 현상이었다고 해석되었다.

한강 생태계의 전체적인 조망과 습지의 비교

밤섬은 한강생태계의 일원이자 물과 흙이 빚어낸 습지이다. 밤섬이 있는 한강의 서울시 구간에서부터 황해바다로 나가는 고양, 김포, 파주, 강화구간을 하류라고 할 수 있다. 그런데 김포대교 밑 신곡수중보를 기점으로 생태계를 평가해 보면 뚜렷한 차이점이 발견된다. 신곡수중보 상류구간은 한강개발로 인해 수심이 일정하게 유지되고 수변구간이 없거나 대부분 공원화되었지만, 하류구간은 조석간만의 차이가 뚜렷하고 수변구간과 하중도가 발달해 있으며 다양한 생물들이 서식할 수 있는 공간이 있다. 서울의 한강 본류가 생태적으로 안정이 되기 위해서는 바로 생물서식처로서 그 생태적 의미가 유별난 한강하구 습지보호지역을 비교해보는 것이 좋겠다.

그림 8의 한강수역을 자세히 보면 미미하나마 색도의 차이를 볼 수 있다. 밤섬을 포함한 서울시구간은 짙게 나타나지만 좀 더 아래쪽을 내려가 보면 옅은 회백색구간으로 바뀌는 것을 알 수 있다. 이 기점이 바로 신곡수중보이다. 신곡수중보 위쪽은 일정함 수심을 유지하고 있는 고인물이고 아래쪽은 조석에 따라 평균 수심이 0.3 m~ 3m로 다양하게 변하는 구간임을 보여주는 것이다. 즉 신곡수중보 아래

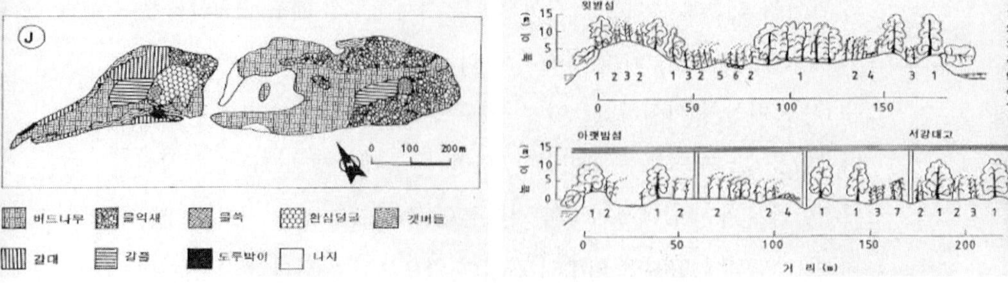

밤섬의 현존식생도(좌), 밤섬의 식생단면도(환경부, 1998).

구간은 연안의 갯벌과 같이 하구갯벌이 조수간만의 차이에 의해 역동적으로 변하고 있다는 뜻이다. 이러한 구간에는 하류의 생태계가 고스란히 살아 있어 건강한 먹이그물이 유지되고 대형 조류와 포유류들을 부양할 수 있는 생태계가 유지된다. 특히 멸종위기종들이 이곳에 집중하는 것은 당연한 이치다. 그래서 환경부는 2006년 4월에 강화도에서 고양시까지 수변 및 수역을 '한강하구습지보호지역'으로 지정하게 되었다. 그 면적은 60.7㎢에 달한다.

이 지역에서 관찰되는 멸종위기종은 2008년 3월 기준으로 보호지역 내 35종, 보호지역 인근의 논과 수로에 9종, 청문조사로 1종이 발견되어 총 45종을 기록했다. 또한 이 지역에서 발견된 천연기념물은 26종으로 집계되었다.

한강하구습지보호지역과 밤섬 생태 · 경관보호지역의 공통점은 생물이 서식할 수 있는 강변 추이대 즉 습지대가 있다는 점이고, 더불어 일반인의 출입이 금지되어 있고, 개나 고양이와 같은 포식자가 들어갈 수 없는 안전한 서식공간이 확보되어 있다는 것이다. 이는 한강 본류 전체구간에 대해 생태적으로 건강하려면 습지대와 하중도를 많이 가져야 한다는 시사점을 던져 주고 있다. 그러나 밤섬과 한강하구습지를 비교해보면 멸종위기종이나 천연기념물이 바로 인근에 있으면서 한강본류나 밤섬에서는 한 번도 관찰되지 않는 종들이 있다. 왜 이들은 가까운 밤섬으로는 가지 않고 오직 한강하구 지역에서만 관찰되는 것인가. 그 해답은 주변 농경지의 감소에도 원인이 있겠지만, 또 하나의 주요한 원인은 바로 신곡수중보라는 물속의 댐에 있다고 할 수 있다. 재두루미, 개리, 저어새와 같은 멸종위기에 처한 대형 조류들은 밤섬과 같은 안전한 휴식처 이외에도 시시때때로 드러나는 드넓은 갯벌이 필요하다. 신곡수중보 바로 아래 하구갯벌은 자연하구의 특징인 조석간만의 영향을 받아 강이면서도 물때에 따라 넓은 모래밭과 하구갯벌이 드러난다. 신곡수중보가 생기기전에는 잠실까지 조석의 차이가 생겼다고 하니 아마도 이 당시에는 재두루미가 서울하늘을 날았음직하다.

멸종위기종 I급 : 6종	검독수리, 노랑부리저어새, 매, 저어새, 참수리, 흰꼬리수리
멸종위기종 II급 : 29종	가창오리, 개리, 검은목두루미, 독수리, 뜸부기, 말똥가리, 물수리, 비둘기조롱이, 새홀리기, 솔개, 수리부엉이, 시베리아흰두루미, 쇠황조롱이, 알락꼬리마도요, 재두루미, 잿빛개구리매, 조롱이, 참매, 큰고니, 큰기러기, 큰말똥가리, 털발말똥가리, 흑두루미, 흰목물떼새, 흰이마기러기, 흰죽지수리, 삵, 붉은발말똥게, 구렁이
청문조사(보호지역내) :1종	물개(전류리)
인근지역 습지조사 : 9종	두루미(멸종위기 I급) : 임진강하구습지 황새(멸종위기종 I급) : 임진각습지 흑기러기(멸종위기종 II급) : 임진각습지 층층둥굴레 (멸종위기 II급) : 문산천하구 매화마름 (멸종위기 II급) : 강화북단, 김포북단 논 물장군 (멸종위기 II급) : 호수공원 귀이빨대칭이 (멸종위기종 I급) : 호수공원 금개구리(멸종위기 II급) : 곡릉천하구 맹꽁이 (멸종위기 II급) : 창릉천 변

표3. 한강하구 습지보호지역 및 인근 습지의 멸종위기종(총 45종) (PGAI 미발표 자료).

한강본류 및 하구 위성지도(KEI, 2006).

이렇듯 서울의 한간, 특히 밤섬의 생태적 질은 하천의 본래적 성정을 가질 수 있도록 인위적인 구조물을 없애주는 것이 중요하다. 한강개발로 인해 막힌 물꼬를 터주는 것이다. 밤섬의 과거는 바로 아래 한강하구에 생생하게 살아 있음을 알아야 한다. 지금 한강의 과거와 현재가 공존하고 있을 때는 아직 희망이 있다. 강은 흐를 때 살아 있는 것이다.

습지보호지역내 천연기념물 : 22종	개리, 검독수리, 검은목두루미, 노랑부리저어새, 독수리, 뜸부기, 매, 솔부엉이, 쇠부엉이, 수리부엉이, 원앙, 재두루미, 잿빛개구리매, 저어새, 참매, 참수리, 큰고니, 호사도요, 호사비오리, 황조롱이, 흑두루미, 흰꼬리수리
습지보호지역내 청문조사: 1종	물범
습지보호지역 인근 천연기념물 : 3종	황새, 흑기러기, 두루미

표4. 한강하구 습지보호지역 및 인근 습지의 천연기념물(총 26종) (PGAI 미발표 자료).

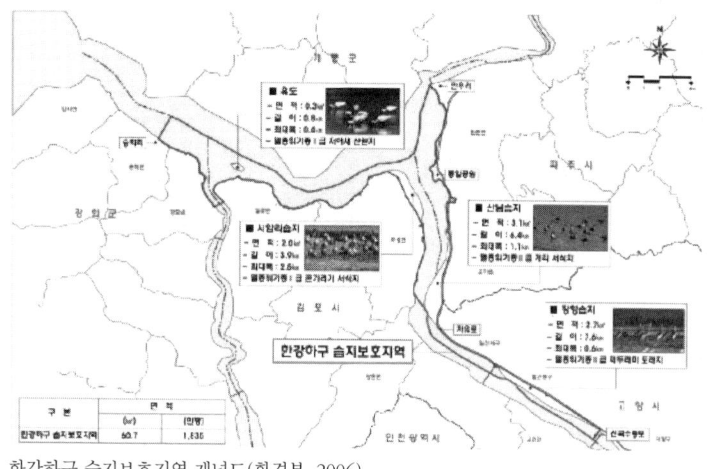

한강하구 습지보호지역 개념도(환경부, 2006).

맺으며

밤섬에 대한 자연경관, 동식물의 기록들을 찾아 인간만이 아니라 밤섬에 거주하던 생명들에 대한 기록들을 찾아 정리해 보려고 했다. 그러나 밤섬의 자연의 기록이 미천하고 자연과학적 연구의 역사 또한 짧아서 이를 제대로 규명하는데 한계가 있었다.

서울이라는 거대 도시 안에서 비록 삶의 공간이 척박할지언정 생명들이 어우러져 살아가는 모습들, 삭막한 도시에 생명을 불어 넣어 주고 있는 밤섬의 생태계에 대한 생태학적 고찰은 어찌 보면 그 시도 자체가 의미가 있을지 모른다는 스스로의 위안으로 글을 맺으려한다.

밤섬은 이 순간에도 계속해서 제 몸집을 늘여나가고 있다. 서울시에 따르면 3년에 한번씩 밤섬의 면적을 측정해야 한다고 한다. 밤섬의 재생은 현대의 서울을 살아가는 우리에게 어떠한 의미를 주는가. 당대의 서울의 미래적 담론을 읽는다면 비약인가. 한강 밤섬이 들려주는 '오래된 미래'이야기는 새로이 재생되는 밤섬의 생태복원이 굳

밤섬의 겨울 식생. 환상 덩굴과 가시시박 등 덩굴 식물이 버드나무를 감사고 있다(위), 홍수로 범람되어 물에 잠긴 밤섬. 홍수는 밤섬 생태계의 자연적인 교란 요인으로 식생의 천이를 유발한다(가운데), 밤섬의 전경(아래).

어지고 막혀진 서울의 생태적 숨통을 터주는 자연의 눈물 나는 제자리 찾기이다. 또한 불도저처럼 밀어 붙였던 한강의 기적이 화석에너지의 힘으로 가능했다면 그 때문에 만신창이가 된 자연이 스스로를 치유해가는 자연에너지의 힘이 밤섬의 재생에서 느껴진다.

밤섬, 그 아름다운 재생은 오늘도 진행형이다.

안창모 | 세상에 나온 섬, 여의도

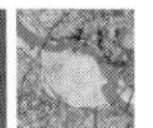

여의도에 관한 기록은 1530년 중종 25년에 편찬된 『신증동국여지승람』新增東國輿地勝覽에서부터 크고 작은 기록이 남아 있고, 개항과 일제강점기를 거치면서 여러차례 서울의 행정구역이 확장되면서, 1936년 여의도가 영등포와 함께 서울에 편입되었지만, 사람들에게 서울의 일부로 인식되기 시작한 것은 그로부터 다시 30여년이 흐른 뒤다.

1963년 1월 서울의 행정구역이 기존의 행정구역만큼(328.15km²) 확장되면서, 서울은 한강을 품에 안게 되었고, 서울의 행정구역이 한강이남으로 확대되면서 여의도가 지리적으로 서울의 중심부에 위치하게 되었지만, 1958년 여의도공항의 기능이 김포공항으로 이전하면서, 오히려 여의도는 그 동안 유지해왔던 최소한의 기능마저 상실하게 되었다. 여의도가 서울의 일부로서 도시적 기능을 갖게 된 것은 1967년 한강개발 3개년 계획을 통해 여의도에 시가지를 조성하겠다는 발표 이후, 여의도 개발계획이 본격화된 1970년대 중반 이후다. 여의도가 갖고 있는 도심으로부터의 지정학적인 거리와 규모 등을 감안할 때, 개항 이후 서울의 행정구역이 확장되는 과정에서 매우 늦게 도시적 기능이 부여되었다는 것은 흥미로운 사실이 아닐 수 없다.

본 글에서는 개항 이전의 여의도에 관한 각종 기록을 살펴보고, 개항 이후 여의도의 소외와 개발과정 그리고 여의도의 개발과 그 의미를 살펴보고자 한다.

개항 이전의 여의도

1530년 중종 25년에 편찬된 『신증동국여지승람』의 기록에 따르면,

여의도가 「잉화도」仍火島로 기록되어 있고, 여의도에 대해 '서강 남쪽에 있는 목축장으로 사축서, 전생서의 관원 한 사람씩을 보내 목축을 감독한다'라고 적고 있어, 조선 초부터 이곳의 땅이 넓고 편평하여 양과 염소를 기르는 국가에서 관리하는 목장이었음을 알 수 있다.
조선시대에 전생서典牲署와 사축서司畜署는 궁중이나 나라 제사에 필요한 제물을 제공하는 기관이었다. 관서는 서울의 남대문 밖 남산 남쪽 둔지방屯智坊(현재 용산구 후암동 일대)에 설치하였다. 1894년 갑오개혁으로 없어졌다. 주된 임무는 해마다 종묘제宗廟祭 등 궁중행사에 필요한 흑소와 황소를 공급하는 일이었다. 그런데 궁중에서 소요되는 가축은 전생서 한 곳에서만 모두 사육한 것은 아니어서, 일부는 전국 각지에 축류별로 사육 적지를 골라 배정, 새끼 때부터 기르게 한 뒤에 이를 공물로 받아들여 사육하였지만, 서울 인근에서는 여의도에서 사육을 담당했다고 한다. 여의도 일대에는 목축 뿐 아니라 밭 등이 있어 농작물을 재배했다.

갈수기에는 백사장으로 연결되지만, 평상시에는 섬의 위상을 갖고 있던 밤섬과 여의도는 각기 다른 거주자와 생업특성을 가지고 있었던 것으로 판단된다. 밤섬은 고려시대에는 '귕터'라는 유배지였던 것으로 알려져 있으며, 밤섬의 이러한 성격은 어느정도 조선시대까지 이어졌다. 여의도와 밤섬은 조선시대 한강이 담당했던 물류의 중심적 위치를 점하고 있었다. 한강은 하류를 통해 서해를 거쳐 삼남지방으로 연결되었고, 동시에 한강 상류로는 강원도와 충북으로 이어지는 내륙으로 이어졌기 때문에 여의도와 밤섬은 자연스럽게 내륙과 서해로 연결되는 물류의 거점이라는 입지를 차지할 수 있었다. 이러한 지리적 입지는 밤섬 거주민의 생업과 직결되었다. 김진명은 '한국의 하위문화'에서 이들의 생업은 주로 강 밖의 숙주경제宿主經濟에 의존하

일제강점기 배 만드는 풍경이 담긴 사진 엽서.

는 기생경제寄生經濟라고 표현하였는데, 이들의 직업은 뱃사공, 배목수, 어업, 기타 선원들을 위한 서비스업, 땅콩 등 기호식품을 강 밖에 제공하는 농업 등이었다고 한다. 실제 한강에서 떠다니는 배는 대부분 이 곳에서 만들어졌고, 밤섬 폭파로 거주민들이 모두 이전하기 전까지 이곳에는 배 목수 일을 배우러 오는 사람들이 많았다고 한다.[1]

또 다른 기록으로 조선말의 '동국여지비고'에는 율도(밤섬)와 여의도의 물리적 관계에 대해서 묘사되어 있다. 두 섬은 평소에는 서로 붙어 있었는데 홍수 때는 두 섬이 갈라졌다고 한다. 이는 여의도의 원지형이 전체적으로 편평하고 낮은 지형으로 이루어져 있지만, 밤섬과 양말섬의 지형이 높아 홍수에도 물에 차지 않을 지형이 높았다는 뜻이다. 이러한 두 섬의 물리적 상황은 『동여도』東輿圖의 「경조오부도」에 잘 나타나 있다.

여의도와 밤섬이 그려진 동여도에 따르면, 여의도와 관련된 기록으로 汝矣島, 栗島, 牧羊, 白沙周二十里 등의 단어가 보인다. 여기서 주목할 만한 부분은 '목양'과 '백사주이십리'라는 단어다. 목양은 앞서의 기록에서 사축서나 전생서의 역할과 여의도에서 제례를 위해 가축을 길렀다는 내용과 일치함을 보여준다. 한편 모래사장의 주변이 20리(8킬로미터)에 달한다는 내용은 반지름 1.3킬로미터의 원에 해당하는 면적이고, 이를 다시 면적으로 환산하면, 510만 제곱미터(170만 평)에 달하는 넓은 땅이다. 여의도가 하나의 마을로 인정받게 된 것은 조선 후기 영조시대에 와서다. 영조 27년(1751)에 도성수비를 위하여 작성, 발간된 수성책자守城冊子인 『도성삼군문분계총록』都城三軍門分界總錄에 의하면, 훈련도감 우정右停에 속한 북부 연희방延禧坊의 여러 동계洞契 중 여의도계汝矣島契가 있음을 볼 수 있다.

조선시대 말인 1894년 갑오개혁 당시 여의도는 한성부 북부 연희방(성외) 여의도계에 속해 있었다. 여의도는 과거에 다양한 이름으로 불렸던 듯하다. 이름이 다양했다는 사실은 여의도를 인식하는 방법이 서로 달랐다는 것을 의미하는데, 이는 여의도의 효용성이 사회적으로 뚜렷한 위상을 갖고 있지 않았음을 뜻한다고도 할 수 있다.

여의도의 지명에 대한 가장 오래된 기록으로 1530년 중종 25년에 편찬된 『신증동국여지승람』에는 여의도에 대해 잉화도로 기록되어 있다. 그후 330여 년을 지나 고종 원년(1864년)에 이루어진 것으로 추정되는 고산자 김정호의 「대동지지」大東地志 권1 한성부 도서조島嶼條에는 다시 저자도, 율도와 함께 잉화도 대신 여의도의 이름이 보인다. 이 여의도에는 또 다른 '나의주'羅衣洲라는 명칭이 있기도 하였다. 여의도, 나의주의 유래는 여의도가 홍수로 인하여 휩쓸릴 때에도 제일 높은 곳인 지금 국회의사당이 자리잡은 '양말산'만은 물 속에 잠기지 않고 나타나 있어 부근 사람들이 그것을 '나의섬', '너의섬'하고 지칭하던 데에서 얻어진 이름이라 하기도 한다.

개항 이후의 여의도와 소외

개항은 서울의 도시구조에 근본적인 변화를 가져왔다. 조선시대 내내 조선정부와 중국의 명 · 청이 취했던 해금정책으로 인해 바닷길은 막혀 있었고, 조선이 외교관계를 구축하고 있던 중국과의 관계는 육로를 통해서 이루어졌다. 당시 중국과 왕래하는 길은 서대문에서 오늘의 서대문 네거리와 의주로를 거쳐 독립문(구 영은문)을 지나 무악재를 너머 의주로 이르는 길이었다. 이로 인해 서대문밖은 번화했고, 그 모습은 19세기에 제작된 것으로 보이는 경기감영도에 잘 나타나 있다. 서대문의 번화함은 동대문 밖 풍경과 비교할 때 두드러진다.

그러나 개항과 함께 외교루트에 큰 변화가 생겼다. 조선이 전통적으로 외교관계를 유지해왔던 중국 이외에 일본과 미국, 영국, 프랑스, 러시아 등 서구제국과의 외교관계가 수립되면서 중국과 육로로 연결되었던 현 의주로보다 개항장이었던 인천을 통한 외교루트가 중요해졌던 것이다. 이로 인해 개항 이전의 의주로는 그 용도가 사라졌고, 인천으로 연결되는 남대문에서 용산을 거쳐 한강을 이용하는 루트가 새롭게 대두되었다. 양화진 등에 새롭게 개항장을 설치하자는 논의가 이루어진 것도 그 결과라고 할 수 있다. 1900년 철도가 서울과 인천을 연결하면서 한강변의 개항장 설치 문제가 새로운 국면에 접어들었다. 경인철도의 부설은 한강변 개항장의 의미를 퇴색시켰기 때문이다.

그런데 주목할 점은 경인철도의 노선이 지리적으로 최단거리에 해당하는 마포와 여의도를 거쳐 인천으로 연결된 것이 아니라, 서대문에서 출발한 경인철도가 용산과 노량진으로 우회한 후 영등포를 거쳐 인천으로 연결되었다는 사실이다. 경인철도의 루트는 어떻게 결정된 것일까? 그 이유는 비교적 단순 명료해 보인다.

지도상으로 최단 경로로 보이는 서대문에서 마포를 거쳐 영등포로 연결되는 루트에는 아현兒峴이라는 고개가 있고, 마포에서 영등포 사이에 존재하는 넓은 한강 폭이 장애가 되었을 것으로 판단된다. 이 루

「경기감영도」, 호암미술관 소장, 동대문 밖 풍경, 서대문 밖 의주로 풍경(시계 방향으로).

트를 이용하여 철도를 개설할 경우 터널을 뚫거나 대규모의 철도교량이 필요하기 때문이다.

고개를 깎거나 터널과 대규모 교량을 설치하는 것보다 만초천蔓草川을 따라 철로를 개설하면 고개라는 지형 문제도 없어지고, 한강을 가장 짧게 건널 수 있는 서대문-용산-노량진 구간이 경제적인 측면에서 유리하다는 판단이 있었을 것으로 추정된다. 여기에 도심에서 멀지 않은 거리에 신시가지를 조성할 수 있는 신용산의 넓은 부지는 서울에 새로운 거점을 만들고자 했던 일본의 입장에서 보면 매력적인 요인이었다고 할 수 있다. 1900년 경인철도의 개통으로 용산과 영등포 일대는 물류의 거점으로 빠르게 성장했고, 용산은 철도와 병영의 신시가지로 개발되었지만, 경인철도의 노선이 여의도를 우회함에 따라 여의도에는 어떠한 변화도 가져오지 못했다. 개항으로 조선은 서구의 근대문물을 수입하면서 빠르게 변화해 갔지만, 도시구조 측면에서 소외되었던 여의도에는 큰 변화가 없었다. 조선시대는 사축서와 전생서가 여의도를 양과 염소를 키우는 목축장으로 관리했지만, 갑오개혁(1894년)으로 사축서와 전생서가 폐지되면서, 최소한의 도시적 기능마저 없어졌다.

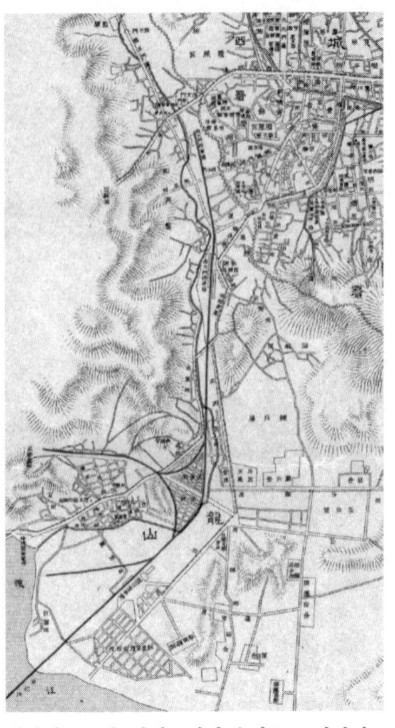

경인철도노선, 서대문에서 용산으로 이어지는 진한 선, 1910년 조선교통전도.

일제강점기 행정구역 개편과 여의도

여의도를 우회하는 경인철도 노선의 선택은 이후 여의도의 위상과 도시적 기능에 큰 영향을 미쳤다. 개항기의 경인철도는 여의도 운명의 큰 틀을 결정지었다. 이로 인해 일제강점기에 여의도는 도심에 인접해 있고 영등포와 긴밀한 입지였음에도 불구하고, 도시의 기능보다는 비행장으로 사용되면서, 1930년대 이후 본격화된 시가지 확장에서도 소외되었다.

여의도는 지형적으로 도심 쪽에 면한 북측이 수심이 깊고 강폭이 넓으며, 영등포에 면한 남쪽 수로는 수심이 낮고 강폭이 좁다. 해서 여름 한철에 샛강을 이루지만, 평소에는 보행이 가능한 조건을 갖고 있었다. 이러한 지형적인 특성과 철도가 여의도 샛강 남쪽을 돌아 영등포로 연결된 탓에 여의도는 오랫동안 남측을 통해 진입하였고, 그 결과 여의도와 도심과의 연결은 1970년대 마포대교가 건설되기까지 단절되었다. 결국 여의도는 도심과 매우 가까움에도 불구하고 오랫동안 도시의 기능적인 측면은 물론 인식의 측면에서도 사각지대로 남게 되었다.

한일합방 이후 1911년 경기도령 제3호에 의하여 종래 서울의 행정구역이 성밖 지역 8방을 8면으로 고쳤는데, 이 때 여의도는 경성부 연희면 여의도에 속했다. 그뒤 1914년 경기도 고시 제7호에 의해 성외지역 8면이 경기도 고양군으로 개편되면서, 다시 서울의 행정구역에서 빠졌다. 이 때 여의도는 건너편 율도와 함께 용산면과 서강면을 합한 용강면 여율리로 불렀다. 여율리는 여의도와 율도의 지명을 하나로 합쳐 부른 이름이다.

1936년 조선총독부령 제8호에 의하여 다시 경성부에 편입되면서 여의도정이 되었다. 이때부터 비로소 여의도가 경성부의 지도에 그려지기 시작했다. 1911년 경기도령 제3호에 의해 여의도가 행정적으로 서울에 속했지만, 이를 보여주는 지도는 없었다. 1943년 총독부령 제163호에 의해 구區제도가 실시됨에 의해 영등포구역소에 속하였다.

1936년의 경성부 행정경계가 표시된 경성부 관내도는 여의도와 경성부 도심의 관계 그리고 경인철도와 여의도의 관계를 잘 보여준다.

여의도의 북쪽에 위치한 마포의 경우 상당한 정도의 도시화가 진행되었지만, 강을 마주보는 여의도는 밤섬일대를 제외하고는 거주지가 전혀 형성되어 있지 않음을 경성부 관내도는 보여준다. 이에 반해 신용산을 거쳐 한강대교를 건너서 노량진 일대에서 시가지가 형성되어 있고, 이 시가지는 철로를 따라 영등포 일대에서 새로운 시가지와 연결됨을 알 수 있다. 여의도가 경성의 도시화 과정에서 철저하게 소외된 지역으로 남게 되었음은 경성시가지계획 평면도에서도 잘 나타난다. 경성시가지계획 평면도는 1914년의 경성부시역이 1936년에 동쪽으로 중랑천, 서쪽으로 홍제천, 남으로는 한강을 너머 안양천과 도림천까지 확대되었음을 보여준다. 동시에 확대된 시역에는 과밀화된

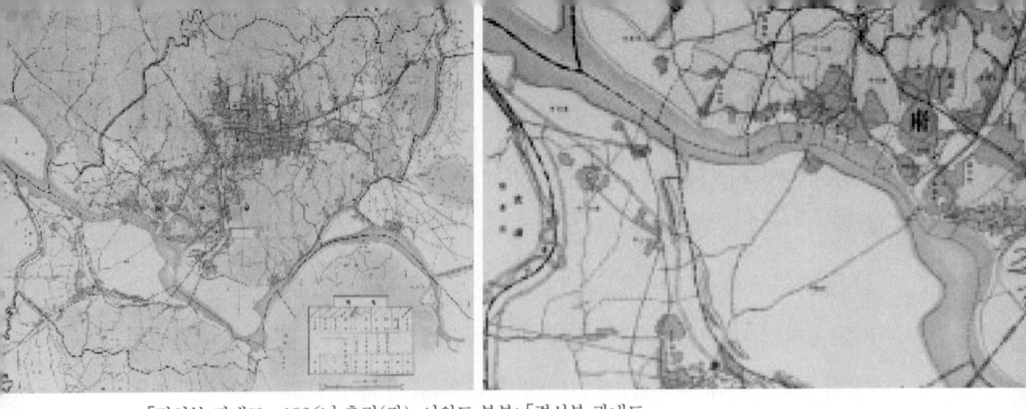

「경성부 관내도」, 1936년 추정(좌), 여의도 부분: 「경성부 관내도」.

경성부에서 주택부족 문제를 해결하기 위해 새롭게 경성부에 편입된 지역에 택지개발사업을 통해서 시가지를 형성하고 주택을 공급할 계획을 세웠지만, 여의도만은 택지개발지구에서 빠져 있다.

일제강점기 여의도의 기능

일제강점 하의 여의도는 20세기 초 서울의 도시확장에서 중추적인 역할을 담당하지는 않았지만, 넓은 땅과 도심에 가까운 이점에 맞는 도시적 기능들이 부여되곤 했다. 가장 먼저 활용된 것은 경마장 용도였다.

• 경마장: 도심과 일본인 거주지인 후암동과 용산에서 가까운 거리에 입지한 여의도에서 경주대회가 실시된 것은 이 땅에 정식으로 경마장이 생기기전에 경마를 실시할 만한 입지를 가진 곳이 흔하지 않았기 때문이다. 조선 최초의 경마는 1914년 4월 3일 용산의 일본군 연병장에서 조선공론사가 주최한 조선경마대회가 최초였다고 알려져 있다. 한국마사회에 따르면, 1949년에 결성된 한국마사회의 전신

「경성시가지계획평면도」(좌), 여의도 부분: 「경성시가지계획평면도」.

인 조선경마구락부가 1922년 4월 5일 발족되었는데, 1921년 9월 18일 동아일보 기사에 따르면 경성승마구락부가 이미 존재했었음을 알 수 있다. 경성승마구락부가 주최했던 경주대회는 남대문에서 노량진 사이에 임시열차를 운행할 정도로 의욕적으로 추진했던 큰 행사였던 것으로 보인다. 다음은 신문기사를 통해본 행사의 모습이다.

> 경성승마구락부의 주최로 오는 23일부터 삼일간 노량진 여의도에서 경마대회를 연다. 함은 이미 보도한 바이어니와 당일의 회장인 여의도는 한강가에서 있는 야외의 운동처소로는 가장 적당한 처소요 또 이번에 경마대회에서는 인도교에서 여의도까지 가는 삼정거리나되는 모랫밭의 통행할 도로는 늘판을 깔어 당일에 왕래하는 사람ㄷ으로 하야금 편리하게 할 터이라하며, 또 남대문 노량진 사이에는 임시열차를 운전하고 하강 인도교부근에서는 나룻배의 설비를 하야 입장권을 가진 사람들을 편리케 할터이라는 바 목하에 모든 공사를 실행하는 중임으로 금일중에는 완성할터이라더라.

• 비행장 건설: 여의도가 근대의 도시적 기능을 갖게 된 것은 1916

년 3월 여의도에 비행장이 건설되면서부터다. 경성을 비롯한 평양, 대구, 신의주, 울산, 대전, 목포 등지에 새로운 운송수단으로 등장한 비행기를 위한 불시 착륙장 건설이 착수된 때는 1916년 3월이었다. 여의도 비행장은 일본과 만주를 연결하는 독립적인 항공기의 기착지 이외에, 장거리 비행이 어려웠던 시절 일본에서 중국 또는 유럽으로 연결되는 항공노선의 중간기착지의 역할도 동시에 가지고 있었다. 1921년 9월 11일 동아일보에 따르면, 일본과 만주를 연결하는 비행에서 중간기착지로 조선의 여의도가 이용되었음을 알 수 있다.

> 일본 소택所澤에서 중국 장춘으로 가는 장거리 비행은 그 이리 차차 가까워옴으로 그 준비를 하기 위해 소택항공학교 교관 보병대위 뢰호준이瀨戶俊二 씨가 조선에 와서 군사령부와 여러 가지 일을 협의하는데 그 비행기는 금월 이십오일에 한강 남편 언덕 여의도에 도착하야 그 이튿날 다시 떠날 터인데 모든 설비공사는 오는 십오일경부터 시작할 터이다.

여기서 주목을 끄는 것은 여의도를 언덕으로 묘사하고 있다는 점이다. 이 언덕은 양말산을 지칭하는 것으로 보인다. 1921년 여의도에서 개최된 조선인 최초의 비행사 안창남의 시범비행은 경성부민들의 새로운 자랑이 되기도 했다. 당시 동아일보는 안창남의 시범비행을 사고社告까지 내며 널리 알렸고, 시범비행 기사가 온 신문을 가득 메우기도 했다.

여의도 간이비행장이 근대화된 비행장의 모습을 갖춘 것은 1927년에 이르러서였다. 조선총독부는 1926년에 각 비행장 현대화 계획을 세워 1927년도 예산에 340만원을 책정 배정했다. 이 예산으로 1927

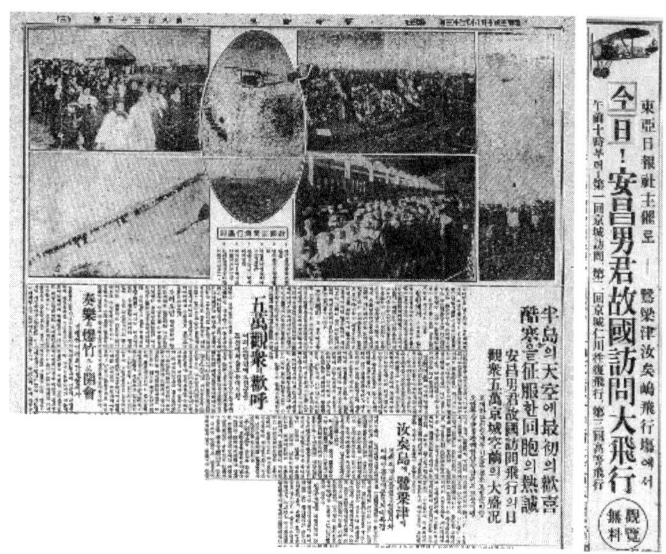
東亞日報社主催로 — 鷺梁津汝矣島飛行場에서

今日! 安昌男君故國訪問大飛行

午前十時半브터 第一回京城訪問 第二回京城仁川往復飛行 第三回高等飛行

觀覽無料

半島의 大空에 最初의 歡喜

酷寒을 征服한 同胞의 熱誠

安昌男君故國訪問飛行의 日

觀衆五萬京城空前의 大盛況

五萬觀衆의 歡呼

汝矣島, 鷺梁津

奏樂, 爆竹, 閉會

1921년 12월 11일 『동아일보』와 같은 날 사고.

년도 1년 동안에 걸쳐 각 비행장에 기상관측소氣象觀測所를 비롯한 항공표지航空標識 · 통신시설 그리고 서울 · 울산 · 목포 · 신의주에 각각 비행장 세관稅關을 설치했다. 이후 여의도 비행장은 수요증가에 따라 지속적으로 확장되었다.

1936년 경성부 시역 확장시 여의도는 비행장으로 사용되고 있었으며, 여의도 비행장은 군사적 목적이외에 일본과 조선 그리고 만주를 잇는 항공로의 거점역할을 수행하고 있었다. 1920년대 이후 서울의 과밀화가 심화되면서 시역이 대폭 확장되었지만, 시역밖에 위치했던 여의도가 시역 내에 포함되면서도 시가지화에 대한 계획이 없었던 것은 여의도가 해마나 홍수피해를 입는 지역이라는 사실과 한강이북의 시가로 연결되는 도로망이 개설되기 어려운 지형적인 특징때문이었을 것으로 판단된다.

• 여의도와 대농원건설: 1923년 11월 12일자 동아일보에 여의도에 관한 흥미있는 기사가 실렸다. 여의도에 대농원건설계획을 세운다는 기사로, 내용인즉 도시계획에서 가장 중요한 오물처리에 대한 시설이 경성에서 가장 불안전하기 때문에 이 문제를 해결하기 위해 여의도를 활용한다는 것이다. 여의도에 대농원을 건설하여 경성부의 오물을 비료로 사용하겠다는 계획이었다. 많은 예산이 소요되므로 당장 실현에 옮기는 것은 쉽지 않지만, 장기적으로 검토되어야할 과제라고 판단했던 듯하다. 일제강점기에 구상되었던 이 계획은 이루어지지 않았지만, 해방 후 다시 한번 신문에서 접하게 된다.

해방 후 여의도의 모습

해방 이후 1946년 일제식 동명을 우리말로 고칠 때 여의도는 서울시 영등포구 여의동이 되어 현재에 이르고 있다.

1945년 해방이 되자 한반도에 진주한 미군은 여의도 비행장을 미군비행장으로 사용하였고, 광복군의 이범석 장군이 중국 시안西安에서 미군 특별기를 타고 여의도 비행장을 통해 입국하기도 했다. 한편, 1948년 5월 5일 여의도에서 국방경비대 항공부대가 창설되었기에, 여의도 비행장은 한국공군의 산실이기도 하다. 당시 우리 군이 보유한 비행기는 단 한 대도 없어 예비 조종사들은 지상훈련에 만족해야 했다. 공군은 여의도를 K-16 기지로 사용하다가 서울시가 여의도 개발에 착수하자 성남으로 기지를 옮겼다. 해방공간에서 여의도의 모습은 알려진 바가 거의 없다. 단지 신문기사를 통해서 여의도가 어떠한 상황이었는지 단편적으로 짐작해볼 뿐이다. 동아일보에 해방 직후 여의도의 모습을 가늠해 볼 수 있는 기사가 실렸다. 두 기사 모두 여의도에 전재민을 위한 주택 50세대가 건축되었다는 이야기를 전하고 있다.

> 1946년 10월 30일 동아일보: 서울시에서는 여의도를 농장으로 개간하야 전재민에게 분배하기로 된 것은 이미 보도한 바이어니와 그동안 비행장 부근에 이들 전재민을 수용할 주택을 건축중이었던 바 요즘 준공을 보아 31일 상호 10시 현장에서 준공식을 거행하기로 되었다.
>
> 1946년 11월 10일 동아일보: 해외에서 도라온 전재민을 수용하기 위하야 서울시에서 그동안 백칠십만원 공사비와 오천칠백구십명의 노력으로 여의도 전재민주택공사의 완성을 보았으므로 지난 6일 성대한 준공식을 거행하였는데 가옥 25호에 50세대의 전재민을 수용하여 매호 2천평의 농경지도 부설되어 있고 상수도 설비도 있어 매우 위생적이며 앞으로 교육시설도 설치하리라고 거행하리라 한다.

두 기사는 기사의 내용과 시간 차이로 보아 동일한 내용을 다루고 있는 것으로 보인다. 그런데 주목할 만한 사실은 25채의 주택을 지어 50세대를 입주시켰고, 각 호마다 2,000평의 농경지를 제공했다는 사실이다. 그리고 향후 이곳에 교육시설도 설치할 계획이라고 언급한 부분이다. 이는 주택이 2호 연립으로 지어졌다는 것을 의미하며, 전재민을 위한 정착지에 농경지를 공급한다는 것은 앞서 일제강점기에 여의도에 농장을 건설하겠다는 구상이 수립된 것과 무관하지 않다. 특히 교육시설까지 설치할 계획이라고 언급한 것은 여의도를 전재민을 위한 정착지로 사용하겠다는 장기 계획이 있었음을 보여준다.

1956년 3월에는 국제공항으로서의 면모를 갖추기 위한 종합청사가 착공 2개월 만에 준공되었으나, 1958년 여의도공항이 김포공항으로 이전하면서, 여의도는 공항으로서의 기능을 상실하였다. 여의도비행장은 일제 때의 경성항공사京城航空社, 1948년 이후 대한민국항공사Korean National Airlines, KNA를 거쳐 1958년 김포비행장이 국제공항이 되면서 공군기지로만 사용되었다. 그러나 1970년초 여의도개발사업의 일환으로 윤중제輪中堤 공사가 끝난 후 제방 내 매립공사가 진척됨에 따라 1971년 2월 이 여의도비행장은 폐쇄되었다.

여의도 개발계획과 서울의 도시구조 개편

1963년 한강이남을 포함하는 서울시역의 확장이 있었지만, 영등포 일대를 제외한 대부분의 강남 지역은 서울로 편입되기 이전의 모습을 그대로 지니고 있었다.

서울의 시역이 한강을 포함한 강남 일대로 확장되면서, 현안으로 등장한 것이 한강이었다. 한강에 면한 시가지 권역 대부분이 만성적인 홍수 피해지역이어서, 서울시의 입장에서 한강에 대한 종합적인 대책이 필요했다. 서울 시역에 포함된 한강 유역 중 노량진에서 영등포에 이르는 지역과 뚝섬 일원에만 제방이 있었을 뿐 한강 이남의 방배, 반포, 신사, 압구정, 청담, 잠실, 성내, 풍납, 천호, 암사동 일대에는 제방이 없어 큰 홍수에 취약한 이 지역에 대한 대책없이 시가지화가 불가능했기 때문이다. 한강변에 제방을 축조하는 계획은 한강변 공유수면 매립계획 이외에 1960년대 이후 경제개발을 위한 전력 생산과 한강의 홍수조절 능력 확대를 위한 댐건설과 함께 본격화되었다. 한강제방공사를 통해 확보된 공유수면 매립지를 택지로 개발하고, 한강제방 위로 도로를 개설하는 것을 골자로 하는 한강종합개발

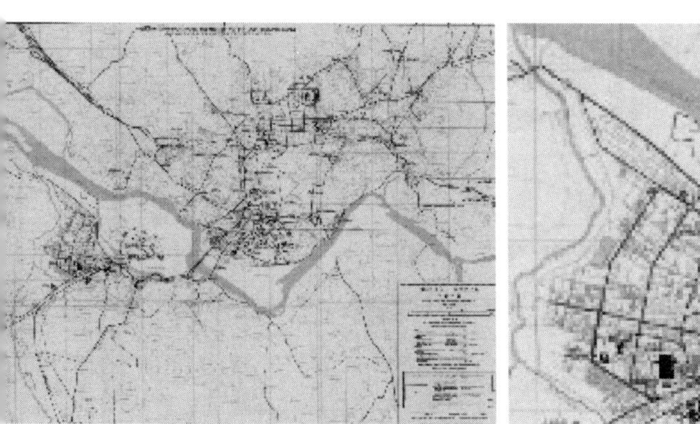
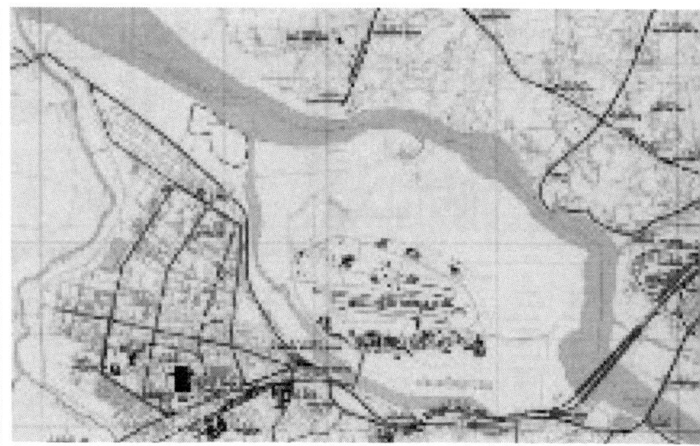
여의도 부분: 「서울시가지도」(좌), 「서울도시계획 가로망도」.

계획안은 급증하는 인구증가에 따른 주택공급용 택지확보와 교통문제를 해결함과 동시에 택지 분양을 통해 개발 비용을 확보할 수 있는 방편이 되었다.

여의도 개발계획은 한강종합개발계획의 핵심이었다. 1967년 12월 27일 한강건설 기공식이 거행된 후 1968년 1월 1일 한강건설사업소가 발족되면서, 1968년 1월 2일 여의도건설공사가 시작되었다. 이과정에서 밤섬이 폭파(1968년 12월 10일)되고, 여의도의 양말섬이 여의도 윤중제를 쌓기 위해 사라졌다. 밤섬이 폭파되면서 60여 가구 450여 명의 원주민은 밤섬이 내려다 보이는 마포구 창천동으로 집단 이주했다. 밤섬과 양말산의 토석을 사용해 16미터 높이의 물막이 둑 공사로 탄생된 곳이 여의도다. 당시 토석이 모자랐던 정부는 범 국민적으로 토석모으기 운동을 펼치기도 했다.

당초 여의도는 넓은 백사장으로 인해 그 경계가 불분명했던 섬이었다. 앞에서 서술한 대로 1916년 일제강점기에 비행장이 만들어진 이후 1960년대까지 비행장으로 사용되었던 이곳에는 양말산과 밤섬이 있었고, 이 두 곳은 백사장으로 연결되었는데, 이곳의 운명이 여의도

여의도 부분, 「서울도시계획 가로망도」.

개발계획의 발표와 함께 하루 아침에 바뀐 것이다.

여의도 개발계획은 한국종합기술공사에서 마련하였는데, 마포에서 서울대교(현 마포대교)를 거쳐 영등포로 이어지는 6차선 고속도로를 중심으로 도심 축을 구성하고, 서쪽에 국회 동쪽에 시청을 배치하였다. 여의도 개발계획은 개발연대 도시의 성장 축이었던 영등포를 시발로 하는 경인공업지대로의 연계를 이어받는 구상이었지만, 최초의 현대적 도시설계로 국회지구와 시청, 대법원지구를 위치시켜 서울의 구도심에 집중되었던 도시기능의 배분을 시도함으로써, 기능의 조정 없이 물리적인 주거지 확장으로 일관해 온 서울의 도시계획에 전환점을 가져왔다는 점에서 서울시 도시공간구조 개편의 전기가 되었다고 할 수 있다.

• 여의도 및 한강 연안 개발계획: 여의도 개발은 입체적으로 진행되었다. 여의도 개발은 단순히 한강 물줄기 한가운데 위치한 큰 섬 하나의 개발이 아니라, 1963년 서울의 행정구역에 포함된 오늘의 강남

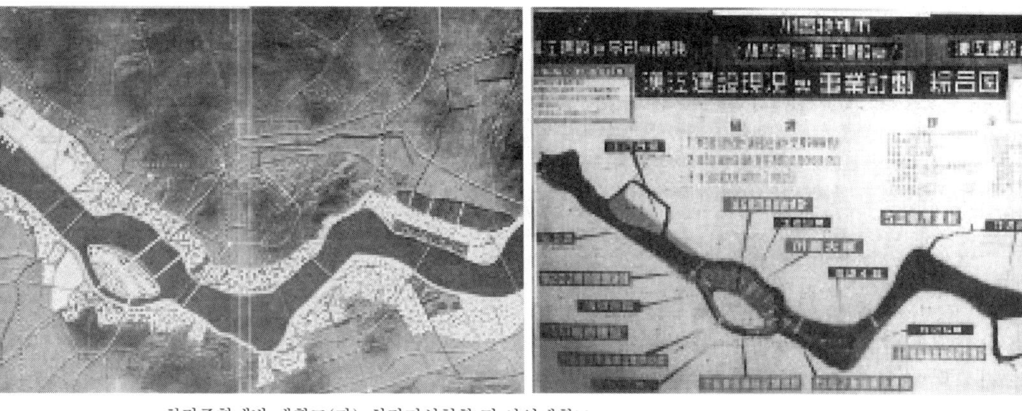

한강종합개발 계획도(좌), 한강건설현황 및 사업계획도.

개발을 위한 전진기지이자, 한강개발의 시작이었다. 김수근의 주도 아래 한국종합기술개발공사에서 수행한 여의도 및 한강 연안 개발계획을 통해, 비행장 65만 평, 밭 30만 평, 모래톱 100만 평 등 영등포에서 밤섬, 한강철교에서 야오하대교에 이르던 200만 평에 달했던 모래벌판은 87만 평의 현 여의도로 정리되었고, 한강변에는 강변1로에서 강변5로에 이르는 강변도로[2]가 개설되었다.

1968년 2월 22일 여의도 윤중제공사가 시작되었다. 80만 평에 달하는 여의도를 폭 20미터, 높이 16미터 제방을 쌓는 윤중제 공사에는 연인원 52만 명, 연 5만 8,400대의 중장비가 동원되어 착공 100일 만인 1968년 6월 1일 준공되었다. 김수근 팀이 1968년 제출한 '여의도 개발 마스터플랜'은 당시로서는 획기적인 안이었다. 여의도 서쪽 끝에는 국회를, 동쪽 끝에는 서울시청과 대법원을 위치시켰다. 이 양끝을 잇는 중앙부에는 동서로 길게 상업 · 업무 지구를 배치했다. 주거지구는 상업 · 업무지구의 북쪽과 남쪽에 배치됐다. 상업 · 업무지구의 고층 빌딩 주위 2층에는 거대한 인공 데크로 만든 보행자 전용 산

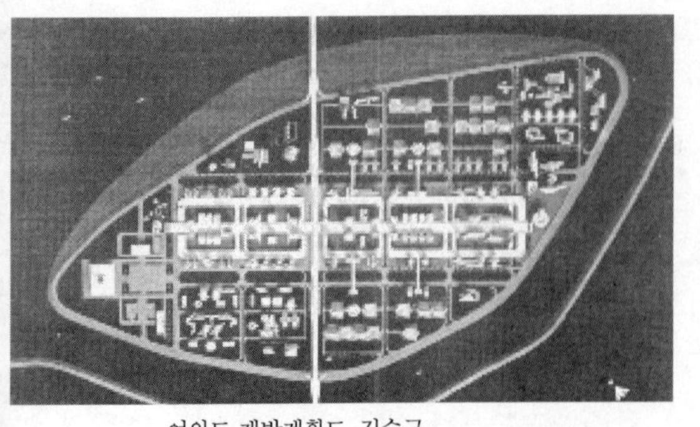

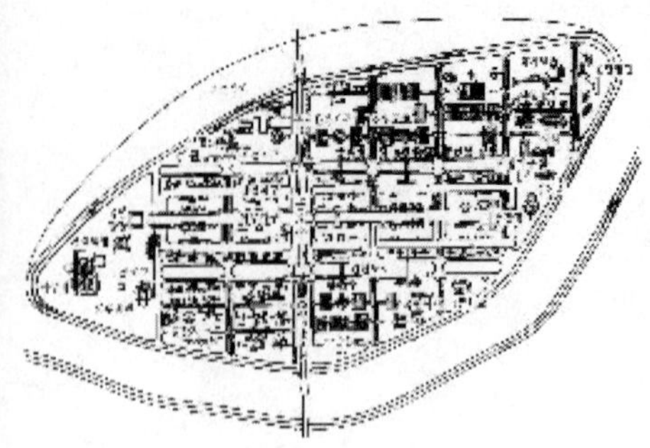

여의도 개발계획도, 김수근.

책로가 놓였다. 자동차는 1층, 사람은 2층으로 다니는 전용도로를 이용하면 여의도 어디든 갈 수 있었다. 보행자가 자동차나 신호등의 방해를 받지 않고 동서를 가로지르거나 출퇴근, 쇼핑을 할 수 있는 구조였다. 이러한 계획은 2차 세계대전 이후 제3세대 건축가들이 인공대지위에 건설하고자 했던 이상적인 도시계획의 모습을 담고 있었다. 그러나 1인당 국민소득은 150달러, 엘리베이터가 있는 건물을 손가락으로 꼽을 수 있던 시절에 꿈꿀 수 있는 도시는 아니었다.

한편 여의도개발계획과 함께 준비된 한강 연안 개발은 분단체제 하에서 한강에 대한 사회적인식이 잘 반영되어 있다. 한강 연안 개발계획은 한강상류와 하류에 댐을 설치하여 한강의 수량을 일정하게 유지하는 계획이었는데, 이는 한강하구가 DMZ에 걸려 있어 한강에서 서해바다로의 연결이 막혀 있는 현실을 그대로 반영한 한강 호수화계획이었다. 한강연안개발계획에서는 호수화된 한강을 서해바다로 연결하기 위해 경인운하를 제안하고 있다.

오늘의 여의도

여의도 개발의 밑그림은 1971년에 지금과 가까운 모습으로 변형됐

여의島 土地이용計劃확정

62萬평 賣却하기로

4月부터접수 建築物은 7층以上으로

서울市廳 여의島로移轉

섬全域 通禁해제

一二二億투입 76年까지 새都心이룩

『동아일보』 1969년 1월 21일, 1971년 8월 10일.

다. 박정희 대통령의 지시로 여의도 중앙부에 계획에 없던 거대한 아스팔트 광장이 생겨나면서 여의도의 동서축은 절단됐다. 박 대통령은 '5·16광장'으로 명명한 이 광장을 유사시 군사용 활주로로 사용할 생각이었다고 한다.

1971년 개발계획이 수정되면서 서울시는 1972년에 서울시청을 이전하고, 1976년까지 여의도 개발을 마무리하겠다고 발표하였다. 이때 발표된 여의도개발계획은 김수근팀에 의해 발표되었던 입체도시로서의 여의도개발계획에서 수차례 변경되면서, 택지분할에 의한 평면적 개발이 되었다. 71년에 발표된 토지이용계획에 따르면 12만평의 대광장을 중심으로 업무상업지구 17만여 평이 배치되는 것을 중심으로 국회용지, 주거용지, 종합병원용지, 학교용지 등이 배분되었다. 변경된 개발계획은 주간인구 18만평, 야간인구 4만명 수용을 목표로 했다.

여의도 5·16광장 시절 행사모습(좌), 여의도공원으로 바뀐 광장.

• 여의도광장: 1971년 2월 22일 착공하여 1971년 9월 29일 여의도광장(구 5·16광장)이 준공되었다. 55만 명의 수용할 수 있는 이 광장은 폭 280~315미터, 길이 1,350미터의 규모로 국가적인 경축기념 행사장 및 야외공연, 전시 장소 등으로 사용되었다. 1999년, 11만4천 여평의 여의도광장이 공원화사업으로 여의도공원으로 바뀌었다.

• 국회의사당: 1959년 제4대 국회 당시 남산에 국회의사당을 건립하기 위해 설계공모를 통해 박춘명, 김수근, 강병기 안을 선정하였으나, 5·16 쿠데타로 사업이 중단되었다. 1966년 발족된 '국회의사당건립위원회'가 가장 먼저 착수한 것은 건립대지 확보였다. 이를 위해 동년 3월 11일 소위원회를 구성하고 위치, 면적, 거리, 상황. 대지소속, 지역내시설, 대지조성, 부대시설, 환경 및 교통 등에 관한 기초조사를 통해 10개지구를 후보로 선정하였다.

3월 14일 필운동 사직공원을 비롯한 7개 지구가 1차로 선정되었고, 이어서 1967년 9월 필동의 수도방위사령부 지구가 추가되어 12월 14일 한강종합개발계획중 여의도개발계획이 구체화되어감에 따라 여의도지구가 추가되었다. 이에 따라 국회의사당 건립 후보지는 필운동 사직공원, 신문로 서울고등학교, 훈정동 종묘, 용산동 5가 미8군골프장, 용산동2가 해병대사령부, 영등포구 김포가도, 모진동 컨추리구락부 골프장, 역삼동 말죽거리, 필동 수도방위사령부, 여의도지구 등 총 10개소였다.

76億의 매머드 民主殿堂

희랍식·우리固有美섞어

현상공모 당선안.

건립대지의 고려사항은 1. 20만 평 이상 확보 가능지, 2. 정부청사와의 유기적 연계성, 3. 평지 또는 완만한 경사의 구릉지, 4. 주변환경이 수려하고 조용한 곳, 5. 의사당 전면에 장엄한 주접근로와 터미널결관을 형성할 수 있을 것. 6. 부대시설비의 최소화와 배수처리가 용이한 곳. 7. 도시공해의 최소화 등이었다.

여기서 주목할 만한 사실은 여의도의 국회 이전으로 단핵중심의 도시구조에서 탈피하는 구조가 되었지만, 국회의사당의 여의도 이전이 서울의 전체 도시구조에 어떠한 영향을 미칠 것인가에 대한 고려는 건립후보지 선정 기준에 포함되어있지 않았다는 사실이다.

결과적으로 여의도가 선택되었고, 여의도에서 가장 높았던 양말산이 삭평된 자리에 국회의사당이 지어졌다. 1969년 7월 착공되어 1975년 9월에 준공된 국회의사당은 지하2층 지상 6층의 건축물로 10만 평의 대지 위에 2만 4,680평 규모로 지어졌으며, 통일에 대비해 민의원과 참의원 2개의 본 회의장을 갖추고 있다.

여의島 示範어파트 起工

12층24채 내년 9月完工

『동아일보』 1970년 9월 25일(좌), 여의도 아파트건설모습과 국회의사당 원경.

• 여의도시범아파트 건설: 서울의 맨하탄을 그리며 개발된 여의도는 공공시설과 업무시설 이외에 주거지도 함께 개발되었는데, 주거지는 단독주택없이 집합주택으로 공급되었고, 이를 선도한 것이 1970년 9월 26일에 기공된 여의도 시범아파트다.

1988년 올림픽 유치는 한강과 여의도의 풍경을 다시 한번 변모시켰다. 한강의 전체적인 틀은 1969년에 시행된 한강개발계획에 의해 틀이 잡혔지만, 한강변 고수부지 개발 등은 미진한 상태였다. 88올림픽 유치로 한강변 고수부지화를 통한 한강변 공원화사업이 추진되었고, 여의도 주변의 고수부지에는 10만 평 규모의 여의도체육공원 개설되었다.

여의도 고수부지 전경(좌), 마포대교 남단에서 바라본 여의도.

마치며

여의도는 한강의 여러 섬 중에서 그 규모가 가장 컸을 뿐 아니라, 예전부터 주거지가 형성된 섬이었지만, 개항 이후 여의도를 우회하는 경인철도의 개통으로 경인철도의 건설은 오히려 여의도를 서울의 도시구조에서 소외시켰다.

일제강점기 동안 도성에 한정되었던 시가지가 1914년, 1936년을 거치면서 크게 확장되었지만, 경인철도에 의해 소외된 여의도의 소외는 지속되었다. 여의도가 도시기능의 한축을 담당하게 된 것은 1963년 서울의 시역이 강남까지 대폭 확대되어, 한강을 품에 안는 구조가 되면서이다. 한강을 품에 안은 서울은 한강에 대한 치수계획과 함께 한강변 개발계획을 수립했고, 이때 수립된 여의도종합개발계획을 통해서 여의도는 도시 기능의 한 축을 맡게 되었다. 특히, 1930년대 이후 1970년대까지 국내 경제성장을 견인해왔던 경인공업벨트가 도심으로 연결됨으로써 도심의 공백이 메워지는 계기가 되었다.

현대도시 서울에서 여의도 개발은 여의도로 국회가 옮겨지고 업무지구가 집중적으로 개발되면서, 한강 이남으로 확대된 서울의 강남개발을 선도하였을 뿐 아니라, 세종로를 중심으로한 단핵구조의 거대도시 서울을 여의도, 강남, 잠실로 이어지는 다핵구조 도시로 변모시키는 계기가 되었다는 점에서 의의가 크다. 그 중심에 오랫동안 소외되어 역할을 찾지 못했던 도시의 유보지 여의도의 역할이 있었다.

박철수 | 뽕밭에서 아파트 도시로 변한 상전벽해의 섬, 잠실

서울의 옛 지도를 통해 본 잠실과 상림

김훈의 소설 『남한산성』에는 인조 14년(1636년) 병자 12월 14일에 조선의 12대 국왕인 인조임금이 스스로 국호를 후금後金에서 청淸으로 바꾸고 황제에 오른 홍타이지의 수하인 청장淸將 용골대龍骨大가 이끄는 10만 대군의 침입을 피해 빈궁과 왕자들을 강화도로 피난 보낸 뒤 국본인 세자와 함께 행궁인 남한산성으로 길을 떠나는 모습이 묘사되어 있다. 이른 추위에 벌써 강물이 얼어버린 겨울의 혹독한 날씨와 굶주림 속에서 행궁인 남한산성에서 47일을 보낸 묘당廟堂 피난살이의 시작을 알리는 모습이다.

> 그날 임금은 강화도로 들어가지 못했다. 대군과 빈궁 일행을 먼저 보내고 임금은 오후에 출발했다. 기휘旗麾가 앞서고 사대射隊와 의장儀仗이 어가를 에워싸고 백관과 궁녀와 노복들이 뒤따랐다. 유건을 쓴 선비들이 눈 위에 꿇어앉아 이마로 땅을 찧으며 통곡했다. 눈길에 말들이 발을 헛디뎌 가교가 흔들렸고, 깃발을 든 군사들의 몸이 바람에 쏠렸다. 행렬은 더디게 나아갔다. 흐린 날은 일찍 저물었다, 창덕궁을 떠난 행렬이 남대문을 나와 막 도성을 벗어났을 때 눈이 또 내렸다. 홍제원 쪽에서 말을 몰아 달려온 군관이 행렬 앞에 꿇어앉았다. 군관은 적의 추격이 이미 파주에 들어왔고, 기병의 선발대는 무악재 쪽으로 다가오고 있으며, 또 한 부대는 양천, 김포 쪽을 막아서 강화로 가는 길이 끊어졌다고 고했다. 어가행렬은 방향을 거꾸로 돌려서 남대문 안으로 들어왔다. 임금은 남대문 문루에 올라가 바람을 피했다. 천장에서 놀란 새들이 퍼덕거렸다. 임금은 난간에 걸터앉아

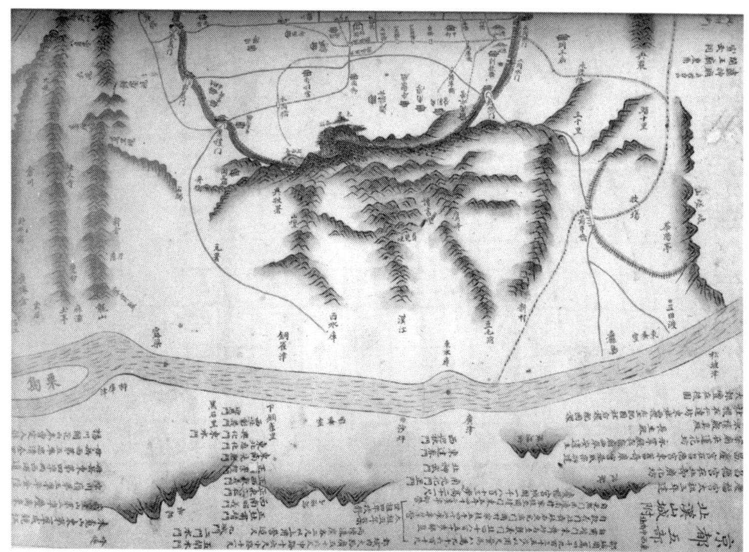

「경도5부 · 북한산성부도」(부분)에 나타난 동잠실과 서잠실, 1750년대, 채색필사, 47.5×66.0㎝, 서울대학교 규장각.

> 어두워지는 도성 안을 우두커니 바라보았다. 짐 보따리를 메고 어가를 따르던 백성들이 문루 아래로 모여들어 통곡했다. 군사들이 창으로 백성들을 밀쳐냈다. …… 행렬은 수구문으로 도성을 빠져나와 송파나루에서 강을 건넜다. 강은 얼어 있었다. 나루터 사공이 언 강 위를 앞서 걸으며 얼음이 두꺼운 쪽으로 행렬을 인도했다. 어가행렬은 사공이 흔드는 횃불의 방향을 따라서 강을 건넜다. 눈보라 속에 주저앉은 말들은 채찍으로 때려도 일어나지 않았다.[1]

소위 병자호란을 피해 행궁으로 묘당을 움직이는 인조임금의 어가행렬은 1750년대 지도로 추정되는 「경도5부 · 북한산성부도」京都五部 · 北漢山城附圖를 통해 확인할 수 있다. 강화로 가는 길이 막혔다는 보고에 따라 숭례문에서 남부 거쳐 광희문을 지나 왕십리와 살곶이다리를

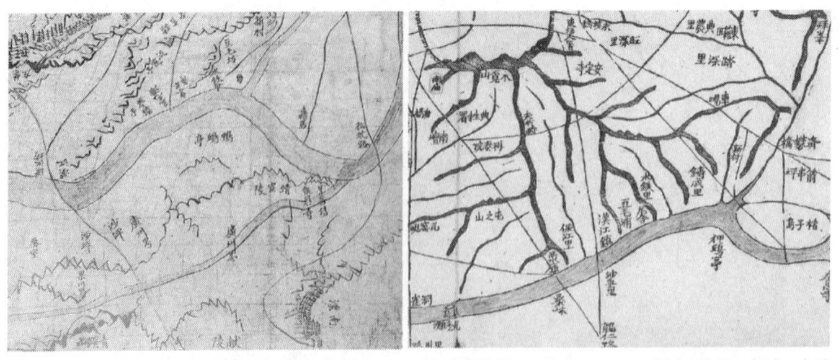
「한양도」에 나타난 사평의 잠실과 송파로, 1760년대(좌), 상림으로 표기된 서울 잠실 지역들, 「경조오부도」, 1861년.

지난 뒤 동잠실 벌판의 삼전도를 거쳐 한강을 건넌 뒤 송파 나루를 통해 행궁에 이른 것이다. 그리고 이같은 인조임금의 행로는 1760년대의 한양도漢陽圖에 매우 자세하게 나타나 있다. 흥미로운 사실은 1750년대로 제작일시가 추정되는 경도5부 · 북한산성부도에는 살곶이다리에서 길이 나뉘어 둑도纛島(독도로도 불림) 방면으로 이르는 길과 삼전도에 이르는 길 사이에 동잠실이 보이고, 청계산 북측 한강에 면하는 평지가 서잠실로 표기된 것과는 달리 1760년대에 그려진 한양도 필사본에는 서잠실로 표기되었던 지역이 잠실로 나타나고 동잠실이라는 지역의 명칭이 사라졌다는 점이다. 그러다가 1861년에 고산자 김정호金正浩에 의해 목판채색본으로 만들어진 대동여지도첩大東輿地圖帖에서는 동잠실과 서잠실이었던 지역이 모두 상림桑林으로 동일하게 표기되어 있다. 이러한 표기 내용은 1900년대의 경성부근지도京城附近之圖에 이르기까지 지속된다. 상림이란, 누에蠶를 일컬어 흔히 그 모양이 한자의 일一자와 같다는 뜻에서 부르게 된 '하늘벌레'라는 의미의 천충天蟲에서부터 해가 돋는 나라를 일러 부상국扶桑國이라 하였다는 중국의 고사가 전해지는 것처럼 명주실을 뽑아 옷을 짓는 중요성이 강조되어 오래 전부터 귀중한 자원으로 여기고 이를 가벼이 보지 않았다. 일례로 서울의 남산을 누에의 머리처럼 생겼다 하여 잠두봉蠶頭峰이라 불렀다거나 혹은 나라에서 선잠단先蠶壇을 두거나 창덕궁 후원에 채상단採桑壇 등을 조성하여 왕비가 직접 이를 가꾸었다는 사실 등을 통해서도 누에치기와 뽕밭은 귀중한 국가적 자원이었음을 알 수 있다. 이런 의미에서 서울의 다양한 옛 지도에서는 지금의 잠실동 일대를 잠실이라 하거나 혹은 상림으로 표시하였다.

잠실도와 부리도의 서울시 편입

한강의 섬 잠실도蠶室島는 한강의 본류가 지나는 곳을 이르던 송파강松波江과 이 물길이 많은 비로 인해 범람할 때마다 생기던 지류인 신천新川이 만들어내는 섬이므로, 한양에서 경기방면으로 길을 나설라치면 송파나루를 거쳐 한강을 건넌 뒤 경기도 광주군이나 이천, 여주 등으로 이르는 길을 잡게 된다. 그런데 흥미로운 점은 샛강인 신천의 폭을 확장하고 이 강의 본류인 송파강을 매립함으로써 현재의 잠실이라는 공간이 인공적으로 조성되었다는 점이다. 이같은 사실은 1971년부터 추진된 잠실 공유수면 매립사업 전후의 사진이나 도면을 통해 확인할 수 있다. 따라서 한강의 섬, 잠실이라는 공간과 장소는 구체적으로 말한다면 한강의 본류인 송파강을 경계로 샛강의 확장으로 이루어진 한강까지의 지리적 공간을 이르는 것이라 할 수 있다. 즉, 1934년 8월에 착공하여 1936년 10월에 준공된 광진교廣津橋와 현재의 청담대교 사이의 풍납동-송파동-석촌동-삼전동을 지나던 한강의 본류 송파강이 메워지고, 한강의 범람으로 넓은 백사장을 이루던 신천 일대가 한강의 본류로 변화하면서 서울의 한강에 떠 있던 잠실도가 삼전동-석촌동-송파동과 연접하는 지리적, 지형적 변화를 겪게 된 것이다.

잠실도와 부리도가 표기된 서울약도, 1973년.

한편 부리도는 광나루를 돌아 송파동과 삼전동을 거치는 한강의 본류가 삼전동 일대에서 두 개의 방향으로 갈라지며 만들어낸 삼각주 모양의 섬이었다. 이 과정에서 뚝섬유원지 방향으로 휘돌아 가는 물길보다는 대치동 방향으로 내달리는 물길이 본류였지만 서울특별시의 행정구역 변천과정에서 잠실도가 1949년 8월에 서울시 행정구역으로 편입되는 것과는 달리 부리도 일대는 1963년 1월 1일에 비로소 서울로 편입되는 과정을 거쳤다. 1965년에 발간된 서울특별시구역변천도서울特別市區域變遷圖는 한강의 물길을 중심으로 서울시의 행정구역이 변화했음을 보여준다. 이때 부리도의 좌우를 흐르던 한강의 본류와 지류로 인해 한강의 본류에 속하는 잠실도가 서울시로 편입되어 뚝도출장소의 관할지역이 된 반면[2], 부리도는 1963년 이전까지는 여전히 경기도에 속해 있었음을 알 수 있다. 따라서 잠실도는 1949년

8.15 해방 이전, 1949년 8월 13일, 1963년 1월 1일로 이어지는 서울시 행정구역 확대와 잠실의 변화, 1965년(좌), 한강의 한가운데로부터 탄천을 거쳐 경기도와 강동구로부터 경계를 이루는 송파구 행정구역도, 1992년(우).

에 시행된 서울특별시의 행정구역 확장에 따라 경기도 고양군의 뚝도면 전부(성수동 1가, 성수동 2가, 송정리, 모진리, 화양리, 능리, 군자리, 중곡리, 구의리, 광장리, 신천리, 잠실리, 자양리, 면목리의 14개 리)가 서울시에 편입되면서 뚝도출장소의 관할구역이 된 것이다. 부리도는 1963년 1월 1일부로 경기도 광주군의 구천면(명일리, 상일리, 하일리, 고덕리, 길리, 둔촌리, 암사리, 성내리, 풍납리, 곡교리의 10개 리)이 서울시로 편입되면서 송파출장소의 관할구역이 됨으로써 서울시의 행정권역에 포함되었다.[3]

잠실지구 종합개발계획의 탄생과 변화

한강 물길의 변화와 잠실의 급격한 탈바꿈을 가능하게 한 사건은

1971년부터 시작된 잠실 일대의 공유수면 매립사업이다. 경인개발주식회사京仁開發株式會社가[4] 잠실지구 공유수면 매립공사 인가신청서를 서울시에 1970년 11월 3일 제출하였으며, 1971년 2월 11일 인가되었다.[5] 반포의 매립사업을 통해 얻어진 이익을 배분하고 사업 추진에 따르는 위험을 분산하기 위해 만든 일과성 사업주체인 경인개발주식회사는 잠실지구 공유수면 매립사업이 인가되자 명칭을 다시 잠실개발주식회사로 변경하고 매립사업에 착수하였고, 최초 예정되었던 사업 기간을 3년이나 넘긴 1978년 6월 28일에 준공을 보게 된다. 물론 매립사업이 추진되는 동안 매립으로 얻어지는 토지의 이용 방안에 대한 논의가 동시에 진행되었는데, 이는 매립사업과는 별개로 서울시 한강개발사업소에 의해 '잠실지구 종합개발계획'이라는 이름으로 추진되었다.

이러한 배경에 의해 만들어진 최초의 잠실지구 종합개발계획은 일제강점기인 1928년에 작성된 「경성도시계획조사서」에 바탕을 둔 것으로서 서울의 중심시가지 내의 5개 구역과 외곽지역인 한강리, 신당리 등 2개 구역에 대한 최초의 사업을 잇는 것이었다.[6] 따라서 법적 정의 그대로 '대지로서의 효용 증진과 공공시설의 정비를 위하여 토지의 교환, 분합, 기타의 구획변경, 지목 또는 형질의 변경이나 공공시설의 설치, 변경에 관한 사업'이었다. 그러므로 1973년까지 한강개발사업소에서 추진한 잠실지역의 구획정리사업은 이른 바, 평면적인 개발사업이었으며, 입체적인 도시설계 수법을 취하지 않고 있었다.[7] 단순히 샛강인 신천의 너비 확장과 본류인 송파강의 매립에 의한 대량토지를 확보하기 위해 100만 평 이상의 땅을 새롭게 만들어내는 목적형 사업인 것이었다. 그런데 이 같은 사업의 방향이나 방침이 1973년의 국무총리 행정조정실의 지시사항으로 새로운 상황을 맞이한다.

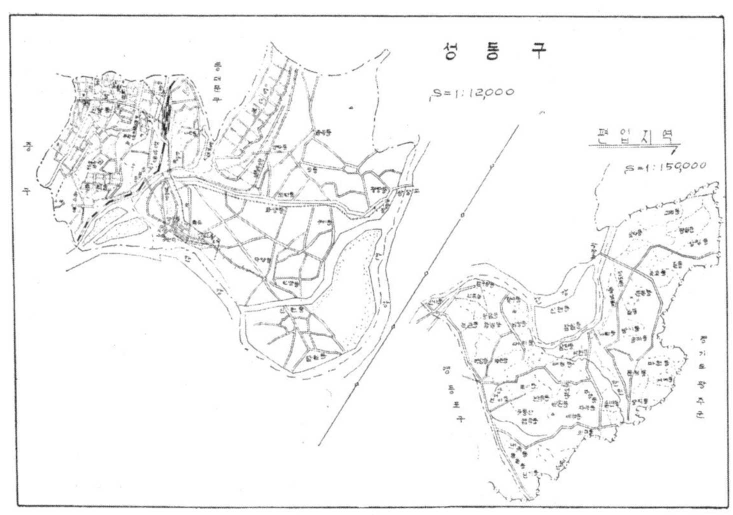

1949년 8월과 1963년 1월의 서울시 행정구역 개편에 따라 확장된 성동구와 잠실 일대의 변화.

국무총리 지시에 의해 행정조정실장이 내린 1973년 10월 6일의 지시사항은 '토지구획정리사업에 관한 지시'라는 이름의 문건으로서 모두 3개 항으로 구성되어 있으며, 그 내용은 다음과 같다.

> ① 근래 시가지 확장이나 부도심 지역개발을 위하여 추진하고 있는 토지구획정리사업은 도로용지 확보나 대지조성을 위주로 하고 자본금을 조속히 회수하는 방향으로만 처리함으로써 미래지향적인 국제적 대도시 건설에 차질을 초래하고 있습니다. ②(따라서) 금후 새로 착수하는 토지구획정리사업은 정부 관계기관은 물론 학계, 언론기관, 도시계획 및 건축문제 전문기관과 각계 인사를 망라한 심의위원회를 구성하여 평면적인 구획정리계획뿐만 아니라 구획정리 후의 구체적인 종합개발계획까지 심의 수립하고 동 계획을 정부 각 관계기관과 사전에 충분히 협의한 후 국무총리의 승인을 얻어 착수하

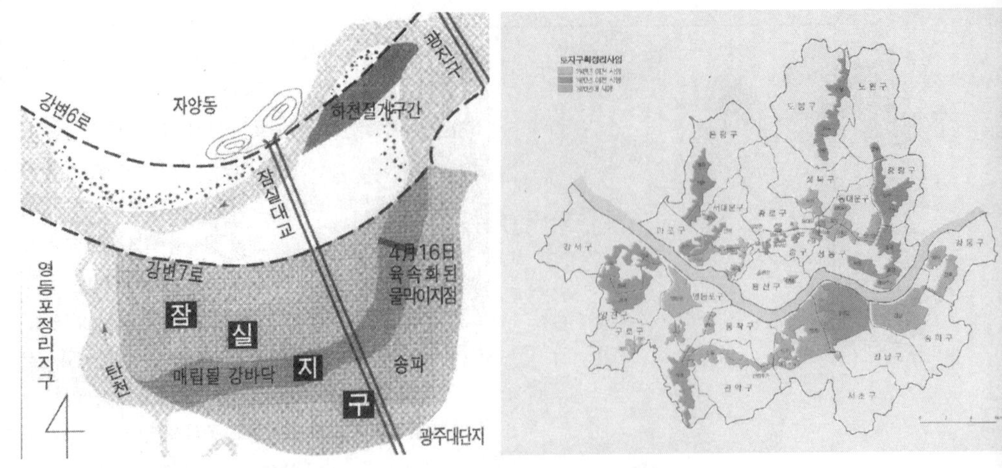

잠실 물막이공사 도면(좌), 서울특별시 토지구획정리사업도, 1996년(우).

> 시기 바라며, ③서울특별시 잠실지구개발계획에 있어서도 상기 지시에 따른 종합계획을 수립, 신중하게 추진토록 하고 동 계획이 확정될 때까지는 여하한 사업도 사전에 착수하는 일이 없도록 조치하시기 바랍니다.[8]

국무총리의 이같은 서슬 퍼런 지시는 박정희 당시 대통령이 '국제적으로 손색이 없는 운동장 시설을 갖추는 한편 이상적인 신도시를 만들도록 하라'는 언급에 의한 것이었음은 물론이며, 이같은 지시는 당시 범정부적으로 추진하였던 국제스포츠 무대에서의 입지 강화가 차질을 빚음으로써 자존심에 큰 상처를 입었기 때문이다.

당시 박정희 정부는 제1차 경제개발5개년계획을 마무리하고, 제2차 경제개발5개년계획을 추진 중에 있었다. 1969년 12월 아시아 경기연맹은 태국 방콕에서 열린 아시아경기연맹총회(AFG)에서 1970년의 아시아경기대회를 서울에서 개최하기로 결의했다. 이를 위해

1966년의 방콕아시아 경기대회에 당시 교육부와 서울시의 실무자 다수가 참가하여 1970년의 아시아경기대회를 대비하는 등의 사전작업이 시행되었다. 그런데 문제가 터진다. 당시의 동대문운동장으로는 아시안 게임과 같은 국제경기를 치룰 수 없었고, 국가의 재정상태 역시 여유가 없었던 것이다. 하는 수 없이 정부는 어렵게 유치한 경기를 반납하게 되었고, 태국의 방콕이 1966년에 이어 1970년에도 아시아경기대회를 치루게 되었는데 아시아경기연맹은 경기대회 유치를 반납한 한국의 책임을 물어 방콕 경기 개최비용의 적자분을 메우는 데 우리나라가 가장 많은 부담을 지도록 하는 일이 벌어진 것이다. 따라서 '한강의 기적'이라 불리는 한국의 고속성장에 이 사건은 적지 않은 부담이 되었으며, 준비된 미래를 보장하기 위해서라도 국제적인 경기장 시설과 면모를 일신하기 위한 도시개발이 요구되었던 것이다. 그리고 이같은 정책적 의지가 곧 잠실 일대의 토지구획정리사업에 대한 3차원적 종합개발계획 수립이라는 지시로 정리된 것이다.[9]

당시 양택식 서울시장과 함께 서울시의 도시계획을 책임지고 있던 손정목은 이에 대해 아래와 같이 언급하고 있다.

> "대통령이 새로 개발되는 잠실지구에 국제경기를 치룰 수 있는 운동장시설을 건설하기로 결심하게 된 직접적인 계기가 무엇이었는가는 알 수 없다. …… 대통령의 구두지시가 있었다고 해서 한창 진행중인 구획정리사업을 당장 중단하고 새로운 계획을 세울 수는 없었다. 문서에 의한 명령이 필요했다. 구획정리라는 것은 개인의 재산권과 직결되는 사업이었으니 서울시장의 결정으로 사업을 중단할 성질의 것도 아니었고 하물며 이상적인 도시설계 같은 것을 추진할 수 있는 것도 아니었다."[10]

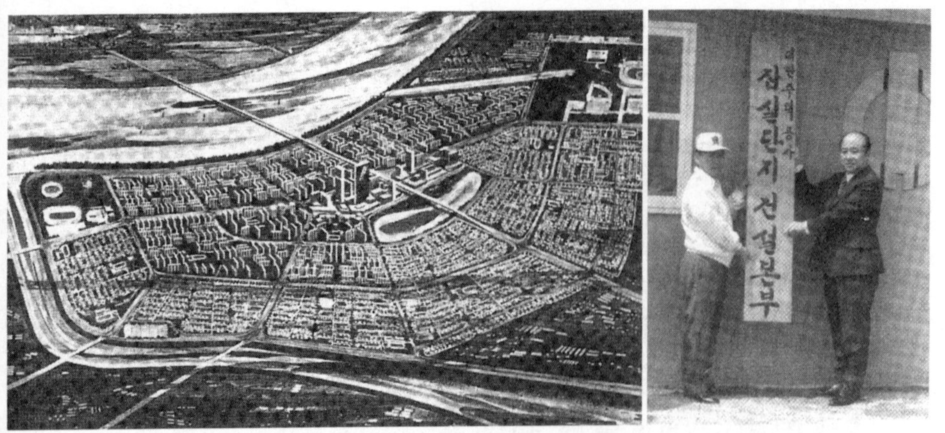

잠실지구 종합개발계획 조감도, 1975년 2월(좌), 잠실단지건설본부 발족, 1975년 5월(우).

이 같은 상황인식에 따라 사업변경을 위한 공식적인 문건이 요구되었으며, 그 결과가 곧 국무총리 행정조절실장에 의한 '토지구획정리사업에 관한 지시'로 가시화되었다.

이러한 지시에 따라 공유수면 매립지와 국유지 및 공유지 등을 포함해 약 340만 평에 달하는 광역구획정리사업은 새로운 상황에 직면하게 된다. 국무총리 행정조정실장의 지시 문건으로 상황의 변화를 위한 근거를 가지게 된 손정목 서울시 도시계획국장은 당시 홍익대학교 도시계획학과의 박병주 교수에게 새로운 개념의 3차원 도시설계를 의뢰하였다. 박병주 교수는 중구 다동의 삼성여관이라는 곳에서 젊은 건축학도인 조건영과 한 달 이상 생활하면서 자신의 구상을 완성하였고, 그 결과가 인쇄물로 만들어진 것은 1974년 7월이었다. 면적 1,000ha, 상주인구 25만 명을 수용한다는 잠실 뉴타운 계획이 공식적으로 선언된 것이다.

영동지역의 아파트지구 지정과 잠실단지 건설본부의 발족

잠실지역의 개발은 영등포의 동쪽이라는 이유로 이름 붙여진 영동지역의 개발과 유사한 목적을 가지고 있다. 첫째는 서울시 도심재개발에 따라 광주대단지(현재의 성남 구시가지)로 밀려난 철거민들이 가지고 있던 불만을 해소하고 출퇴근 거리가 먼 광주 대단지 주민들의 공간적 격리감 등을 완화하는 동시에 교량과 도로건설에 의한 잠실 주거지를 강북과 연계하는 그것이었다. 두 번째는 강북에 집중된 상주인구를 강남지역으로 분산함으로써 강남북의 공간적 균형을 지향하는 것이었으며, 마지막으로는 영동과 잠실지역을 연계 개발함으로써 한강변의 거대한 주거지 벨트를 만들고 강북 도심의 각종 도시기능이나 시설을 영동과 잠실지역으로 분산한다는 것이었다.[11] 이런 배경에서 반드시 살펴야 할 사항은 택지개발제도의 변화와 아파트지구의 도입배경이라 할 수 있다. 왜냐하면 공유수면 매립을 통해 획득된 택지의 대부분이 아파트 도시로 불리는 현재의 아파트 밀집지구로 개발되었기 때문이다.

토지구획정리사업은 기본적으로 환지換地를 전제하는 것이고, 주택지개발에서 소요되는 공공용지의 확보와 개발의 소요비용은 감보減保와 체비지替費地를 이용하여 보전하는 것이므로 공공의 초기 재정투자가 크게 요구되는 것이 아니다. 그러나 이와 달리 일단의 주택지조성사업은 전면매수를 기본으로 하는 것이기 때문에 초기 자금의 투자가 과다하게 소요되는 사업이다. 따라서 도시화의 가속화 과정에서 선택될 수 있는 대규모 택지 확보 방안은 결국 정부의 재정투자를 최소화하면서 주택공급량을 획기적으로 늘리기 위한 방법으로 치우칠 수밖에 없었다. 이 과정에서 이미 아파트단지 시대를 연 바 있는 1962년의 마포아파트 준공식에서 밝힌 박정희 대통령의 고층아파트 건설

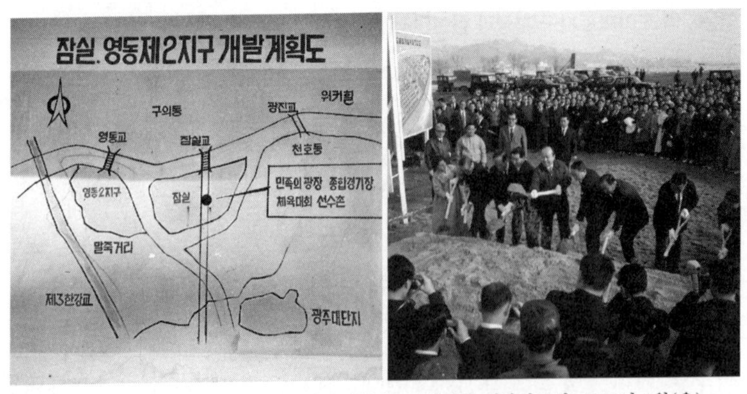

잠실과 영동 제2지구개발계획도, 1970년 10월(좌), 잠실지구 개발기공식, 1971년 2월(우).

의지가 투영되면서 아파트 건설을 위한 택지의 확보는 매우 중요한 정책적 목표였다. 그런데 문제는 토지구획정리사업을 통한 체비지 확보는 매각이 상대적으로 쉬운 지역에 분산되어야 자금의 회전율이 높아지기 때문에 집단적인 대규모 체비지 확보가 어렵다는 점을 내포하고 있다. 이에 따라 정부는 1975년에 토지구획정리사업지구에서의 체비지는 집단체비지로 확보할 것을 결정하고, 이 집단체비지를 공공기관이 인수하여 집단적인 주택건설이 가능하도록 조치한다.[12] 또한 이렇게 만들어진 체비지에 대규모의 고밀 주거지를 만들기 위해 1975년 9월부터는 집단적으로 마련된 택지에 아파트만을 건설할 수 있도록 하는 아파트지구 지정에 대한 논의가 등장하였다.

이에 따라 당시의 건설부는 아파트 개발에 적당하다고 판단되는 도시의 일정지역을 아파트지구로 지정하고, 법적인 근거를 마련하기 위한 사전 조치로 도시계획법과 동법 시행령을 개정하기 전까지 우선 행정명령으로 이들 해당 지역에 대한 건축허가를 중지하고, 한강변의 반포에서 제3한강교에 이르는 70여만 평과 제3한강교에서 압구정동, 동부이촌동에서 제3한강교에 이르는 지역 등 한강변에 대해서는

1973년과 1976년의 영동일대 아파트지구 지정 현황.

건축허가를 하지 않도록 서울시에 지시하게 되었다. 이후 아파트지구로 지정되면 의무적으로 아파트개발이 이루어지도록 지역지구제로 아파트지구를 신설 · 운영하게 되었고, 1976년 8월 서울의 여의도 일대와 잠실, 반포, 압구정 등 강남지역의 상당부분을 포함하는 총 11개 지구 1,229ha의 토지를 아파트지구로 지정하게 된다. 이어서 1979년까지 서울의 아파트지구는 총14개 지구로 확대된다.

아파트지구로 지정되면 해당 지자체의 장은 6개월 이내에 아파트지구 개발기본계획을 수립하고, 토지소유자들은 아파트지구 개발계획이 공표된 후 1년 이내에 개발사업 시행 인가신청을 해야 하며, 사업계획 승인 후 6개월 이내에 개발을 시작하도록 규정되었다. 따라서 토지소유자들은 이렇게 정해진 기간 안에 사업을 시행하지 못하면 대한주택공사나 지방자치단체와 함께 지정업체들도 토지소유자들을 대신해서 아파트지구의 개발사업을 할 수 있도록 하였다.[13] 대부분이 영세한 토지소유자들은 아파트지구 개발에 소요되는 자금과 경험이 부족해 사업수행이 사실상 불가능했기 때문에 이러한 조치는 개발업체들에게는 커다란 혜택이었다.[14] 이런 과정과 상황 속에서 서울시장이었던 양택식이 주택공사 사장으로 옮긴 후 1975년 5월에 잠실단지 건설본부를 발족시키면서 아파트지구로 지정된 한강 연접부 일대의 잠실 지역을 대규모 아파트단지로 조성하게 된다.

잠실 뉴타운 계획과 근린주구론

작가 조세희는 소설『민들레는 없다』는 이름의 작품을 통해 모래땅에 들어선 잠실아파트 단지를 다음과 같이 묘사한 바 있다. 가히 한국 최초, 최대, 최고의 아파트라는 이름에 전적으로 반하는 언급이다.

> 잠실은 모래로 만들어진 동네이다. 모래땅에 모래 아파트들이 가득 들어서 있다. 둑을 쌓고 그 위에 아스팔트를 깔아 도로를 내기 전에는 범람한 강물이 여름 잠실을 덮쳐누르곤 했었다. 모래 동네에 사는 사람들은 그것을 모르고 있다. 잠실을 버틸 수 있게 해주는 것은 시멘트와 철근이다. 시멘트와 철근을 빼면 모든 것이 무너져 내리고 모래만 남아 흩날리게 될 것이다. 모래는 모래끼리 아무리 뭉치려고 해도 뭉치지 못한다. 슬픈 일이다.[15]

1975년 4월, 잠실지구 아파트 개발의 주도적 역할을 하게 되는 대한주택공사의 사장이 경질된다. 박정희 대통령은 거대한 잠실단지 건설을 수행함에 있어 양택식이라는 인물이 가장 적임자라고 판단했기 때문에 행해진 인사발령인데, 양택식 전 서울시장은 1974년 8월 15일에 일어난 육영수 여사 저격사건의 책임을 지고 같은 해 9월 3일자로 시장에서 물러나 있던 상황이었다. 새롭게 대한주택공사 사장에 취임하게 된 양택식 사장은 취임 한 달 후 잠실단지건설본부를 현장

잠실 주공아파트단지 전경, 1978년(좌), 잠실운동장 마스터플랜 당선작, 김수근, 1977년(우).

에 설치하고, 이른 바 '180일 작전'이라는 것을 전개했다. 어린이대공원을 조성할 때 180일 작전이라는 이름을 걸고 공사를 강행했던 것을 반복한 것이다.[16] 대한주택공사는 주공아파트를 건설하고 서울시는 시영아파트를 동시에 건설함으로써 뽕밭이 거대한 아파트 도시로 변모하는 상전벽해의 대역사가 시작된 것이었다.

잠실 뉴타운은 1,000ha(300만 평)의 지역에 15개의 근린주구近隣住區와 1개의 운동장지구로 구성된다. 간략하게 말해, 15개의 생활권단위로 구성되는 새로운 시가지를 조성하는 것이었으며, 미국의 계획가인 페리Clarence Arthur Perry가 1939년에 주장한 근린 단위Neighborhood Unit 이론을 철저하게 적용한 곳이기도 하다. 이같은 사실은 여러 곳의 기술내용으로 확인할 수 있다.[17]

페리의 근린주구론은 『지역조사연구』라는 책을 통해 처음 제안되었고[18] 이 주장은 그로부터 10년이 지난 뒤 책으로 출간된 『기계시대를 위한 하우징』을 통해 더욱 구체화된 개념이다.[19] 이 책에서 페리는 "모든 가족들은 자신의 생활권역에서 모든 공공시설과 환경조건들을 편안하게 향유하여야 하며, 도시 근린주구 구성의 원리란 몇 가지 중요한 관점에서 고려되어야 하는 것이다. 즉, 초등학교에의 편리한 접근성 보장, 적당한 규모와 위치를 가지는 놀이공간과 구매시설, 그리고 자동차로부터 안전한 일정한 영역의 구축 등이 그것이다"라고 언급했다. 그리고 이 같은 원리가 곧 Sizes, Boundaries, Open Spaces, Institution Sites, Local shops, Internal Street System 등 6개의 항목으로 요약된 근린주구이론을 탄생시켰는데, 그 내용을 자세히 살피면 다음과 같다 ; ① Size : 거주지의 개발단위는 초등학교 1개가 지원하는 규모가 되어야 하며, 그 면적은 원칙적으로 인구밀도와의 관계 속에서 고려되어야 한다. ② Boundaries : 근린주구단위는 모든 면이 간선도로와 접해야 하며, 집중적 도로체계와는 달리 지역간의 통과노선을 충분히 지원하는 폭이어야 한다. ③ Open Spaces : 거주자의 의지에 따라 이웃과 교류할 수 있는 정도의 오픈 스페이스와 휴게공간을 가져야 한다. ④ Institution Sites : 학교와 그 밖의 다른 지원시설들은 집중시켜야 하며, 적정한 이용반경을 가질 수 있어야 한다. ⑤ Local Shops : 하나 또는 그 이상의 상업지구가 조성되어야 하는데, 수용인구를 충분히 지원해야 하며 근린주구단위의 외연에 위치하되 교차로나 주변 근린주구와의 연계부에 조성되어야 한다. ⑥ Internal Street System : 근린주구는 아주 특별한 가로체계를 가져야 하는데 주변의 자동차 전용도로와 연계되어야 하지만 근린주구내의 가로망은 순환 가능하되 통과교통을 억제하여야 한다.

이 같은 제안을 담은 페리의 근린주구 개념을 좀 더 구체적인 물리단위로 전환하자면 근린주구단위는 기본적으로 인구가 어느 정도 밀집하여야 하는가를 전제하고 있으며, 이를 1,000명 내지 1,200명의 학생들이 재학하고 있는 초등학교 1개가 지지하고 있는 공간단위로 설정하고 있다. 따라서 전체 인구수는 약 5,000~6,000명을 상정하고

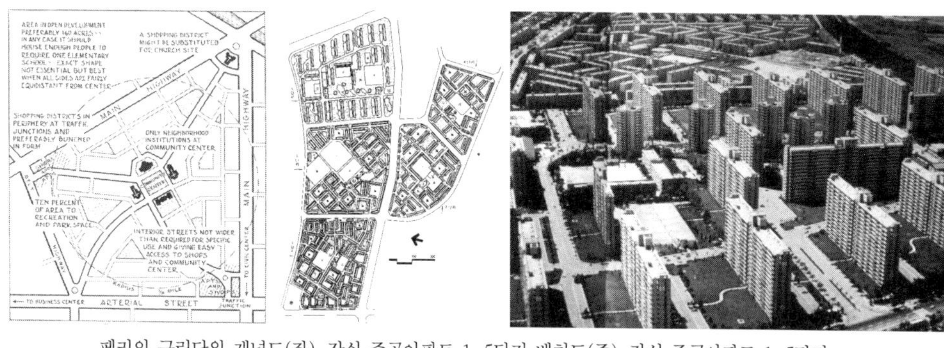

페리의 근린단위 개념도(좌), 잠실 주공아파트 1~5단지 배치도(중), 잠실 주공아파트 1~5단지 전경(우).

있는 것이다. 이를 주거지로 변환하면 에이커당 10가구 정도의 저밀 주거지가 될 것이며, 근린주구 단위는 곧 64헥타르 정도 되는 바, 아이들은 모두 800미터 정도의 보행거리 안에 학교가 위치하는 셈이 된다. 또한 전체 지역의 약 10퍼센트 정도만이 휴식공간이 되며, 간선도로는 모두 외곽에 배치되고 근린주구단위 내부의 길은 그저 근린주구단위 내의 주민들에게 서비스를 제공하는 수단이 될 뿐이다. 또한 근린주구단위 내부에는 상점시설, 교회, 도서관, 그리고 주민공동센터community center가 위치하는데 특히 주민공동센터는 학교와 연계되어야 한다.

바로 이 같은 개념을 교과서적으로 적용한 곳이 다름 아닌 잠실지구의 아파트단지라 할 수 있다. 예를 들어, 잠실지구는 '15개의 근린주구의 반경이 500~800미터이며, 자동차의 위험이 배제된 보행권으로 각각 독립된 생활권을 형성한다. 각 주구마다 여러 가지 공공시설, 예컨대 일용품 쇼핑센터, 초등학교, 동사무소, 근린공원, 어린이놀이터 등이 구비되어 주민의 일상생활이 근린주구의 권역 내에서 불편없이 또 무리 없이 이루어지게 된다. 이 시설들은 원칙적으로 각 주구의 중심에 집중 배치한다.'[20]는 등의 언급은 이지역의 건설이념이 페리의 근린주구론에 기반하고 있음을 직설적으로 나타낸다. 실제적으로 주공아파트 건설을 맡았던 대한주택공사는 근린주구론의 원칙에 따라 잠실아파트단지를 조성했다고 기술하고 있다.[21]

최초, 최대, 최고의 아파트단지 탄생

잠실아파트 단지는 주거문화사, 특히 아파트의 문화사와 계획사, 정책사 등에 비춰볼 때 매우 흥미로운 기록을 보유한 생활공간이기도 하다. 앞서 언급한 것처럼 급격한 도시화 과정에서 빚어진 대단위 주택지의 개발과 고밀주택의 공급 요구를 맞아 이렇다 할 물리적 모델을 가지지 못했던 한국적 현실 속에서 미국에서 만들어진 공간구축 모델을 거의 교과서적으로 적용한 최초의 사례가 되었다는 점이다. 특히 일상생활 공간의 물리적 범위를 근린주구 단위로 규격화하여 그 후 수많은 대단위 주택지 개발에 모델이 되었으며, 단지 중심의 공간 구성과 편의시설 배분으로 인하여 아파트단지의 폐쇄성을 야기한 첫 번째 사례가 되기도 한다. 즉, 하나하나의 단지가 모두 독립된 생활권으로 구성되어 이들이 집적되는 도시형태를 구축함으로써 각각의 단지는 이웃하는 단지와 동등한 위계를 가지면서 병렬적 집합을 이루고 그들이 모여 도시를 형성한다는 매우 단순하고도 물리적인 공간 구축 이념의 토대를 만든 것이자 최초의 사례로 기록된다. 이는 "잠실지구개발계획의 전체적인 방향을 도시다움urbanity의 추구라는 명제를 구현하였다"[22]는 서술과는 다소 배치되는 결과를 낳고 말았다는 뜻이기도 하다.

결국 단지 내부의 완결성에 주목하였던 까닭에 단지 외연부의 도

롯데월드와 잠실 주공아파트 단지 전경, 잠실 종합경기장과 잠실아파트 지구 일대 전경, 잠실 시영아파트 전경(1986년 5월), 아시아선수촌아파트 모형, 1983년 8월, 잠실(왼쪽 위부터 시계 방향으로).

로와 길이 황폐화되고, 결과적으로 도시다움이 손상된 것인 바, 후일 아파트 건설의 주체였던 대한주택공사의 반성으로 이같은 사실은 입증된다. 잠실지구가 완공된 뒤 바로 출간된 대한주택공사 20년사에서는 잠실 주공아파트에 대해 다음과 같이 기술하고 있다. "동선계획은 폭 50m 도로를 축으로 블록별로 25~30미터의 도로에 의해 구획이 지어지며, 블록 내부의 간선이 주구분산도로가 되어 매 동마다 출입하기에 편리하게 하였고, 각 블록을 하나의 근린주구 단위로 하여 초등학교 1개소를 배치하고 단지 중앙에 근린공원과 상가의 기능을 가진 커뮤니티 센터를 배치하였으며, 공공시설로는 …… 편리한 생활환경 시설을 완비토록 했다."[23] 그러나 그후의 서술내용은 이와 달리 생활공간 구성에 대한 자성을 기술하고 있다. "잠실단지의 경우, 근린주구 이론에 원론적으로 충실한 단지로 구성하기 위하여 주구 중앙에 학교와 주구센터를 건설하는 방식을 취함으로써 그후 생활권의 폐쇄성 및 주변가로의 황폐화를 초래하는 결과를 낳았다는 비판을 받게 되었다. 이후 건설된 둔촌단지, 과천 신도시 및 개포단지 등에서는 이러한 반성 위에서 주구센터를 가로변에 배치하여 다소 개방성을 높이는 방식을 취하게 되었다"[24]는 것이다. 이런 점에서 본다면 서구의 주거지 개발모델의 최초 적용 대상이자, 동시에 같은 방식의 반복적 적용이 가져온 도시공간적 폐해와 부작용에 대해 최초로 반성한 사례가 되기도 한다.

"잠실아파트 단지는 단일 업체의 주택건설공사로는 세계 10위권에 들어가는 규모의 사업이었다. 또한 잠실지구의 계획인구는 10만 명이었는데 당시까지 이런 규모의 단지는 일본의 주택도시정비공단 등이 건설한 코호쿠港北, 치바千葉, 타마多摩 뉴타운과 서독의 노즈웨스트 쉬타트, 영국의 밀턴 케인즈, 미국의 콜롬비아 뉴타운 등 8, 9개 단지 뿐이었다"[25]는 서술과 여기에 덧붙여 이같은 신도시 건설사업을 3년 만에 수행했다는 점을 드러내놓고 자랑한 바 있다. 이같은 사실은 경제적 효과와 생산의 효율에만 주목하였던 당시의 사회 상황과 열악한 공간창출 의식이 만들어낸 웃지못할 일이지만 그후 일부 서구인들로부터 아파트 공화국이라는 오명을 뒤집어쓰는 동기를 제공한다.[26] 결국 당시까지 개발된 한국의 아파트단지 가운데 최대 규모의 인구를 수용하는 대단위 개발을 단 3년 만에 완공하였다는 점이 최대이자 최단의 기록을 만들어낸 것이다.

한국 최초의 단지식 아파트인 마포주공아파트 준공식에서 당시 국가재건최고회의 의장이던 박정희는 "인구의 과도한 도시집중화는 주택난과 더불어 택지가격의 앙등을 초래하는 것이 오늘의 필연적인 추세인 만큼 이의 해결을 위해선 앞으로 공간을 이용하는 이러한 고층아파트 주택의 건립이 절대적으로 요청되는 바"[27]라고 훈시한 바 있다. 이후 본격적인 고층주거 양식이 등장하는데 13층 높이의 세운상가 아파트와 15층 높이의 낙원상가아파트 등이 그 예이다. 그러나 이 같은 주상복합아파트가 아닌 주거중심의 고층아파트는 서울시가 공급한 13층의 여의도 시범아파트가 최초의 사례였다. 이처럼 12~13층의 아파트가 1970년대에 최고층을 기록하고 있는 것은 서울특별시의 고층아파트 층수규제가 중요한 역할을 하였기 때문이다. 서울시에서는 1975년 5월에 아파트의 최고층수를 12층으로 제한하는 건축심의기준을 제정하였다가 1977년 4월에 12층 제한을 철폐하게 되는데, 1978년 11월 잠실주공아파트 1~5단지 종합준공식을 통해 등장한 15층의 잠실주공 5단지는 15층 이상의 아파트단지가 일반화되는 데에 결정적인 영향을 미쳤다. 따라서 주공아파트 가운데 최고의 높이를 자랑하는 15층의 아파트가 잠실을 통해 등장한 것이다. 손정목은 이를 일컬어 '한국 아파트건축의 전환점'이라 언급하고 있다.[28] 아파트와 아파트 사이의 이격거리인 인동거리도 70미터 정도로 넓혀 당시 민간아파트의 평균적인 인동거리였던 40미터를 훨씬 초과하는 획기적인 시도를 통해 충분한 일조권을 확보하는 등의 조치도 함께 시도되었기 때문이다.

이와 더불어 서울시에 의한 시영아파트단지가 집단체비지를 통해 공급되었고, 유신체제의 민심수습 등을 위한 정치적 목적에 따라 잠실종합운동장 신축공사 기본계획이 비공개리에 추진되었는데, 후일

86년 아시안게임과 88년 서울올림픽의 높은 함성이 울리는 현장이 되었다. 특히, 잠실종합운동장이 건설된 곳은 잠실지구종합개발기본계획의 15개 근린주구에 해당되지 않는 공원지역으로서 잠실도와 함께 한강의 섬이었던 부리도 일대가 변모된 모습이라 하겠다.

아파트의 보편적 수용과 일상과의 어긋남 그리고 재건축에 의한 초고층아파트 단지로의 재탄생

잠실 아파트로 대표되는 1970년대는 서울의 도회인들에게 아파트라는 새로운 주택유형이 일상적인 생활공간으로 자리하게 된 시절이다. 당시 영동일대를 중심으로 휘몰아친 광풍과도 같은 아파트 개발은 강남으로 대표되는 지역의 아파트 대량 건설로 인해 "한마디로 요란스런 동네였고, 거리 옆으로는 고속도로가 개통되었다. 시원하고 넓은 고속도로 위로 매끈한 차들이 씽씽이며 대전으로 부산으로 달리고 있었다. 때문에 땅값이 뛰고 있었다."[29] 농촌정책의 피폐로 인해 정든 고향을 등지고 서울로 야반도주한 사람들에게 잠실벌과 반포 일대의 아파트는 "공장이라 하더라도 그 숫자가 너무 많았고, 지나치게 깨끗했다. 그럼 학교일까? 학교라면 무슨 학교가 잇대어 있지 않고 토막토막 떨어져 있단 말인가. 그리고 역시 그 건물의 숫자가 너무 많았다. 창고? 그 많은 서울 사람들이 먹고 사는 쌀을 넣어두는 창고? 그러나 이것도 저것도 아닌, 사람이 사는 '아파트'라는 이름의 집인 것을 알고 그만 깜짝 놀랐던"[30] 대상이었다. 아파트의 편리성을 좇아 단독주택을 버리고 잠실 아파트로 이사를 한 이들에게 아파트는 말 그대로 줄줄이 늘어선 행랑채라는 의미의 '줄행랑'이었으며,[31] '타인의 방'이 되고 말았다.[32] 그리고 그곳 15층의 아파트에 사는 사람들은 "다 같이

잠실 일대의 재건축아파트 조감도, 2007년.

지상으로부터 쑥 올라온 공중 한복판에 둥지를 마련하고 중력을 느끼지 못한 채 슬금슬금 떠다니는 포자들일 뿐"[33]이었다. 물론 남서울이요, 영동으로 불리던 강남일대의 화려한 욕망들이 사랑을 꽃피우고 낭만을 만끽하게 하는 곳이라 느끼는 사람 또한 존재할 수밖에 없을 것이다.[34] 그리고 이들의 거칠 것 없는 욕망은 잠실도와 부리도의 다소곳한 마을들을 아파트로 바꾸었던 힘보다 더욱 강력한 동력으로 잠실벌 일대를 다시 초고층아파트 단지로 바꾸고 있다.

그러나 이같은 부정적이거나 비판적인 시선에도 불구하고 아파트 도시 잠실은 여러 가지 측면에서 긍정적인 기여를 이루었던 땅이기도 하다. 우선 잠실주공아파트 단지의 경우에는 그 피해가 여전히 제기되고 있음에도 불구하고 공간문화사적 측면에서 적어도 새로운 주거공간의 작법을 실험한 곳이기도 하며, 아시아선수촌 아파트의 경우에는 한국의 주택건축사에서 공동생활공간의 구축과 관련하여 중요한 시사와 의미를 던진 곳이기도 하다. 또한 1980년 이래로 강화되었던 표준설계 방식에 의한 단위주택unit의 공급방식을 외면하였던 다수의 건축가들이 후일 공동주택의 설계에 직접적으로 참여하게 되는 계기를 마련하였던 곳이기도 하다. 즉, 아시아선수촌 아파트의 실현과정을 지켜본 많은 건축가들은 이와 때를 같이하여 출범한 SH공사(당시는 서울시 도시개발공사)의 소형 공동주택 설계에 적극 참여함으로써 500만 호 주택공급계획으로 촉발된 표준설계와 표준주거동의 반복배치 관행을 극복하기 위한 다양한 시도를 감행하였으며, 이 과정에서 주목할 만한 사례들이 제법 등장했다는 점이다.

2008년 현재 잠실아파트 단지는 잠실대교 남단의 15층 아파트인 잠실주공 5단지를 제외한 1~4단지 전역이 재건축 과정을 마무리하고 있으며, 한국의 맨해턴이니 강남 최고의 IT 거리니 하는 슬로건을 내건 재건축 건설사업으로 하늘을 찌를 듯한 주거동이 새롭게 지어지고 있다. 한강에 삶을 기대어 놓고 살아가던 사람들은 간 데 없이 개발의 달콤함과 생활의 편리함을 좇아 신천지로 이주한 사람들로 한국 최대 규모의 집락지를 만들더니, 다시 한강을 대상으로 욕망을 띄우는 새로운 이주민을 기다리는 모습이다. 값싼 주택을 많이 빨리 건설하고자 택한 잠실도와 부리도는 이제 값비싼 주택이 더 높이 철옹성처럼 지어지기를 바라는 사람들로 인해 새로운 꿈의 도시로 변모하고 있다. 그야말로 상전벽해桑田碧海라는 말이 딱 들어맞는 곳이 따로 없다. 타워 크레인이 하늘을 덮고 있는 잠실의 또 다른 모습은 과연 어떠할까. 37층에서 46층에 이르는 잠실의 아파트 단지와 112층의 건축물이 들어설 잠실벌의 새로운 모습은 이제 한강을 다른 풍경으로 바라보게 하는 중요한 기제이며, 나아가 한강변 강남 일대의 변화에 중요한 시금석이 되는 공간이자 장소이다. 뽕밭이 바다로 변했다는 뜻을 가진 상전벽해라는 말이 딱 들어맞는 그곳, 바로 한강에 기댄 섬 잠실의 오늘 풍경이다.

주註

제1부 인문학의 시각으로 본 한강의 섬

윤진영 | 한강 명승의 백미, 선유도와 저자도

1) 조선시대의 한강을 그린 실경산수화에 대한 연구로는 다음과 같은 논문들이 있다. 최완수, 「謙齋眞景山水畵考」, 『澗松文華』 21(1981) · 29(1985) · 35(1988) · 45호(1993), 韓國民族美術硏究所; 이태호, 『그림으로 본 옛 서울』, 서울학연구소, 1995; 李秀美, 「朝鮮時代 漢江名勝圖 硏究-鄭遂榮의 '漢 · 臨江名勝圖卷'을 중심으로」, 『서울학연구』 제6호(서울학연구소, 1995), pp. 217-243; 박은순, 「16世紀 讀書堂契會圖 硏究-風水的 實景山水畵에 대하여-」, 『美術史學硏究』 212호(1996), pp. 45-73; 同, 「朝鮮初期 江邊契會와 實景山水畵 ; 典型化의 한 양상」, 『美術史學硏究』 221 · 222호(1999), pp.43-76; 윤진영, 「松澗 李庭檜(1542-1612) 所有의 同官契會圖」, 『美術史學硏究』 230호(2001. 6), pp. 39-68;「 박은순, 「朝鮮初期 漢城의 繪畵-新都形勝 · 升平風流-」, 『講座 美術史』 19호(韓國佛敎美術硏究所, 2002), pp. 97-129; 金炫志, 「朝鮮中期 實景山水畵 硏究」, 홍익대학교대학원(미술사학과) 석사학위논문, 2002; 최완수, 『겸재의 한양진경』, 동아일보사, 2004; 윤진영, 「독서당과 동호풍경」, 『문헌과해석』 29(문헌과해석사, 2004 겨울), pp. 188-212; 同, 「16세기 契會圖에 나타난 山水樣式의 변모」, 『美術史學』 19호(한국미술사교육학회, 2005), pp. 199~232; 金知姬, 「조선시대 漢江圖 연구」, 이화여대 대학원(미술사학과) 석사학위논문, 2006.
2) 『국역 신증동국여지승람』 권3, 「한성부」.
3) 이이(李珥), 『栗谷全書』 권1, 「李伯生純仁 趙公保 尹仲說箕 崔立之岦 崔嘉運慶昌及趙兄大男季獻 與余共泛舟于楊花渡傍仙遊島 余將有西行 故諸君出餞也 嘉運出城時有詩因次韻」. 李純仁의 문집에도 같은 제목의 글이 실려 있다. 『孤潭逸稿』 권4, 「附錄」. 「李伯生純仁 趙公保 尹仲說箕 崔立之岦 崔嘉運慶昌及趙兄大男 與余共泛舟于楊花渡傍仙遊島 余將有西行 故諸君出餞也 嘉運出城時有詩 因次韻 栗谷」; 李鍾默, 「16세기 한강에서의 宴會와 詩會」, 『韓國詩歌硏究』 9輯(韓國詩歌學會, 2001. 2), pp. 5~28 참조.
4) 『인조실록』 권13, 인조 4년(1626) 6월 19일.
5) 홍세태(洪世泰), 『柳下集』(南陽洪世泰道長著) 권4, 「次韻李載大自陽川乘舟過仙遊峰覽明天使故跡 晩登蠶頭 有懷挹翠軒之作 仙遊石壁 有明使所書砥柱二字」.
6) 박은(朴誾), 『挹翠軒集』 권2, 「七月旣望 與士華」.
7) 朴世采(1631-1695)의 「登仙遊峯作」

8) 윤봉조(尹鳳朝), 『圃巖集』 권4. 「翌日 共諸君泛舟 下仙遊峯」; 조현명(趙顯命), 『歸鹿集』 권2. 「六月二十三日 舟遊仙遊峯下 拈三淵集韵」.

9) 여기에 대해서는 이 책에 함께 수록된 심경호 교수의 글에 자세히 고찰되어 있다.

10) 『세종실록』 권125, 31년(1449) 8월 22일.

11) 『국역 신증동국여지승람』 권3, 「한성부」.

12) 강희맹(姜希孟), 『私淑齋集』권2, 「題楮子島圖」.

13) 『태종실록』 권14, 7년(1407) 10월 17일; 同 권27, 14년(1414) 3월 28일; 同 권27, 14년(1414) 4월 11일; 同 권28, 14년(1414) 9월 28일.

14) 『국역 신증동국여지승람』권3, 「한성부」.

15) 『세종실록』 권4, 1년(1419) 6월 15일; 同 권27, 7년(1425) 3월 27일.

16) 『고종실록』 권47, 43년(1906) 8월 17일.

17) 『세종실록』 권4, 1년(1419) 5월 18일.

18) 김창흡(金昌翕), 『三淵集』 권26, 「楮島新居上樑文」.

19) 『漢江史』(서울특별시, 1985), p. 627.

20) 『京城府史』, 京城府編, 1934.

21) 18세기에 활동한 徐命膺(1716-1787)은 『保晩齋集』 卷1, 「西湖十景古今體 并序」에서 다음과 같은 주제의 서호십경을 읊었다. ①白石早潮 · ②青谿夕嵐 · ③栗嶼雨耕 · ④麻浦雲帆 · ⑤鳥洲煙柳 · ⑤鶴汀明沙 · ⑥仙峯泛月 · ⑦籠巖觀漲 · ⑦鷺梁漁釣 · ⑦牛岑採樵

22) 계회도에 대해서는 尹軫暎, 「朝鮮時代 契會圖 研究」(韓國學大學院 博士學位論文), 2004. 2.

23) 잠두봉계회도에 대해서는 윤진영, 「松澗 李庭檜(1542-1612) 所有의 同官契會圖」, 『美術史學研究』230호(2001. 6), pp. 39~68 참조.

24) 윤진영(尹軫暎), 앞의 논문, pp. 149~157.

25) '槐院長房契會圖'와 '禮曹郎官契會圖'에 관해서는 李源福 · 趙容重, 앞의 論文, pp.63~85. 참조.

26) 잠두봉계회도와 실경의 관계에 대한 논증은 윤진영, 앞의 논문, pp. 39~68 참조.

27) 최완수(崔完秀), 『謙齋鄭敾 眞景山水畵』(汎友社, 1993) 참조.

28) 仙遊峯은 화첩에 수록되지 않은 낱장 그림으로 전한다.

29) 「楊花喚渡圖」에 대한 자세한 설명은 최완수(崔完秀), 위의 책, pp.120~123 참조.

30) 최완수, 위의 책, pp. 245-246.

31) 이민서(李敏敍), 『西河集』 권1, 「仙遊亭舍」.

32) 이민서, 위의 문집 권3, 「歸仙遊峯 三首」. 江漲唯餘四面山 此身疑在有無間 却看天際孤舟子 一棹飄然去不還」 江呑巨野絶人煙 鴨島蠶峯小若船 病客孤眠砥柱上 恨無舟楫濟長川」 日照淸江雲滿山 扁舟泛泛水雲間 高飛獨鶴穿雲去 欲向何山盡日還」; 同書 권5, 「寓居仙遊峯」. 奇峯突兀壓滄浪 漢水縈回百里長 誰遣下流橫砥柱 欲窮高頂阻飛梁 朝朝得意風雲會 夜夜傳神水月光 淸境窅然塵想絶 一簾秋雨送微凉.

33) 김만기(金萬基), 『瑞石集』 권3, 「彝仲寄示仙遊峯新亭詩 次其韻却寄」.

34) 최완수, 위의 책, pp. 293-298.

35) 위의 책, p. 46 참조.

36) 윤현(尹鉉), 『菊澗集』 권 上, 「湖堂記」.

37) 『국역 신증동국여지승람』 권3, 「한성부」.

38) "(前略)遡渚而上 小聚映林 平沙鋪陳 遠近皆似 其上有楮子島 岐派環巖石下 水黝而洄 世號神龍所宅 遇旱則降香幣 畫龍以禱之 兩傍崖石 劈立似峽 當秋丹葉如畫(後略)". 윤현(尹鉉), 『菊澗集』 卷上, 「湖堂記」.

39) 심수경(沈守慶), 『遣閑雜錄』.

40) 신광수(申光洙),『石北集』 권3 「楮子島夜泊」.

41) 이종묵, 「16세기 한강에서의 宴會와 詩會」, 『韓國詩歌研究』9輯(韓國詩歌學會, 2001. 2), p. 18 참조.

42) 『명종실록』 권10, 5년(1550) 윤6월 20일.

43) 『국역 연려실기술』 별집 권7, 「官職典故」, '讀書堂條'.

44) 현존하는 3점의 「讀書堂契會圖」에 대해서는 박은순(朴銀順), 「16世紀 讀書堂契會圖 研究-風水的 實景山水畵에 대하여-」, 『美術史學研究』 212號(1996, 12), pp. 45~73에서 다룬 바 있다.

45) 서울大博物館 所藏의 「讀書堂契會圖」는 1570년경 혹은 1570년을 전후한 시기에 제작된 것으로 보았다. 그러나 더 구체적으로 계회도의 座目에 기재된 관료들의 官職을 검토해 보면, 1572년(선조5)에 제작된 것으로 확인된다.

46) 이 「山水圖」에 대해서는 윤진영, 앞의 논문, pp. 148-149 참조.

47) 을축년 대홍수시 한강주변의 피해 상황에 대해서는 『乙丑 漢江水害誌』, 景仁文化社, 2005.

48) 선유도 공원의 건축미학적 의의에 대해서는 이 책에 함께 수록된 배정한 교수의 논문 참조.

49) 제목에 '서울특별시'라고 한 것으로 보아 서울이 특별시가된 1949년에 그린 것으로 추정된다. 서울역사박물관, 『서울지도』(p. 229, 도판해설 34)에는 1949년 이전의 서울시 경계가 그려져 있어 1940년대 후반기로 추정되는 지도라고 하였다.

50) 『서울지도』(서울역사박물관, 2006), p. 114 참조.

51) 위의 책, p. 121 참조.

이종묵 | 조선시대의 밤섬과 여의도

1) "右有栗島對起, 結束其後, 島之前有洲, 潮退乃見." 박세채, 「玄石滄浪亭記」(『백호집』 14-367).

2) 이행, 「題蠶頭錄後」(『용재집』20-423).

3) "大島之東北, 又有島, 桑柘連亙數里, 翠葉紛敷, 晴嵐涵映, 伐揚擷葉者, 相聚成群, 可知

蠶績之有成也." 성현, 「挹翠堂記」(『용재집』14-441).

4) 김종직, 「龍山寺訪李校理宜茂李校理承健許著作輯遂與崔校理溥歸厚署別坐金尙健乘扁舟觀魚時兩李泊許賜暇讀書于是寺」(『점필재집』12-367). 용산사는 東湖로 讀書堂을 옮기기 전 南湖 讀書堂이 있던 곳이다.

5) 이정귀, 「栗島有內局藥圃每當春夏種藝之節該官邀請提調偸暇往審仍以酒樂相隨作一佳會卽院中故事也時辛亥伍月云呼韻口占」(『월사집』69-365).

6) 채제공, 「壬戌七月旣望泛舟麻浦」(『번암집』235-82).

7) 규장각에 소장된 『경기도읍지』의 「한성부」에 "栗島在西江之南, 一島皆明沙延袤數十里, 居民富繁, 汝矣島在栗島之西, 明沙連陸, 有典牲署外庫牧羊."이라 하였다.

8) 윤기는 「乘小舸往栗島沙場觀射侯口占」(256-10)에서 "粉鵠高懸返照明, 渚淸沙遠柳陰輕."라 한 바 있다.

9) 여의도는 仍火島라는 표기가 가장 일반적이었고, 汝火島라는 표기도 자주 확인할 수 있다. 남효온의 「汝火島訪康子韞」(『추강집』16-56)에는 汝火島라 하였고, 『연산군일기』(12년 6월 25일)에도 汝火島로 하였다. 이민구의 「登高」(『동주집』94-188)에 "水勢欲漂雙島去"라 하고 雙島는 栗島와 芿外島라 하였다. 汝火島는 '너븐섬'을 표기한 듯하다. 그런데 영암의 보길도 인근 芿島는 넙섬이라고도 한다. 너울을 芿火로 표기하기도 한다. 또 배 밑이 넓은 너벅선은 芿朴船으로 표기한다. 이로 보아 仍火島는 芿火島와 함께 '넙섬' 혹은 '너븐섬'을 표기한 것이라 하겠다. 여의도를 大島라고도 하는데 '큰섬'이라는 뜻이다. 汝矣島라는 명칭은 18세기 이후의 지도에서부터 확인된다. 여의도는 넓은 섬이라는 뜻의 '너섬'을 표기한 것으로 추정된다.

10) 『명종실록』11년 4월 4일. 민족문화추진회의 국역본을 참조하되, 번역이 어색한 데는 필자가 수정하였다.

11) 민인백, 「摭言 · 高麗金澍使京而不還開國朝鮮」(『苔泉集』59-73).

12) 이 시에서 김주를 언급하지 않았지만, 이어지는 「翌日共諸君泛舟下仙遊峯」(193-168)에서 "籠老有巖應不朽, 翠軒持酒欲相呼."라 하였는데 籠老가 곧 김주를 가리킨다.

13) "漢之水西流, 到龍山, 分兩道, 一爲三洲, 一爲杵湖, 其介於二水者, 名曰栗島. 島之周廻甚廣, 白沙翠皐, 左右縈帶, 田園桑柘, 隱映如畫, 世傳吉冶隱先生舊宅于玆. 上有老杏三株, 靑蒼若雲屯, 盖先生所栽云. 按麗史, 恭讓二年, 先生以門下注書, 知國之將亡, 棄官歸善山, 終老焉. 斯區之卜, 或在歸老之前而未可考也. 噫自古及今, 凡閱幾箇人去留, 而都如烟雲之過目, 獨先生之躅, 久猶未沫, 田夫野童, 尙皆指點而稱道者, 豈不以先生之大節, 實關於倫彜名敎, 亘百世而彌光者耶. 記昔李陶菴, 當其胤子之守衿陽也, 勉以朱夫子長沙故事, 特表徐掌令甄之墓, 苟使此址, 幸而遇尙節之人, 則必思所以闡揚者而尙無聞焉, 豈地隷京部不能如外職之事專而勢易歟, 其亦可慨也已. 三洲有尹仲輝, 乃嗜古之士也, 採得遺老之口傳, 屬余以爲記, 願於異日春秋美景, 料理一小舟, 與仲輝同棹, 尋鷺江之六臣四忠祠, 放纜而下, 縱觀雲水樓臺之勝, 仍訪先生遺居, 徘徊躑躅于荒原蔓草之間, 相與擊節而歌志, 則夷齊餓首陽之句, 以攄高山景行之感可乎. 遂書以約之." 兪彦鎬, 「冶隱遺墟記」(『燕石』247-15).

14) 규장각에 소장되어 있는 18세기 중엽의 고지도 『해동지도』에 저고진이 보인다. 이 지

도에는 밤섬과 여의도가 구분되지 않은 채 밤섬이라 되어 있는데, 18세기 무렵의 지도에는 여의도를 포함하여 밤섬이라 표기된 곳이 많다.

15) "冪冪輕煙浦望賖' '艙船苔雪客, 茅屋浙人家' '來尋栗島花' 皆李參奉匡呂江行諸詩". 여기서 들고 있는 두 시는 「洗心亭次損仲韻」(237-242)과 「三月二十七日舟自三浦向杏洲」(237-241)를 가리키는데 마지막 '來尋栗島花'은 『이참봉집』에 보이지 않는다.

16) "王都南去伍里, 楊花之北, 麻浦之西, 有一丘穹窿爽塏, 環以漣漪俗號火島. 先是, 爲牛羊所牧, 上禿而下葑, 未有卽而愛者也. 上黨府院君韓公, 作亭其上, 以爲遊衍之地. 公之登斯亭也, 有白鷗飛鳴而過者, 公曰, 異哉, 鷗之爲鳥也. 是蓋乾坤江海以爲家, 風月古今以爲生, 載沈載浮, 相親相近. 其來也隨潮之至, 其去也隨潮之退, 蓋天地間一閑物也. 人孰有忘機如鷗者乎, 及其入朝, 問名於翰林倪公, 倪以狎鷗爲請, 公尤欣然諾曰, 名吾亭固當, 遂以狎鷗扁之. 間欲余招, 俾之作記. 余觀斯亭勝狀, 在漢水一江, 由亭而下, 水益弘闊, 汪洋瀇瀁, 連于大洋, 其島嶼之列于海上者, 隱現出沒於蒼茫杳靄之間. 其或商帆貨舸, 舳艫相御, 鼓櫂往來, 不知其幾. 北望三峯, 層巒疊嶂, 巑岏崷崒, 攢靑蹙翠, 如可承攬, 蔥蔥鬱鬱, 以拱衛乎宮闕. 至若濃光欲滴, 翠色如潤, 如馬奔突以馳者, 冠嶽之拱于南也, 驚濤吼雷, 駭浪沃日, 滔滔汨汨, 以赴于海者, 漢源之注于東也. 凡山光水色, 近可玩, 遠可挹, 以至二儀之高深, 三光之代明, 鬼神之幽顯, 陰陽風雨, 晦明變化者, 莫不呈露顯現於几舃之下." 김수온, 「狎鷗亭記」(『식우집』 9-93)

17) 이에 대해서는 졸저, 『조선의 문화공간 · 1』(휴머니스트, 2006)에 자세하다.

18) 『중종실록』 16년 신사 10월 11일 기사에 宋祀連 등이 安處謙의 역모를 고변할 때, 시산정이 안처겸을 만나고 잉화도로 돌아가겠다고 한 말이 보인다.

19) 李廷馨, 「詩山正正叔」(『知退堂集』58-211).

20) 시산정에 대해서는 규장각에 소장된 『宗班行蹟』에 수록된 「詩山正傳」에 자세하다.

21) 남효온은 「挽安子挺 · 六」(『추강집』16-43)에서 "幾日同携酒, 淸痕汚褐衣. 宵行紅杏吐, 幽討菊花肥. 燃竹如來寺, 啗菁栗島磯. 翻思猶往事, 腸斷永睽違."라 하였고, 그 주석에서 "子挺嘗與余夜遊, 時杏花方開, 春月正圓, 乘興遊長安街陌. 遇杏花則於人家墻外, 開酒談詩. 又於十月, 宗之示余菊枝, 繁英不衰, 卽持就子挺. 子挺喜甚, 揷菊雪中, 熾炭煖酒而飮. 又會如來寺, 燒竹湯酒, 遊栗島炊飯, 借村家蔓菁作饌而食."이라 하였다.

22) 시의 주석에서 "東俗聽術家法, 於春初, 建靑白旗屋角, 以度一年之厄."이라 하였다.

23) 권벽은 「懷觀瀾堂」(38-54)에서 "栗島雲霞魂屢往, 麻湖舴艋眼長寒."라 노래한 바도 있다.

심경호 | 문학의 향기가 서린 섬, 문학의 향기로 남은 섬

1) 『신증동국여지승람』 제3권 비고편, 동국여지비고 제2편 한성부(漢城府). 고전번역원(구 민족문화추진회) 번역본에 의함.

2) 『惕齋集』 권1 詩○伍六言絶句 「江樓晩晴」 四首.

3) 『菊磵集』 권상 雜著 「湖堂記」. "其上有楮子島, 歧派環巖石下, 水黝碧而洄. 世號神龍所宅,

遇旱則降香幣, 畫龍以禱之. 兩傍崖石, 劈立似峽, 當秋丹葉如畫."

4) 『용재총화』 제3권.

5) 『고려사절요』 제26권 공민왕 1(恭愍王一) 갑오 3년(1354)[원 지정 14년] 6월의 조항.

6) 『동문선』 제125권 묘지(墓誌) 「한양부원군 한공 묘지명 병서(漢陽府院君韓公墓誌銘幷序)」[이인복(李仁復) 지음].

7) 이 가운데 첫수는 『양촌선생문집』 제2권 시(詩) 「양촌(陽村)에 당도하다」 시의 다음에 붙어 있다. 제3구의 却이 直으로 되어 있고, 金鼎이 殷鼎으로 되어 있으며, 제4구의 閑이 還으로 되어 있다. "十里平湖細雨過, 一聲長笛隔蘆花. 直將殷鼎調羹手, 還把漁竿下晩沙." 또한 주가 있어 다음과 같은 말이 있다. "복재의 문장에 의해 초은(樵隱)·목은(牧隱) 두 선생이 크게 경복(敬服)하였던 바이나 본집은 전하지 못하고 다행히 이 절구 한 수는 계부(季父) 제학공(提學公)의 전편(傳編)에서 얻었는데, 또 묻혀버릴까 걱정되어 이에 부저(附著)하는 바이다." 또한 이 두 시는 『신증동국여지승람』 제3권 한성부(漢城府) '한성부(漢城府)' 조에도 수록되어 있다. 또한 심수경(沈守慶)의 『견한잡록(遣閑雜錄)』에도 수록되어 있는데, 글자에 차이가 있다."十里平湖細雨過, 一聲長篴隔蘆花. 直將金鼎調羹手, 還把漁竿下晩沙." "單衫短帽繞池塘, 隔岸垂楊送晩凉. 散步歸來山月上, 杖頭猶襲露荷香."

8) 은정(殷鼎)에서 조갱(調羹) : 정승에 비유하여 쓴 말이다. 『서경』 「열명(說命)」편에 보면, 은나라 고종(高宗)이 부열(傅說)에게 재상의 일을 위촉하면서, "만약 국을 양념하게 될 경우에는 네가 염매의 구실을 하라.[若作和羹, 爾惟鹽梅]"하였다.

9) 『동문선』 제80권 기(記) 「낙천정기(樂天亭記)」; 『신증동국여지승람』 권3 한성부 산천조.

10) 『연려실기술』 제3권 세종조고사본말(世宗祖故事本末) 「왜(倭)를 치던 병역(兵役)」.

11) 『신증동국여지승람』 권3 한성부 조.

12) 『私淑齋集』 권2 七言律詩 「題楮子島圖」.

13) 『四留齋集』 권8 [年譜] 行年日記[上].

14) 『연려실기술』 제6권 연산조고사본말(燕山朝故事本末). 『풍암집화(楓岩輯話)』로부터의 인용문에 나온다.

15) 『知退堂集』 권8 「東閣雜記」 乾 ○本朝璿源寶錄'成宗'.

16) 『국조시산』에 「別親舊夜泊楮子島書事」라는 제목으로 실려 있다. '惘然'은 '茫然'이라 되어 있다. 『기아』에는〈夜泊楮子島〉이라는 제목이다.

17) 심경호, 「신광한론」, 「한국한시의 이해』(태학사, 2000).

18) 『玉峯詩集』 上 詩○七言絶句 「楮子島」. 본고에서 인용하는 조선시대 문인의 문집은 민족문화추진회 영인표점 한국문집총간본에 의한다.

19) 『玉峯詩集』 上 詩○七言絶句 「楮子島北臺 贈文仲吉(名夢轅)」. "三月江村處處花, 靑旗誇酒出花多. 落帆人入西山影, 楊柳門前一逕斜."

20) 『石川先生詩集』 권2 伍言長篇 「엄계소·조계임·임군우와 함께 한강을 유람하고 돌아와 기행록을 여러 사람에게 보여준다[與嚴啓昭·趙季任·任君遇, 遊漢江歸來, 紀

行錄示諸公」』.

21) 『企齋別集』 권5 詩 十詠.

22) 『頤庵先生遺稿』 권12 附錄二 補遺 「水月亭八詠」 (汲古李洪男).

23) 『林白湖集』 권2 七言絶句 「水月亭八詠」. 『頤庵先生遺稿』 권12 附錄二 補遺 「水月亭八詠」 (汲古李洪男)의 뒤에도 수록되어 있으나, 어쩐 일인지 「楮島歸帆」은 누락되어 있다.

24) 『八谷先生集』 권1 伍言律詩 「次雙淸亭八詠韻宗室原川君徽」(有別墅于東郊, 賤八詠詩要和, 次而復之).

25) 『夢梧集』 권5 哀辭 「李佐伯(彥輔)哀辭幷序」.

26) 『後溪集』 권1 詩 「七月旣望, 與吏部員外郞姜公鈙, 宣陵寢郞權[遇仁], 自齋所出南洞口, 泛舟於大峙村前環米島, 泝小灘而上, 至三田渡, 由大川順流, 過鶴灘, 繫舟於白鷗洲崖石間, 已而沿回舞童島 , 楮子島水瀦處下舟, 入東洞口」.

27) 『碩齋稿』 권12 記 「東征記」.

28) 석주집 권3 「배 안에서 짓다[舟中作]」.

29) 「유소부화산수장가(劉少府畫山水障歌)」에 "파란 물결은 깊고 푸른 바다는 넓은데, 비스듬한 기슭과 기울어진 섬은 터럭 끝처럼 작아라.[滄浪水深靑溟闊, 欹岸側島秋毫末]" 하였다.

30) 『東溟先生集』 권10 七言古詩 七十三首 「乘舟下斗尾作」.

31) 『慕齋先生集』 권6 詩 「辛卯秋 赴外姑禫于京 乘舟還梨湖 値雷雨竟夜 翌日大風 舟幾危至峽稍息 夜月甚明 朝起有作」.

32) 『石洲別集』 권1 伍言律詩 「題具容詩卷後」. "夫子去不返, 人間留此詩. 平生用心苦, 風格少人知. 楮島看花處, 城山聽雨時. 百年歡會地, 窮老獨餘悲."

33) 『성호사설』 제17권 인사문(人事門) '허창해(許滄海)'.

34) 『本庵集』 권10 行狀 「滄海處士許公行狀」(戊戌).

35) 『碩齋稿』 권9 「海東外史」 '許格'.

36) 金昌翕, 「雩沙集序」. "公已巳時退處楮島, 優游漁釣, 慕韓復齋之風, 及後還朝, 意未嘗不在東也, 故遂以其地爲號云."

37) 『雩沙集』 권10 尺牘 三十九首 「與金子益」(庚吾).

38) 卽今遠走深入, 最是上策, 而遠與深者亦未易. 家有近百歲老親, 旣難遠去, 而又此病情每每作歇無常, 以向來所經觀之, 兒子之奔走醫藥, 此地亦多可悶. 以此未免遲徊於近地, 而楮島一區, 雖是近京, 頗似僻左, 且便於松楸展掃, 故出於下計. 毋論其有田無田, 只取其數間之屋, 試欲圖之, 而爲探哀家者, 亦是棲泊一日爲急之故也. 須亮此意, 速便卽復, 如何如何.

39) 『雩沙集』 권2 詩 一百二十八首 「悼夭」.

40) 당시 김창협에게 기문을 부탁하였다. 『雩沙集』 附錄 권5 [記] 「北溪精舍記」(金昌協). ; 『農巖集』 권24 記 「北溪精舍記」.

41) 김양행(金亮行)이 작성한 김창흡의 행장에 다음과 같은 단락이 있다. 『三淵集』 拾遺

권32 附錄 行狀[金亮行]. "甲子, 上以文忠公侍藥勞特命子弟一人除六品職, 於是先生拜掌樂院主簿不就, 先生不樂於久處闤闠, 而文忠公愛楮島江山之勝, 有退休之意, 故先生作亭以先居焉. 至己巳文忠公受後命于珍島, 先生叫號寃屈, 不欲生全, 而猶且與諸兄弟相勉, 應變處事, 一以其義."

42) 이종호, 「三淵金昌翕論」, 素石李鍾燦教授停年紀念論叢 『조선후기한시작가론』(이회문화사, 1998.12).

43) 『三淵集』 권26 上樑文 「楮島新居上樑文」.

44) 『三淵集』 권4 詩 「北懷」. 옥류동(玉流洞), 목식동(木食洞), 저자도(楮子島), 풍패동(風珮洞)의 넷을 소재로 하였다. 『三淵集』 拾遺 권4 詩 「北懷」도 같은 소재로 이루어진 4수의 연작이다. 다만 이것과는 달리 오언 6구로 되어 있다. 그 가운데 제5수인 「저자도」는 다음과 같다. "蕩漾楮子島, 沙白二陵幽. 韓公遺一竿, 自我起高樓. 樓前有烟水, 恨不長安流."

45) 『訥齋先生集』 續集 권2 詩 「城西觀水漲三十六韻」.

46) 『다산시문집』 제1권 시(詩) 「절에서 지내며 지은 잡시[寺居雜詩]」.

47) 동단(東壇)은 선농단(先農壇) 곁에 있고, 남단(南壇)은 한강 곁에 있으며, 중앙단(中央壇)은 종각(鐘閣) 곁에 있고, 서단(西壇)은 양화도(楊花渡) 곁에 있으며, 북단(北壇)은 북교의 여단(厲壇) 곁에 있다. 『연려실기술』 별집 제4권 사전전고(祀典典故) 제단(諸壇).

48) 『국조보감』 제52권 숙종조 12 30년(갑신, 1704).

49) 『홍재전서(弘齋全書)』 제19권 제문(祭文) 1. 용산강(龍山江)에 고한 제문 다음에 이어진다.

50) 『신증동국여지승람』 제2권 비고편 - 동국여지비고 제1권 '경도(京都)'.

51) 『용재총화』 제8권.

52) 『二樂亭集』 권2 詩 「鑿氷行」.

53) 『農巖集』 권1 「착빙행(鑿氷行)」. 이 시와 다음의 김창협의 시에 대해서는 김남기, 『삼연 김창흡의 시문학 연구』(서울대 박사논문, 2001.8), pp.71-73에서 처음 언급한 바 있다.

54) 『三淵集』 권2 詩 「伐氷歌」.

55) 『老稼齋集』 권3 東郊雜詠 「納氷」.

56) 『三淵集』 권3 詩 「漫詠」. 시 전체는 앞에서 이미 소개하였다.

57) 간본 『아정유고』 제3권 기(記) 『협주기(峽舟記)』. 민족문화추진회 번역본을 취한다.

58) 『芝峰集』 권4 「강의 새벽[江曉]」.

이현군 | 섬이 아닌 섬 뚝섬, 한양의 동쪽 교외

1) 전관평 남쪽에는 저자도와 압구정이 보이고 그 동쪽에는 상림이 적혀 있고 서쪽에는 두모포가 표시되었다. 그런데 현대 지도에는 저자도가 보이지 않는다. 뚝섬의 남쪽에

위치한 것으로 그려진 저자도는 지금은 사라진 섬이다. 1960년대까지 저자도 뚜렷이 남아 있었다. 1925년 을축대홍수 이후 1936년 뚝도의 제방 쌓기 위해 모래흙을 파다 썼고, 옥수동 앞을 스쳐지나가는 경원선 철로의 뚝을 고쳐 쌓을 때도 파다가 사용하였다. 1970년대 압구정동 일대 아파트 지으면서 이 섬의 흙을 전부 파다 사용하였다(『한강사』: 627쪽, 서울특별시사 편찬위원회, 1985).

2) 서울특별시사 편찬위원회, 1981, 『서울육백년사』 4권: 1300, 1147.

3) 뚝섬의 어원이 되었던 독기(纛旗)는 군기(軍旗) 중 제일 큰 깃발, 대장군기를 상징한다. 이 일대가 한양의 군사 중심지였음을 상징적으로 보여준다. 마사회가 운영하였던 경마장은 신설동에서 한국전쟁 이후에 이곳으로 이전하였다(『서울육백년사』 5권 : 1355-1356, 서울특별시사 편찬위원회, 1995).

4) 태조 6년[1397] 『태조실록』 권11 2월 6일 기축, 태종 10년[1410] 『태종실록』 권20 8월 24일 무오, 단종 2년[1454] 『단종실록』 권12 9월 18일 병인.

5) 성종 21년[1490] 『성종실록』 권243 8월 28일 무신, 중종 14년[1519] 『중종실록』 권36 5월 15일 정미.

6) 『신증동국여지승람』 권2 한성부, 산천조, 한강사. 407쪽, 서울특별시사 편찬위원회, 1981, 『서울육백년사』 4권 :1299.

7) 서울특별시사 편찬위원회, 1981, 『서울육백년사』 4권 :1299

8) 뚝섬 가운데로 한강 줄기가 생겨 한강이 두 곳으로 흐르게 되었고, 뚝섬 건너편 신천리의 120호 700여명 주민들은 기와집 지붕 위와 배 2척에 빽빽이 올라 앉아 끼니도 거른 채 구조를 기다리는 중이며 한강 인도교 밑으로 산 사람과 시체가 떠내려 가는 것이 많이 눈에 뜨인다. 동아일보 1925년 7월 19일자 기사(『서울육백년사』 4권 서울특별시사 편찬위원회, 1981, 1146쪽에서 재인용).

9) 한글학회, 1966, 『한국지명총람』 서울편, 100-104; 서울특별시사 편찬위원회, 1981, 『서울육백년사』 4권, 1300

10) 『서울육백년사』 제 5권. 801~802쪽

11) 서울특별시사 편찬위원회, 1995, 『서울육백년사』 5권: 575~576쪽

제2부 장소학의 시각으로 본 한강의 섬

배정한 | 선유도, 문화를 생산하는 공원

1) 선유도의 변화에 대한 보다 세밀한 검토는 이 책의 1장, 옛 그림과 지도를 통해 선유도의 역사를 섬세하게 추적한 윤진영 선생의 글을 참조하시오.

2) 조경진, "공원문화의 현실과 지평," 『현대 도시의 문화적 풍경』, 서울대학교 환경대학원 '지역 & 발전' 콜로키움 특별세미나 프로시딩, 2007년 6월 22일, p.31에서 재

인용.

3) 정기용, "선유도 공원: 잊혀진 땅의 귀환," 『문화과학』31호, 2002, p.248.

4) 위의 글, 같은 쪽.

5) 선유도공원 설계는 조경설계 서안(주)이 총괄하며 공원 전체의 틀과 세부 디자인을 담당했고(책임: 정영선, 총괄: 성종상, 진행: 정우건, 박승진, 전은정 등), 조성룡 도시건축이 건축 파트너 역할을 했다. 선유도공원의 설계 원안에 대해서는 다음을 참조할 것. 서울시 한강사업기획단, 『선유도 공원화 사업 기본 및 실시설계』, 2000.

6) 선유도공원은 2003년의 김수근 건축문화상, 서울시 건축상, 한국건축가협회상을 수상했고, 2004년에는 세계조경가협회 동부지역(IFLA Eastern Region) 부회장상과 미국조경가협회(ASLA) 우수작품상을 수상했다.

7) 조경진, "기억의 공간 만들기: 선유도 공원 디자인의 의미," 『PARK_Scape 한국의 공원』, 파주: 도서출판 조경, 2006, p.284-289.

8) 보다 상세한 내용은 다음을 참고할 수 있다. 서울특별시, 『선유도 공원』, 2002 ; 성종상, "선유도공원: 다시 우리 곁으로 온 섬, 선유도," 『환경과 조경』170호, 2002년 6월호, pp.50-57.

9) 필자는 다음의 논의와 많은 부분 중첩되는 비평문을 선유도공원 개장 직후에 발표한 바 있다. 다음을 참조할 것. 배정한, "시간의 정원, 발견의 디자인: 선유도공원이 전하는 말," 『환경과 조경』171호, 2002년 7월호, pp.84-89

10) 물론 다양한 방식의 생태적 테크놀로지가 선유도공원의 가동을 지탱시켜주는 기반이 되고 있는 것은 사실이다. 이를테면, 수생식물원의 경우, 수생식물에 의해 정화된 물이 정원을 순환하며 다시 꽃과 나무를 키우는 방식을 채택하고 있다. 시간의 정원 내의 수로와 벽천을 흘러내린 물은 회수조로 집수되었다가 다시 물탱크로 순환된다.

11) 조경진 역시 선유도 공원 디자인의 미학을 "멜랑콜리와 숭고미"로 해석한다. 그는 "감미롭기보다는 엄숙한" 선유도공원의 미적 경험은 "내면적 참여"를 요청하고 있다고 말한다(조경진, "기억의 공간 만들기: 선유도 공원 디자인의 의미," p.289). 이는 생산과 발전이 동일시되던 20세기의 상징인 거대한 굴뚝들이 줄지어 늘어선 엠셔파크(IBA Emscher Park)의 미학적 층위를 "공업적 숭고"(industrial sublime)라고 압축한 매트 스타인글래스의 표현과도 일맥상통한다. 다음을 참조할 것. Matt Steinglass, "The Machine in the Garden," Metropolis 20(2), Oct. 2000, pp.166-67. 현대 조경설계와 숭고 미학의 교점에 대한 논의는 필자의 다음 글을 참조할 것. 배정한, "숭고, 조경미학과 설계의 새로운 접점," 『LAnD』, 파주: 도서출판 조경, 2006, pp.142-153.

12) 물론 선유도공원에서도 본래의 설계 의도를 꺾고 한 자리를 차지한 '전통'의 '정자' 선유정은 시간 경험의 강요가 갖는 모순을 여실히 드러내 준다.

13) 조경진, "기억의 공간 만들기: 선유도 공원 디자인의 의미," pp.288-289.

14) 공장의 기억을 몰개성의 반복으로 장식해 버린 1990년대 말의 '공장 및 시설 이적지 공원화 사업'에 대한 비판은 다음 졸고를 참조할 것. 배정한, "기억의 상실," 『조경의

시대, 조경을 넘어: 배정한 조경비평집1』, 파주: 도서출판 조경, 2007, pp.29-45.

15) 유사한 맥락에서 조경이론가 조경진은 선유도공원의 디자인 접근을 "구성에서 발견으로"라는 말로 요약한다. 그가 부각시키고 있는 선유도 공원 디자인의 특징은 "빈 공간을 새로운 것으로 만드는, 즉 조형적 구성이 아니라 기존의 것을 발견하고 재구성하는" 것이다. 그러한 "발견은 두 가지 차원에서 이루어진다. 하나는 부지를 공원화하는 발상이고, 다른 하나는 기존의 것을 재활용하는 것이다"(조경진, "기억의 공간 만들기: 선유도 공원 디자인의 의미," p.285). "선유도공원은 구축하는 것만이 건축이 아니라 제거하는 것도 건축이라는 교훈을 던져준다"(정기용, "선유도 공원: 잊혀진 땅의 귀환," p.254)는 건축가 정기용의 해석도 '발견의 디자인'이라는 논점과 공통분모를 갖는다.

16) 이러한 창조적 변신의 선례로 독일의 "뒤스부르크-노드 파크"(Duisburg-Nord Landscape Park)를 빼놓을 수 없을 것이다(IBA Emscher Landscape Park 특집, Topos 26, 1999. 참조). 전후 독일의 기적 같은 부흥을 견인해냈던 루르 강변의 중공업 벨트에는 생산의 활력을 멈춘 거대한 굴뚝들이 지난 세기의 상징처럼 줄지어 늘어서 있다. '공업적 숭고'(industrial sublime)라는 표현도 가능할 이 폐허의 땅을 개선하고 잠재력을 재발견함으로써 지역 발전의 새로운 전기를 마련하기 위한 장기 계획이 1990년대에 세워졌다. 이바 엠셔파크(IBA Emscher Park)라는 이름을 단 이 도시 재생 프로젝트의 핵심 사업으로 뒤스부르크 노드 파크가 조성되었다. 독일을 대표하는 현대 조경가 페터 라츠(Peter Latz)가 설계한 이 공원은 동시대의 공원관과 자연관에 일대 전기를 마련한 실험작이다. 기존 공장과 구조물을 철거하지 않고 그대로 노출시킨 가운데 아카시아와 가죽나무를 자라게 했다. 예전의 시설들이 철로 및 수로와 교차하면서 공간의 골격을 잡아 준다. 공장 냉각 탱크를 정화하여 신선한 물을 담았다. 중금속에 의해 오염된 토양이 개선되었고, 광석 벙커가 정원으로 옷을 갈아입었다. 도무지 어울릴 것 같지 않은 철강공장의 녹슨 철 구조물과 콘크리트더미와 야생화가 뒤스부르크-노드 파크에서는 서로 대화하며 행복하게 동거하고 있다. 혐오의 땅으로 방치되어 역사의 뒤안길로 사라질 공간에 자연의 역동과 문화적 생명이 부여되어 재활용과 순환의 미학을 갖춘 새로운 장소가 생성된 것이다. 선유도공원은 뒤스부르크-노드 파크에 많은 빚을 지고 있다.

17) 종래의 전형적 공원을 극복하고자 하는 최근의 대안적 공원 이론과 실천에 대해서는 다음을 참조할만하다. Julia Czerniak and George Hargreaves, eds., Large Parks, New York: Princeton Architectural Press, 2006. 21세기 공원의 지향점을 간명하게 정리하고 있는 다음 글도 권할만하다. Jusuck Koh and Anemone Beck, "Parks, People and City," Topos 55, 2006, pp.14-20.

18) 다음을 참조할 것. 김정호, "지층의 중심에서 희망을 외치다," 『환경과 조경』201호, 2005년 1월호, pp.61-63.

한동욱 | 밤섬, 자연의 놀라운 복원력

1) 1999년 8월 10일 지정당시 '자연생태계보전지역'이라고 명명하였으나 그 후 법이 개정되어 '생태 · 경관보전지역'으로 개칭되었다.
2) 2000년 서울시가 실시한 한강 생태계조사에서는 전체 한강 구간에 75종이 기록되었으나 여기서 인용된 종수는 환경부가 실시한 밤섬주변의 조류 종만을 누적시킨 것이다.
3) 2000년 서울시 한강 생태계 조사에서는 한강 서울시 구간에서 물고기 56종이 기록되었다. 여기에서 인용된 종수는 환경부가 조사한 밤섬수역에서 기록된 종수만을 누적시킨 것이다.

안창모 | 세상에 나온 섬, 여의도

1) 허영섭, 1983, "밤섬에서 배를 모는 목수 함갑순," 김진명의 '한국의 하위문화'에서 재인용

박철수 | 뽕밭에서 아파트 도시로 변한 상전벽해의 섬, 잠실

1) 김훈, 『남한산성』, 학고재, 2007, 29~31쪽
2) 『한국지명총람 1』(서울편), 한글학회, 2000, 100쪽
3) 한글학회, 같은 책, 93쪽
4) 京仁開發株式會社는 1970년 7월 25일부터 시작된 반포지구의 19만 평에 대한 매립공사를 수행하기 위해 삼부토건, 현대건설, 대림산업 등 3개 토건회사가 공동출자하여 만든 단기사업을 위한 매립회사이다. 이 회사는 1972년 이 사업을 완료하였고 그 뒤를 이어 대한주택공사가 매립지에 현재의 반포주공아파트 단지를 건설하게 된다. 그러난 손정목은 자신의 책에서 경인개발(주)는 현대 · 대림 · 극동이 참여한 회사이며, 잠실 공유수면 매립사업에는 여기에 삼부와 동아가 추가되었다고 언급하고 있다. 손정목, 서울도시계획이야기③, 서울, 한울, 2003년 8월, 192쪽 등 참조
5) 서울특별시사편찬위원회, 『서울六百年史-第六卷』, 서울특별시, 1996, 938쪽
6) 서울특별시, 『土地區劃整理事業沿革誌』, 1984, 4쪽
7) 서울특별시사편찬위원회, 앞의 책, 939쪽
8) 서울특별시, 『土地區劃整理事業沿革誌』, 1984, 626
9) 이상의 내용은 앞의 책 939~941쪽의 내용을 필자가 재구성한 것임.
10) 손정목, 『서울도시계획이야기③』, 한울, 2003, 204쪽
11) 최근희, 『서울의 도시개발과 공간구조』, 서울학연구총서 4, 서울시립대학교 부설 서울학연구소, 1996, 169~170 내용의 일부를 필자가 재구성
12) 『조선일보』 1975년 4월 27일 기사에 따르면, '건설부는 26일 구획정리사업지구 체비지는 50%를 집단체비지로 결정했다. 이 체비지는 주공 등 공공기관과 국민주택건

설업자에 인수시키기로 했다. 지금까지 체비지는 잘 팔리는 곳에 집중하여 개인에게 만 팔려 대단위주택을 건립해야 할 서민주택 건설사업에 도움을 주지 못했다. 앞으로는 50%를 주공 및 국민주택건설업자에게 인수시켜 서민주택 건설확대, 또 지자체, 주공에만 국한했던 구획정리사업을 민간인도 시행토록 할 예정이다.'라는 기사가 실려 있다.

13) 공동주택연구회, 『한국공동주택계획의 역사』, 서울, 세진사, 1999, 113쪽
14) 임서환, "택지개발정책의 전개와 쟁점", 『새로운 공간환경론의 모색』, 한울 아카데미, 1995, 246~247쪽
15) 조세희, "민들레는 없다" 『난장이 마을의 유리병정』, 동서문화사, 1979, 48쪽
16) 손정목, 앞의 책, 218~219쪽
17) 서울특별시사편찬위원회, 앞의 책, 941쪽, 대한주택공사, 대한주택공사20년사, 1979, 350쪽 등 다수
18) *The Neighborhood Unit*, Monograph One in Vol. Ⅶ, Regional Survey of New York and Its Environs, pp.21~140
19) Clarence A. Perry, *Housing for the machine Age*, New York, Russel Sage Foundation, 1939
20) 서울특별시사편찬위원회, 앞의 책, 941쪽
21) 대한주택공사, 『대한주택공사 20년사』, 앞의 책, 350쪽
22) 서울특별시, 『잠실지구종합개발기본계획』, 1974, 31쪽
23) 대한주택공사, 『대한주택공사 20년사』, 앞의 책, 350쪽
24) 대한주택공사, 『대한주택공사 30년사』, 1992, 224쪽
25) 대한주택공사, 『대한주택공사 20년사』, 앞의 책, 376쪽
26) 프랑스의 지리학자인 발레리 줄레조는 한국에서의 아파트 연구자료를 토대로 『아파트 공화국』(서울, 후마니타스, 2007)이라는 책을 출간한 바 있는데 프랑스에 사는 자신의 친구에게 반포아파트 사진을 보여주었더니 한국은 군대시설이 이렇게도 많으냐고 반문한 바 있다고 기술하면서 한국은 '아파트 공화국'이라고 언급한 바 있다.
27) 대한주택공사, 『대한주택공사 20년사』, 앞의 책, 239쪽
28) 손정목, 앞의 책, 226~230쪽 참조
29) 최인호, "미개인", 나남문학선 15 : 최인호 『다시 만날 때까지』, 나남, 1995년 4월, 117~118쪽
30) 조정래, "비탈진 음지", 『조정래 문학전집 4』, 해냄출판사, 1999년 6월, 112~113쪽
31) 박완서, "울음소리", 『그 가을의 사흘 동안』, 나남문학선 8, 서울, 나남출판, 1997년 5월(20쇄), 29~30쪽
32) 최인호, "타인의 방", 『오늘의 작가총서 11』, 민음사, 2003년 3월, 69~71쪽
33) 은미희, "편린, 그 무늬들", 『만두 빚는 여자』, 이룸, 2006년 1월, 초판1쇄, 174쪽
34) 문희옥, "사랑의 거리", 정은이 작사, 남국인 작곡

그림 목록

200쪽 밤섬의 겨울 식생. 환상 덩굴과 가시시박 등 덩굴 식물이 버드나무를 감사고 있다(위); 홍수로 범람되어 물에 잠긴 밤섬. 홍수는 밤섬 생태계의 자연적인 교란 요인으로 식생의 천이를 유발한다(가운데); 밤섬의 전경(아래).

206쪽 일제강점기 배 만드는 풍경이 담긴 사진 엽서.

209쪽 「경기감영도」, 호암미술관 소장; 동대문밖 풍경; 서대문밖 의주로 풍경(시계 방향으로).

210쪽 경인철도노선, 서대문에서 용산으로 이어지는 진한 선, 1910년 「조선교통전도」.

212쪽 「경성부 관내도」, 1936년 추정(좌); 여의도 부분, 「경성부관내도」.

213쪽 「경성시가지계획평면도」(좌); 여의도 부분, 「경성시가지계획평면도」.

215쪽 1921년 12월 11일 『동아일보』와 같은 날 사고.

219쪽 여의도 부분: 「서울시가지도」(좌); 「서울도시계획 가로망도」.

220쪽 여의도 부분, 「서울도시계획 가로망도」.

221쪽 한강종합개발 계획도(좌); 한강건설현황 및 사업계획도.

222쪽 여의도 개발계획도, 김수근.

223쪽 『동아일보』 1969년 1월 21일, 1971년 8월 10일.

224쪽 여의도 5 · 16광장 시절 행사모습(좌); 여의도공원으로 바뀐 광장.

225쪽 현상공모 당선안.

226쪽 『동아일보』 1970년 9월 25일(좌); 여의도 아파트건설모습과 국회의사당 원경.

227쪽 여의도 고수부지 전경(좌); 마포대교 남단에서 바라본 여의도.

231쪽 「경도5부 · 북한산성부도」(부분)에 나타난 동잠실과 서잠실, 1750년대, 채색필사, 47.5×66.0㎝, 서울대학교 규장각.

232쪽 「한양도」에 나타난 사평의 잠실과 송파로, 1760년대(좌), 상림으로 표기된 서울 잠실 지역들, 「경조오부도」, 1861년.

234쪽 잠실도와 부리도가 표기된 서울약도, 1973년.

235쪽 8.15 해방 이전, 1949년 8월 13일, 1963년 1월 1일로 이어지는 서울시 행정구역 확대와 잠실의 변화, 1965년(좌); 한강의 한가운데로부터 탄천을 거쳐 경기도와 강동구로부터 경계를 이루는 송파구 행정구역도, 1992년(우).

237쪽 1949년 8월과 1963년 1월의 서울시 행정구역 개편에 따라 확장된 성동구와 잠실 일대의 변화.

238쪽 잠실 물막이공사 도면(좌); 서울특별시 토지구획정리사업도, 1996년(우).

240쪽 잠실지구 종합개발계획 조감도, 1975년 2월(좌); 잠실단지건설본부 발족, 1975년 5월(우).

242쪽 잠실과 영동 제2지구개발계획도, 1970년 10월(좌); 잠실지구 개발기공식, 1971년 2월(우).

243쪽 1973년과 1976년의 영동일대 아파트지구 지정 현황.

245쪽 잠실 주공아파트단지 전경, 1978년(좌); 잠실운동장 마스터플랜 당선작, 김수근, 1977년(우).

찾아보기

지은이 소개

윤진영은 한국학중앙연구원 한국학대학원에서 한국미술사를 전공했으며 『조선시대 契會圖 연구』로 박사학위를 받았다. 진경산수화에 앞서 그려진 조선전기의 실경산수화 연구에 관심을 두고 있으며, 논문으로 「16세기 契會圖에 나타난 산수양식의 변모」「16세기 한강의 명승과 실경산수화」 등이 있다.

이종묵은 서울대학교 국문학과 졸업를 졸업하고 동대학원에서 문학 박사학위를 받았다. 한국학중앙연구원 교수를 역임하고 지금은 서울대 국어국문학과 교수로 재직하고 있다. 저서로는 『한국 한시의 전통과 문예미』 『조선의 문화공간』 등이, 번역서로는 『부휴자담론』『누워서 노니는 산수』 등이 있다.

심경호는 서울대학교 국어국문학과를 졸업하고 동 대학원에서 석사학위를, 일본 교토 대학에서 문학 박사학위를 받았다. 현재 고려대학교 문과대학 한문학과 교수로 재직 중이다. 『한국한시의 이해』 등 다수의 저서가 있으며 『당시 읽기』 등의 번역서가 있다.

이현군은 서울대학교 지리학과를 졸업하고 동대학원에서 지리학 박사학위를 받았다. 주요논문으로는 「조선시대 한성부 도시구조」 등이 있다.

배정한은 서울대학교 조경학과를 졸업하고 동대학원 에서 석사, 박사학위를 받았다. 현재 서울대학교 조경학과 교수로 재직 중이다. 『조경설계의 이론과 쟁점』『조경의 시대, 조경을 넘어』등의 저서가 있다.

한동욱은 서울대학교 생물학과를 졸업하고 경희대 한약학과에서 석사학위를 서울대학교 생명과학부에서 박사학위를 받았다. 현재 PGA 습지생태연구소 소장으로 재직중이다. "한강하구 습지경관 연구" 등의 논문을 발표했다.

안창모는 서울대학교 건축학과를 졸업하고, 동대학원에서 박사학위를 받았다. 현재 경기대학교 건축학과 교수로 재직중이다. 『한국현대건축 50년』 등의 저서가 있다.

박철수는 서울시립대학교 건축학과를 졸업하고 동대학원에서 석사, 박사학위를 받았다. 대한주택공사 주택도시연구원에서 일했으며, 지금은 서울시립대학교 건축학부 교수로 재직중이다. 『아파트의 문화사』『소설 속 공간산책』 등 다수의 저서가 있다.